TEORIA SOCIOLÓGICA

Clássicas, contemporâneas e alternativas

LUÍS MAURO SÁ MARTINO

TEORIA SOCIOLÓGICA

Clássicas, contemporâneas e alternativas

Freitas Bastos Editora

Copyright © 2023 by Luís Mauro Sá Martino

Todos os direitos reservados e protegidos pela Lei 9.610, de 19.2.1998. É proibida a reprodução total ou parcial, por quaisquer meios, bem como a produção de apostilas, sem autorização prévia, por escrito, da Editora. Direitos exclusivos da edição e distribuição em língua portuguesa: **Maria Augusta Delgado Livraria, Distribuidora e Editora**

Direção Editorial: Isaac D. Abulafia
Gerência Editorial: Marisol Soto
Diagramação e Capa: Madalena Araújo

Dados Internacionais de Catalogação na Publicação (CIP) de acordo com ISBD

M386t	Martino, Luís Mauro Sá
	    Teoria Sociológica: clássicas, contemporâneas e alternativas / Luís Mauro Sá Martino. - Rio de Janeiro, RJ : Freitas Bastos, 2023.
	    336 p. : 15,5cm x 23cm.
	    ISBN: 978-65-5675-347-8
	    1. Sociologia. 2. Teoria Sociológica. I. Título.	

2023-3015		CDD 301 CDU 301

Elaborado por Vagner Rodolfo da Silva - CRB-8/9410

Índice para catálogo sistemático:
1. Sociologia 301
2. Sociologia 301

Freitas Bastos Editora
atendimento@freitasbastos.com
www.freitasbastos.com

Para meus pais, Vera Lúcia (*in memoriam*)
e Antonio Carlos; para minha esposa
Anna Carolina e nosso filho Lucas;
porque significados luminosos para a vida
aparecem quando estamos juntos

Hondo em los otros, nos encontramos a nosotros mismos; hondo em nosotros mismos, encontramos a los otros.

Diana Bellessi, *La pequeña voz del mundo*, p. 63

Sumário

INTRODUÇÃO
O lugar da teoria sociológica 23

**PARTE I
A ATIVIDADE SOCIOLÓGICA**

CAPÍTULO 01
O que é Sociologia..33
Uma ciência para a todas dominar?

CAPÍTULO 02
A invenção da Sociologia 47
Os pais fundadores (por que não as mães fundadoras?)

CAPÍTULO 03
O que é uma explicação sociológica? 59
Como entender o social a partir do social sem se perder

**PARTE II
A MODERNIDADE**

CAPÍTULO 04
O projeto social da Modernidade...75
E o que deu errado com ele

CAPÍTULO 05
O processo de civilização e a sociedade 93
O que o uso de guardanapos pode dizer sobre o seu lugar na sociedade

CAPÍTULO 06
Decolonizando o Moderno: críticas e alternativas 107
A sociologia entre fluxos de territórios

PARTE III
A REALIDADE SOCIAL

CAPÍTULO 07
As interações simbólicas 125
Por que damos valor a pedaços de papel com números pintados?

CAPÍTULO 08
A realidade como construção social 135
Por que vivemos em mundos diferentes

CAPÍTULO 09
Representações, Imagens e Estereótipos 145
Julgamos rápido, compreendemos devagar

PARTE IV
ORGANIZAÇÕES SOCIAIS

CAPÍTULO 10
Campo, *habitus* e poder simbólico 157
O que você quer pode ser quando crescer?

CAPÍTULO 11
Instituições, grupos e redes sociais 177
Um dia eles vão te pegar

CAPÍTULO 12
A sociedade como sistema 201
Se a culpa não é do sistema, de quem é?

PARTE V
IDENTIDADE SOCIAL

CAPÍTULO 13
Identidade, Corpo, Diferença 217
O significado de ser uma pessoa "normal"

CAPÍTULO 14
As articulações da identidade 239
Pensar a diferença para além dos dualismos

CAPÍTULO 15
Imitar, interpretar, transformar 255
O que é mesmo uma pessoa na moda?

PARTE VI
AS DINÂMICAS DA SOCIEDADE

CAPÍTULO 16
Rituais e performances: a vida como drama 269
Por que comemoramos aniversários?

CAPÍTULO 17
Os usos sociais da emoção..287
Como aprendemos a sentir a coisa certa na hora certa

CAPÍTULO 18
O valor social da crença: a dissonância cognitiva 303
*Por que acreditamos em algumas coisas,
não em outras*

PARA ENCERRAR: 313
O olhar sociológico para além das ilusões

PÓS-ESCRITO: 315
Por onde eu começo?

Bibliografia..319

Apresentação

De uma maneira muito típica de nosso tempo, este livro nasceu com uma conversa em um aplicativo. Quase sem querer, entre as centenas de mensagens com as quais lidamos a cada minuto. Foi no dia 19 de agosto de 2022, às 15:07 da tarde (outra característica típica de nosso tempo é o fato de que toda atividade *online* pode ser gravada e rastreada).

A mensagem dizia o seguinte:

> Olá Luís Mauro, boa tarde, tudo bem? Espero que sim. Meu nome é Marisol Soto e a Carolina Terra me passou o seu contato, sou editora da Freitas Bastos e coordeno um projeto de publicações voltadas para disciplinas obrigatórias na graduação e estou em busca de um autor para o tema Teorias da Comunicação (...). Podemos conversar? Um abraço.

Li a mensagem algumas vezes, tentando ordenar os pensamentos no meio daquela tarde de sexta-feira. Era como se várias melodias estivessem em ressonância na minha cabeça, tentando formar algo harmônico.

Primeiro, uma imensa surpresa: um convite desses não aparece todos os dias. A alegria era acompanhada, na mesma intensidade, de um agradecimento à professora Carolina Terra, com quem trabalhava na época, pela generosidade de indicar meu nome. E à Marisol, por ter aceito a sugestão.

Uma memória era muito nítida: "Freitas Bastos". A editora Freitas Bastos. *A* editora Freitas Bastos, uma das mais antigas do Brasil. O nome me levava de volta a 1995, quando estava no primeiro ano do curso de Comunicação na Faculdade Cásper Líbero e encontrei, em uma livraria de usados, o livro *História dos Filósofos Ilustrada pelos Textos*, de André Vergez e Denis Huisman. Foi um dos meus primeiros contatos com a filosofia (e, na época, achei bem interessante a ideia de um livro sobre o assunto com trechos importantes de algumas obras).

Mas eu não poderia aceitar o convite.

Não, pelo menos, para escrever um livro de Teoria da Comunicação. Por conta de outra oportunidade, igualmente generosa, oferecida pela Editora Vozes, publiquei um livro sobre o tema, atualmente em sua 6ª edição, com várias reimpressões.

Só notei lá pelo final da tarde que, por ficar pensando em tudo isso, eu não tinha respondido à mensagem de Marisol. Foi a primeira coisa que fiz na segunda-feira seguinte (às 8:17, diz o aplicativo). Combinamos uma conversa na quinta-feira daquela semana.

Expliquei a questão à Marisol: não poderia escrever outro livro sobre Teoria da Comunicação, mas a proposta de pensar em um texto para as turmas de graduação era ótima – *Teoria da Comunicação*, aliás, nasceu de uma ideia semelhante, assim como seus "irmãos gêmeos", o *Teoria das Mídias Digitais* e *Métodos de Pesquisa em Comunicação*, todos publicados pela Vozes. Poderia ser um livro de Teoria Sociológica? As Ciências Sociais, de certa maneira, são vizinhas de parede da Comunicação, e tratar do assunto seria uma experiência de fronteira – que, nas Humanas, nem sempre são muito definidas.

A recepção de Marisol foi a melhor possível, e não precisei usar nenhum dos vários argumentos que tinha guardado para falar a favor da proposta (não que eu tenha passado o final de semana pensando nisso, claro). Ela não apenas aceitou a proposta como também deixou total liberdade para a escolha dos temas a serem tratados no livro.

Quando a conversa terminou, havia um novo projeto na mesa: escrever um livro de Teoria Sociológica. Desliguei a chamada de vídeo (isso ainda soa futurista na minha cabeça, quase como ficção científica) e imediatamente resolvi começar a trabalhar.

A ideia já estava em circulação há algum tempo. Em 2021, estava pensando em um projeto como este, uma introdução bem-humorada à Sociologia, um pouco no espírito de *Perspectivas Sociológicas*, de Peter Berger, das obras de Howard S. Becker ou, em termos mais modernos, dos trabalhos de bell hooks – sem, evidentemente, a pretensão de chegar no nível dessas obras. No entanto, outra ideia passou na frente – um estudo sobre os usos sociais do tempo, que resultou no livro *Sem tempo para nada*, publicado pela Vozes em 2022.

Era hora de retomar o outro projeto.

Escolhendo capítulos

Só então veio a dúvida: o que tem em um livro de Teoria Sociológica? Quais teorias, conceitos e assuntos podem ser incluídos? Existem temas, autoras ou autores "obrigatórios" ou, na prática, o campo de estudos era mais amplo?

Uma parte da resposta estava na proposta de Marisol: um livro voltado para disciplinas de graduação. Por isso, busquei programas de ensino de disciplinas teóricas em vários cursos de Ciências Sociais, de universidades públicas e particulares de diversos estados do Brasil, ao menos dois de cada região. Aos poucos, foi possível delimitar pontos em comum nos vários programas de ensino, dos quais nasceu o primeiro esboço dos capítulos do livro.

O segundo ponto foi buscar outros livros com o mesmo título, ou, pelo menos, com nomes semelhantes – não há, de modo algum, a pretensão de esgotar o tema ou ser a obra definitiva a respeito.

O contato com os programas de ensino e com as outras obras foram, desde e o início, indicando um caminho: o livro seria dividido por temas, não pela apresentação de autoras, autores e obras em uma sequência cronológica. Não seria uma história da sociologia ou do pensamento sociológico. Primeiro, porque existem ótimos livros sobre o assunto elaborados nessa perspectiva, com os quais este texto dialoga e aprende. Segundo, porque, seguindo o caminho apontado pelos programas de ensino, a escolha foi por um recorte de temas do cotidiano, a partir dos quais se discutem questões teóricas.

Há também algo de pessoal nessa escolha. A partir de autoras e autores com quem tenho mais proximidade, assim como de professoras e professores, aprendi a prestar atenção às situações de interação social cotidiana, procurando compreender seus detalhes – e como todo o social está escondido nas pequenas atitudes. Não há nada insignificante no mundo social, e a observação atenta pode nos ajudar a encontrar, para além de aparentes superficialidades, toda uma trama da vida social. Um café, de certa maneira, é um microcosmos onde podemos encontrar o social em ação.

Em termos teóricos, esse ponto de vista permitiria tentar ir um pouco além do cânone, isto é, do conjunto de autores e temas consagrados, e trazer autoras e autores nem sempre tão conhecidos ou lembrados. A preocupação era trazer teorias que falassem com o cotidiano, tenham sido criadas no século XIX ou semana passada. Aliás, essa é uma característica de qualquer obra clássica – parece que foi escrita ontem.

A ordem dos temas também foi definida a partir dos livros e dos programas de ensino. Depois de uma parte inicial sobre o nascimento e os modos de fazer da Sociologia (Parte I), o livro estuda o que parece ser seu principal objeto, a Modernidade (Parte II). A parte III se dedica a entender o conceito de "realidade social", ponto de partida para trabalhar com os modos de organização do ser humano (Parte IV), os problemas de definição de identidade social (Parte V) e as transformações da sociedade (Parte VI). Alguns trechos do livro são versões retrabalhadas de artigos publicados em periódicos científicos, consideravelmente adaptados aqui. Os capítulos 6 e 14 são versões modificadas de partes do livro *Comunicação & Identidade*, que publiquei em 2010, e atualmente está fora de catálogo.

Cada um dos capítulos pode ser lido de maneira separada, embora façam sentido também quando vistos em seu conjunto. Para facilidade esse aspecto de consulta, algumas ideias são retomadas ao longo do livro. A intenção aqui é *apresentar* as teorias sociológicas, não discuti-las ou criticá-las em todos os seus aspectos – cada uma delas poderia render um livro. Alguns detalhes certamente vão se perder e, por isso, nas referências, há recomendações para quem quiser se aprofundar em cada tema. Trata-se de um trabalho escrito para quem estuda e ensina Teoria Sociológica, e pode ser livremente adaptado às características de cada curso. Afinal, é essa a proposta inicial de onde nasceu este texto.

Aos poucos os capítulos foram se desenhando, cada um deles com uma temática específica e orientado, sempre que possível, a partir de uma questão – afinal, se o conhecimento acontece no diálogo, a pergunta é a matéria-prima para aprender outras trilhas.

Sociologia para quem anda de ônibus: as opções da escrita

Isso vinha ao encontro do que estava pensando desde começar o projeto: fazer a teoria dialogar com temas do cotidiano, com situações pelas quais todas as pessoas, pelo menos uma vez, passam. Sociologia para quem anda de ônibus e metrô, enfrenta filas, tem prazos a cumprir, está procurando estágio ou fazendo o melhor possível para ficar onde está; para quem, pelo menos uma vez, já sentiu na pele uma situação na qual se sentiu inferiorizado, muitas vezes sem saber de onde veio o golpe – ou sabendo muito bem, mas sem poder reagir de outra maneira do que continuar em frente.

Cada pessoa sabe as condições nas quais está lendo este livro, desde as mais complicadas, nas quais o simples ato de conseguir tempo para ler já é uma ação de resistência às condições imediatas, até quem pode ler em um dispositivo digital de ponta. Você não escolhe nascer com privilégios, mas pode escolher o que fazer com os privilégios com os quais nasceu.

E valeria pensar no uso dessa palavra: será que, muitas vezes, o que chamamos de privilégios, não seriam condições mínimas de dignidade, a serem garantidas a todas as pessoas? Pontos aparentemente simples, como ter um lugar para morar, um trabalho, oportunidades iguais, alimentação e saúde, ou andar na rua sem se preocupar se será atacado apenas por ser quem se é. Só uma sociedade que precisa recordar a noção de cidadania chama direitos de privilégios.

Por isso, a teoria sociológica não pode deixar de lado o fato de ser produzida em uma sociedade na qual está inserida.

Isso levou a outra decisão, desta vez sobre o estilo: a linguagem do livro seria próxima de uma aula. Por isso, no sentido de procurar uma maior fluidez na leitura, não foram utilizadas algumas regras de formatação acadêmica, como, por exemplo, a citação no estilo chamado "autor-data", por exemplo, "segundo Stein (2021), a sociedade...". Elas têm sua importância, sem dúvida, mas tomei e a liberdade aqui de manter um tom menos formal. Autoras e autores aparecem no livro como se estivessem em uma conversa. E, de certa maneira, dialogamos com quem escreveu antes de nós a cada etapa de um estudo. É nesse sentido, voltado para o diálogo, que o livro foi escrito.

Muitas vezes, ao longo da argumentação, procurei manter esse tom de conversa, trazendo perguntas que poderiam ter sido feitas por alguém no contexto de sala de aula. A teoria sociológica às vezes é contraintuitiva, e ninguém tem obrigação de saber ou entender tudo à primeira vista. Da mesma maneira, procurei trazer exemplos de filmes, livros, séries de TV e música pop, mas também de alguns clássicos da literatura e do cinema.

(Não se preocupe se você não conhece algumas dessas referências: ninguém leu tudo, ninguém assistiu a todos os filmes e séries de TV).

Do mesmo modo, procurou-se evitar citações e notas de rodapé: isso não significa, de modo algum, a pretensão de um pensamento original. Ao contrário, as fontes de cada capítulo estão mencionadas no final do livro e, se por um lapso, algo escapou, ficarei feliz em corrigir na primeira oportunidade.

A bibliografia, aliás, está no final do livro e é dividida em quatro partes: (1) obras básicas de cada capítulo, como sugestões iniciais de leitura; (2) bibliografia mais completa e avançada, na qual cada capítulo está baseado; (3) as fontes literárias e (4) a bibliografia geral.

No início de cada capítulo, e em alguns momentos mais importantes, há trechos da escrita de autoras e autores, de preferência contemporâneos. A linguagem poética consegue dizer em poucas linhas, quase sempre, o que a ciência leva parágrafos inteiros para explicar. Em termos de formatação, também nesses casos as citações não seguem de perto os padrões acadêmicos, no sentido de buscar uma maior fluidez de leitura e familiaridade.

Ah, falando nisso, um ponto importante: a menção a qualquer autora, autor ou obra não significa necessariamente concordar com todos os pontos de sua obra e, menos ainda, endossar ou apoiar todos os seus comportamentos e ações. A ideia de um olhar crítico está presente em todos os aspectos do livro.

Um livro em muitos lugares

A escrita deste livro aconteceu ao longo de vários meses, em lugares e situações diversas. Diante da tela em branco, mas também em cadernos, folhas avulsas, *post-its* e rabiscos improváveis, anotações no celular e trechos que fiquei tentando gravar de memória até encontrar um lugar para anotar. Nasceu da troca de ideias com muitas pessoas, da observação atenta de situações cotidianas – a sociedade acontece no cotidiano, em vários lugares e situações.

E foi terminado no café El Reloj, na cidade de Rosário, Argentina, onde quase derrubei um café entre magníficas *medialunas*.

Agradecimentos

Este livro nasceu da prática de sala de aula, da convivência com alunas e alunos interessados em conhecer mais, com maior foco, aquilo que está ao alcance das mãos. E, por isso, só tenho a agradecer a cada uma e cada um de vocês que, nas aulas, corredores e cafés, nas discussões de pesquisa e projetos, trouxeram ideias e comentários que levaram o pensamento a caminhos desconhecidos. O conhecimento está em cada olhar de dúvida, história compartilhada, mão levantada, nos momentos de descontração e nos temas mais sérios. Este livro é planejado a partir de vocês, de volta para vocês.

E também de amigas e amigos, professoras e professores de diversas universidades no Brasil e no exterior, dividindo experiências, dicas práticas, comentários e, principalmente, essa vontade de aprender e ensinar que nos leva para as salas de aula, para as reuniões de orientação, eventos, bancas e todas as atividades da vida acadêmica. Nomear cada uma dessas pessoas seria quase impossível, por isso deixo um obrigado em grande escala.

Mas quatro nomes precisam figurar aqui.

À minha mãe, Vera Lúcia (*in memoriam*) e meu pai, Antonio Carlos, pelo incentivo à curiosidade que recebi desde pequeno, traduzida no incentivo para ir sempre em frente.

Para Anna Carolina, minha esposa, escritora, editora e a primeira pessoa que leu este livro, um obrigado de mais de duas décadas, em todos os momentos. Ao Lucas, nosso filho, por trazer cores sempre novas e mais intensas para nossa vida.

Nota

Este livro foi escrito após a pandemia de Covid-19, e seus impactos, de um modo ou de outro, estão nestas páginas. Não haveria como ficar indiferente diante das 700 mil vidas perdidas, somente no Brasil, no número de famílias de luto por alguém querido. Mas também da solidariedade, das iniciativas para seguir em frente, dos exemplos que tornaram aqueles anos possíveis. E, porque não, com alguma esperança – se eu não tivesse esperança, não seria professor.

A vida permanece, sempre.

Rosário, Província de Santa Fé, Argentina
Inverno de 2023

INTRODUÇÃO
O lugar da teoria sociológica

> Estuve días y días desplegando los papeles y mirándolos y reordenándolos. Es que mirar y mirar es um gran trabajo, igual que escuchar, pero en un momento... basta, hay que tomar decisiones y hacer, y después en todo caso volver a mirar, porque mirar es infinito y las mismas cosas se transforman debajo de la mirada.
>
> Rosario Bléfari, Diário de la dispersión, p. 51.

Deve haver algo de errado com uma sociedade que toma energéticos para acordar e remédios para dormir. Há algo estranho com uma sociedade na qual o desperdício de alimentos atinge milhões de toneladas ao redor do mundo, enquanto outros milhões, agora de pessoas, estão ameaçadas pela fome; onde ouvimos falar de novos bilionários enquanto, nos cruzamentos de avenidas nas grandes cidades, vemos os vidros dos carros fecharem diante do olhar de outra pessoa; algo talvez não esteja certo com uma sociedade na qual se ensina que crises são oportunidades, o sucesso só depende de você, onde parece estar sempre tudo bem – e, como um ruído abafado, os níveis de ansiedade e depressão são cada vez mais altos.

Talvez algo precise ser revisto em uma sociedade onde se valoriza o novo, mas se tem medo de uma velhice com a qual não se sabe o que fazer. Onde oportunidade, para o jovem, às vezes significa ser mão de obra barata, disposta e confiante, mas na qual os casos de *burnout* chegam cada vez mais cedo. Onde jovens com o rosto coberto por um capacete e uma mochila deslocam-se entre carros para atender à velocidade da mercadoria, não a da vida humana. Vale pensar se está tudo certo com uma sociedade na qual a pele de uma pessoa, ou quem ela ama, sua idade, peso, corpo, ou modo de falar, sejam motivos de humilhação. Onde a violência cotidiana que atinge milhões de pessoas tenha, como contraponto, a indiferença de outras.

Deve haver algo de errado em uma sociedade que tem todas as condições para dar certo, mas continua com os mesmos problemas.

A tarefa das Ciências Sociais é tentar entender o quê.

A teoria sociológica

O caminho deste livro, nesse sentido, é o estudo das teorias sociológicas. Mas o que é, exatamente, uma teoria?

Na concepção atual, a palavra nem sempre tem um sentido dos mais agradáveis. Em geral, é oposta à "prática", quase sempre de maneira negativa. Dispensável, a teoria estaria restrita a indicações gerais e abstratas, até interessantes, mas de pouca utilidade para resolver problemas reais. Você nota isso em frases como "aqui se aprende na prática" ou "na prática a teoria é outra". Na falta de dados mais concretos, "teoria" seriam hipóteses ou suposições a respeito de algo pouco conhecido (ao dizer, por exemplo, "não sei, mas tenho uma teoria...").

Essas expressões sugerem o lugar que a ideia de "teoria" ocupa no senso comum: poucas coisas parecem demolir mais uma afirmação do que dizer "isso é apenas teoria" ou "é bom na teoria, mas não na prática".

Curiosamente, essas concepções estão muito distantes do conceito original de "teoria", tanto quanto de sua aplicação nas Ciências Sociais.

Teoria é algo que se vive, não apenas que se sabe. Na página 83 de seu livro *Ensinando a transgredir*, a filósofa estadunidense bell hooks mostra essa relação entre teoria e vida: "Cheguei à teoria porque estava machucada – a dor dentro de mim era tão intensa que eu não conseguiria continuar vivendo. Cheguei à teoria desesperada, querendo compreender – aprender o que estava acontecendo ao redor e dentro de mim. Mais importante, queria fazer a dor ir embora. Vi na teoria, na época, um local de cura".

Essa é a perspectiva aqui, ao se falar em Teoria Sociológica: teoria viva, para ajudar a fazer viver.

As origens da palavra

Ao que tudo indica, a palavra "teoria" vem do grego "*theoria*": a raiz "*the*" era o ato de ver para conhecer alguma coisa, um olhar voltado para o entendimento e encadeamento de coisas dentro de uma ordem – próximo de uma fila ou corrente.

Assim, "teoria" está ligada ao ato de ver: não o olhar comum que se lança despreocupadamente sobre a realidade, mas a visão curiosa de quem procura extrair algo a mais do que está se vendo. Não por acaso, *theoria* está próxima de outra palavra grega, *théatron*, de onde "teatro". No latim, a ideia de "especulação" também indica essa perspectiva do olhar: a raiz *spec* está também na palavra "espectador" (ou, no inglês, "*specs*" para "óculos").

Podemos entender "Teoria", nessa concepção, como o resultado da contemplação e da disciplina para observar a realidade. Isso significa que "teoria" não é especulação desligada da realidade, mas o treino do olhar para entender o mundo além do visível. De certa maneira, fazemos isso até sem perceber: quando você fica horas discutindo de um lance, em um jogo de futebol, foi falta ou não, ou quando presta atenção em filmes, séries ou *games* para encontrar detalhes, o processo é mais ou menos o mesmo.

A teoria requer uma atividade do pensamento sobre si mesmo, em um questionamento e crítica constante. Essa perspectiva é movida por uma curiosidade a respeito do mundo e de si mesmo. Quando fazemos uma pergunta sobre a sociedade, estamos perguntando algo sobre nós mesmos. Esse movimento reflexivo precisa de dedicação, mas também alegria. É muito mais fácil aprender o que se gosta, aquilo que nos provoca e nos inquieta.

Que teoria eu uso?

Nas ciências sociais, as teorias não têm o objetivo de explicar, de maneira definitiva, os fenômenos. Seres humanos não podem ser reduzidos a fórmulas ou definições simples. Por isso, o objetivo de uma teoria, aqui, é apresentar *interpretações* a respeito da realidade, ajudando a pensar a seu respeito. A filósofa estadunidense Patrícia Hill Collins, em seu livro *Bem mais do que ideias*, na página 77, lembra qual é o objetivo: "Filosofia, crítica literária e história, bem como campos interdisciplinares como os estudos culturais e os estudos de mídia influenciados por essas ciências, não buscam verdades absolutas ou mesmo provisórias sobre o mundo social; buscam investigar o significado da condição humana". A sociologia trabalha próxima dessa perspectiva.

Teorias não são criadas do nada, apenas por interesse de suas autoras e autores. Ao contrário, estão ligadas às condições sociais de sua época, e respondem a perguntas que surgem em cada momento. Os temas e modos de olhar a realidade mudam de acordo com a época, e novas teorias são formuladas para dar conta de novos problemas – aliás, uma teoria é clássica quando, mesmo tendo sido criada séculos atrás, conseguem dar conta de fatos atuais.

Teorias são desenvolvidas em confronto com a realidade, tanto a de sua época quanto a da atual. Não existe teoria "neutra" ou "pura". Todas nascem de uma realidade e propõe respostas – ou mais perguntas – sobre ela. No mesmo sentido, teorias não são algo pronto e acabado ou, menos ainda, "sagrado". Teorias são criadas para serem questionadas, criticadas e colocadas diante das situações da realidade.

Por isso, não existe uma teoria necessariamente "melhor" ou "correta". Cada uma delas procura interpretar alguns fenômenos da sociedade, e, ao fazer isso, mostra suas possibilidades e limites.

A teoria em um "mundo sem centro"

A sociologia tem uma matriz europeia muito forte. Mas, há muito tempo, essa matriz não é a única, e sua validade para explicar outras sociedades está sendo cada vez mais questionada. Outras formas de interpretação, vindas de outros lugares, estão pauta. Como pensar a Teoria Sociológica nessas outras matrizes? Como pensar "contra o cânon", em um mundo "sem centro", para usar as palavras de Andrea Giunta, crítica de arte argentina?

Mas um exemplo pode ajudar a entender a dimensão desse quadro.

Alguns anos atrás, tive a oportunidade de conhecer algumas capitais da América Latina – Buenos Aires, Montevidéu e Santiago – em um intervalo de tempo próximo. E, além das atrações turísticas, um impulso meio *nerd* sempre me fez visitar as livrarias dessas cidades em busca de novidades de autoras e autores de cada país. Nada como se perder na *Puro Verso*, em Montevidéu, na *Libreria del Gam*, em Santiago ou na *Eterna Cadência*, em Buenos Aires.

Algo, no entanto, sempre me chamou a atenção: não importa em qual país estava, as estantes de livros eram estranhamente parecidas. Ao lado de autoras e autores locais, os mesmos títulos da Europa ou Estados Unidos. Quando aparecia algo de outro país ou continente, era quase sempre na esteira do sucesso de vendas europeu ou estadunidense. Raramente era possível encontrar autores do país vizinho, como argentinos em Montevidéu ou brasileiros em Santigo.

Na literatura ainda havia algum trânsito, com traduções e edições dos nomes mais reconhecidos. Na Filosofia e nas Ciências Sociais a situação era diferente. Não importa em qual cidade estivesse, a sensação era de estar na mesma livraria. Os mesmos autores e títulos, com uma ou outra variedade. Em sua maioria, franceses, alemães e estadunidenses. Só mudavam as capas e as editoras.

Aos poucos o estranhamento foi se transformando em sentido, como se as peças de um quebra-cabeças estivessem encontrando seu lugar. Aquilo tinha uma razão.

A Sociologia, historicamente, foi desenvolvida dentro de um espaço geográfico euro-estadunidense muito forte. "Euro", na verdade, se refere à Europa ocidental, e mesmo assim a alguns países específicos, como a França, Alemanha e Inglaterra – evidentemente, com contribuições de outros países próximos. Mas raramente ouvimos falar de algum grande sociólogo, digamos, da Eslováquia ou da Lituânia, exceto quando trabalharam ou desenvolveram sua carreira universitária em um daqueles outros países. E, quando você amplia um pouco o leque, por exemplo, incluindo mulheres – só aparece "sociólogo" na frase anterior – ou autoras e autores da África, Ásia ou América Latina o número, historicamente, era consideravelmente menor.

Não que não existissem pesquisas nesses países, ao contrário. O problema é que o fluxo internacional de ideias, teorias e conceitos é bastante desigual. Países mais desenvolvidos reúnem as melhores condições para divulgar suas autoras e autores, tanto no circuito acadêmico quanto editorial. Por isso as estantes das livrarias, em Santiago, Buenos Aires ou Montevidéu se parecem em muitos aspectos com as brasileiras: há produções locais e, ao seu lado, os mesmos autores do hemisfério norte. Mas é difícil encontrar obras da América Latina: o trânsito norte-sul parece ser muito mais rápido do que entre países vizinhos – e poderíamos dizer algo semelhante sobre produções africanas ou asiáticas.

Você pode comparar, mais ou menos, com os resultados no esporte: a distribuição de Prêmios Nobel e Medalhas Olímpicas acompanha as diferenças econômicas entre países.

A opção, aqui neste livro, foi pensar outros caminhos para a teoria sociológica. Não se trata de deixar fora um grupo de teorias e conceitos – mas, ao mesmo tempo, a opção foi por colocar lado a lado outras ideias, autoras e autores com contribuições igualmente importantes.

Se existe um *canon*, podem existir dois. Ou muitos.

PARTE I
A ATIVIDADE SOCIOLÓGICA

CAPÍTULO 01
O que é Sociologia
Uma ciência para a todas dominar?

> *Entre observar o mundo e viver no mundo*
> *Há um frágil quase etéreo espaço,*
> *Assim mais ou menos quanto cabe na ausência de um abraço.*
>
> Cali Boreaz, *Outono de azul a sul*, p. 25

Estudar um tema ou uma área é, de certo modo, como aprender a falar outro idioma.

No começo, as palavras são novas e não sabemos bem como usá-las corretamente. Às vezes não conseguimos nem mesmo distinguir onde termina uma palavra e começa outra, e tudo parece um grande emaranhado de sons. Se esse primeiro contato não nos leva a desistir, aos poucos começamos a notar algumas palavras, depois frases, e então entendemos o contexto. É um momento quase mágico quando finalmente você ouve uma música no novo idioma e percebe que entendeu a letra. Algo diferente acontece, e seu domínio do mundo agora acontece em duas línguas diferentes.

Algo parecido acontece quando nos aproximamos de uma nova área do conhecimento. Em um primeiro momento, começamos a ouvir palavras novas, expressões diferentes, mais complicado ainda, um uso novo até para nosso vocabulário comum. Não só isso: temas, preocupações com assuntos até então desconhecidos começam a vir à tona e parecem ser muito importantes para quem discute, mas nem sempre entendemos, logo de saída, seu real significado.

Se tivermos a sorte e o privilégio de encontrar uma professora ou professor que, sabendo desse estranhamento, explique as coisas de maneira mais fácil, começando pelo começo e nos ajudando a ir das trilhas conhecidas aos caminhos novos, tudo fica relativamente tranquilo. Auxiliam a entender as palavras desse novo idioma, explicam onde, quando e como usá-las. Nos ajudam a ver coisas novas na realidade e desvelar aspectos pouco conhecidos, mas fundamentais, do cotidiano. "Desvelar", aliás, vem do latim e significa "tirar o véu" que esconde alguma coisa. A jornada pelos novos domínios, acompanhada de alguém experiente, pode ser bem interessante, e estaremos, então, nos preparando para fazer as próprias descobertas mais para frente.

Quando isso não acontece e você se defronta, logo em uma primeira aula de Sociologia, com alguém que trata iniciantes como especialistas (usando frases como "a objetificação da existência apela a uma nova dimensão plurifatorial para toda a gnosiologia pós-marxista"), ou presume que o caminho do conhecimento deve ser árduo e penoso, a situação fica bem mais difícil. Não ajuda muito quando você olha para as outras pessoas na sala: em alguns casos, uma síndrome de impostor, bem cultivada na sociedade contemporânea, aparece ao seu lado para lembrar que todo mundo entende perfeitamente o que é gnosiologia pós-marxista, menos *você*.

Em minha trajetória como aluno, tive o privilégio de conviver com uma maioria de professoras e professores do primeiro grupo, interessados na atividade formativa e pedagógica de ajudar outras pessoas a encontrarem seus próprios caminhos no conhecimento. Entrar em outra área do saber não é decorar nomes, memorizar conceitos ou conhecer as teorias, mas encontrar outra maneira de ver o mundo.

Aliás, já podemos começar por aqui: você não vai se tornar uma socióloga ou um antropólogo apenas lendo os textos clássicos ou contemporâneos, embora esse seja um ótimo ponto de partida. Aos poucos, com a leitura e, principalmente, com a reflexão, você pode desenvolver um *olhar sociológico* a respeito da realidade.

Mas isso é o final do livro, e estamos só no começo.

A origem da palavra

Definir conceitos pode ajudar nessa aproximação inicial. Quando você procura, em livros introdutórios, uma definição para "Sociologia", o mais comum é encontrar como resposta "o estudo da sociedade" ou, um pouco mais desenvolvida, "a ciência que estuda a sociedade".

A palavra "sociologia" vem de duas raízes.

De um lado, *societas*, palavra original do latim para o conjunto de pessoas que são companheiras umas das outras – *socius* significa "companheiro" ou "companhia". Vemos isso em termos modernos: quem trabalha com você é seu *sócio*; quando estamos juntos por alguma razão, somos parte de uma *associação*. Em todos os casos, a ideia principal é "estar junto". A ideia básica de uma sociedade, portanto, é viver com outras pessoas.

Ao que tudo indica, a palavra *societas* é uma tradução, feita na Idade Média, de outra palavra: o grego *politikon*, de *pólis*, a expressão grega para "cidade" (por isso muitas cidades têm essa palavra no nome, como Mirandópolis ("cidade de Miranda"), em São Paulo, Petrópolis ("cidade de Pedro"), no Rio de Janeiro ou Metrópolis – literalmente, "cidade grande", onde se passam as aventuras do Super-Homem. Quem vivia na *pólis*, na cidade, era um *politikós*. Um pouco distante do sentido que a palavra "política" tem hoje em dia, referindo-se a partidos, eleições e governo, *politikós* eram simplesmente as pessoas que moravam na *pólis* – novamente, aqui, aparece a ideia de "viver junto".

Podemos aproveitar a proximidade entre essas duas palavras para uma provocação: viver em sociedade, estar junto com os outros, é sempre um ato político, ao menos na origem da expressão.

A palavra "logia", por sua vez, também vem do grego *logos*, expressão que pode ser traduzida como "palavra", "pensamento" ou "razão", e ainda está na raiz de "lógica". No sentido mais comum, virou quase um sinônimo de "estudo", como em "Biologia" ou "Geologia". Mais uma pista para entender do que estamos falando: a expressão *logos* se refere a um tipo de conhecimento racional, organizado, fundamentado na lógica e na reflexão. Estamos próximos, aqui, do que chamaríamos de "científico". Não se trata de qualquer opinião ou especulação, mas a busca por uma compreensão mais ampla de alguns tipos de fenômenos.

Como é possível vivermos juntos? Em que condições pessoas criam relacionamentos umas com as outras? Qual é a natureza dos vínculos sociais? A Sociologia, enquanto estudo (*logos*) da sociedade (*societas; pólis*) procura entender como as pessoas conseguem viver umas com as outras. Com o risco de simplificar demais, poderíamos dizer que a sociologia é o estudo daquilo que existe *entre* as pessoas, as *relações* entre elas. Ao menos em sua origem, é o estudo dos vínculos coletivos, isto é, de relações existentes além dos indivíduos e, em alguns casos, para além de sua vontade (até mesmo contra, como qualquer conflito sugere).

Isso não explica, no entanto, um problema bem mais básico: onde está a "sociedade"?

Aprendendo a localizar o social

Quando o sociólogo francês Émile Durkheim, um dos pioneiros da Sociologia no século 19, começou a propor a ideia de um "estudo da sociedade", uma das primeiras críticas que ele recebeu foi justamente essa: onde está seu objeto de estudos? Como podemos estudar a "sociedade" se ela, na realidade, não passaria de uma abstração, um conceito? De que maneira colocar a "sociedade" sobre uma mesa ou diante de um microscópio para estudar seus componentes?

Essas perguntas não são tão descabidas quanto podem parecer a princípio.

É comum usarmos a palavra "sociedade" nesse sentido um pouco abstrato ("a sociedade não aceita esse tipo de comportamento" ou "a sociedade é conservadora"). Às vezes usamos "sociedade" para um conjunto impreciso, quase sempre distante, de pessoas que compartilham algo em comum. E, mais ainda, parecem exercer algum tipo de poder sobre nossas escolhas ("a sociedade obriga a gente a fazer isto").

Diante dessas afirmações, poderíamos justamente perguntar: mas onde está "a sociedade"? Não são pessoas aleatórias que param você na rua obrigando a se vestir de um jeito ou andar de outro; não há algo concreto chamado "sociedade" que vem até você dizer como agir ou o que fazer. Portanto, de uma maneira apressada, alguém poderia dizer, no limite, que não existe "sociedade", mas apenas pessoas – não é "a sociedade" que critica sua roupa, mas uma amiga sua; não são "as pessoas" que reparam no seu corte de cabelo, mas alguém que te olha estranho no ônibus ou no metrô.

Onde está a "sociedade" então?

O individual e o social

Uma resposta, seguindo em linhas gerais a proposta de Durkheim, é pensar na "sociedade" como *o componente coletivo presente nos comportamentos individuais.*

Sua amiga critica sua roupa porque *aprendeu*, de alguém ou em algum lugar, que uma determinada combinação de cores é "errada": a opinião certamente é dela, e é ela, como indivíduo, quem falou para você. No entanto, ela não definiu sozinha o que é "bom" ou "ruim", o que "combina" ou "não combina". Não é uma decisão individual: ela aprendeu *de* outras pessoas (e *com* os outros) o que é se vestir bem ou mal. Claro que existe um componente pessoal aí: foi escolha dela dar ouvidos ou não ao que disseram, e, pior ainda, decidiu falar isso para você. Os critérios usados para fazer seu julgamento não são apenas dela – sua amiga aprendeu em algum lugar, seja de maneira formal (um curso, digamos) ou informal (observando outras pessoas).

"Mas a opinião é dela!", você pode responder.

É verdade. Imagine, no entanto, que você e ela são dez anos mais velhas: o critério seria o mesmo? E se vocês ganhassem três vezes sua remuneração atual, quais seriam suas roupas? Como sua bisavó se vestia quando tinha a idade de vocês? A medida utilizada para dizer que sua roupa é bonita ou feia, adequada ou fora de padrão, provavelmente seria outra, assim como sua opinião e seu comentário.

Foi sua amiga quem *verbalizou* uma opinião que, na verdade, corresponde a critérios de moda, estética e beleza que não são apenas de sua amiga, mas, ao contrário, são *compartilhados* por um grande número de pessoas. Trata-se de critérios *coletivos*, além de qualquer escolha ou perspectiva exclusivamente individual. Pertencem a todas e todos sem ser propriedade exclusiva de ninguém: são critérios *sociais*.

Onde está a "sociedade" na fala de sua amiga?

De um lado, nos critérios que usou para definir sua roupa; de outro, na liberdade que teve de falar isso para você. Afinal, ela não aprendeu apenas critérios estéticos, mas também *quando e com quem* expressá-los ou não. Dificilmente ela faria um comentário desse tipo em uma reunião de trabalho ("sua roupa é ridícula, pode seguir com a apresentação").

A ideia de sociedade

Em termos mais teóricos, o social é tudo aquilo que vai além do próprio indivíduo. A sociedade, neste ponto de vista, seria o conjunto de práticas, ações e comportamentos comuns a um conjunto de pessoas que vivem juntas e, de certa maneira, orienta o comportamento individual de cada uma delas. Assim, a sociedade não é um conjunto de indivíduos isolados, mas de *relações* entre eles; não é a soma de pessoas, mas, como disse o sociólogo alemão Max Weber, de *práticas* reciprocamente orientadas, isto é, voltadas de uma pessoa para outra.

O social está além de cada indivíduo, e geralmente aparece na forma de *regras* ou *normas* mais ou menos definidas, que oferecem as diretrizes gerais para o comportamento de cada pessoa em determinada situação. O social se manifesta, também, nos *costumes* de cada grupo, transmitidos dos participantes mais antigos para os mais novos – digamos, as histórias de uma família, os hábitos de um grupo ou as práticas de uma atividade profissional. "Costume", em latim, é *mores*, de onde nossa palavra "moral": a sociedade pode ser encontrada no conjunto de regras morais que aprendemos desde criança. Na prática, isso se aparece em nossos modos de agir, tanto em relação a outras pessoas quanto em cada situação.

Durkheim lembra, nesse sentido, que a sociedade é anterior ao indivíduo. Quando você nasceu a sociedade já existia, e boa parte de sua vida naquele momento foi ocupada tentando entender as *relações* existentes em cada lugar. Há alguma chance de seus primeiros contatos com a sociedade terem sido com sua família e na escola, onde você aprendeu os princípios mais básicos para viver com os outros (*societas*, lembra?), como "não morder seu irmão", "não comer o lanche do amiguinho" ou, um pouco mais tarde, "não falar tudo o que pensa".

Desde cedo, o objetivo desses aprendizados é tornar cada indivíduo capaz de viver com os outros – não por acaso, o processo é chamado de "socialização". Você não escolheu comer com garfo e faca, mas *aprendeu* a fazer isso como sinônimo de "educação". O interessante é notar que essa decisão também não foi de seus pais ("querida, vamos ensiná-la a comer com garfo e faca ou é melhor ensinar a caçar sua própria comida?"), mas é parte de algo maior do que as escolhas individuais ou de grupo. Eles também *aprenderam*, em seu tempo, a comer dessa maneira, e sabem que *todo mundo*, ao menos na sociedade ocidentalizada, procede assim.

O social, o cultural e o biológico

A sociedade, na visão de Durkheim, é *qualitativamente* diferente dos indivíduos – esse é o elemento do *social* presente em cada comportamento. Se você mora sozinho e não tem ninguém com você, pode arriscar beber um gole de leite diretamente da garrafa na geladeira (não, por favor). Fica bem mais complicado se tiver outra pessoa na casa, digamos, uma tia: ela vai lembrá-lo, com sua simples presença, de que esse ato é altamente censurável. Essa regra não veio dela, mas de algo além e acima de vocês dois, a sociedade.

Você pode, como indivíduo, sentir fome, e isso é altamente biológico; o convite "vamos almoçar?" é uma prática social, com suas regras e normas próprias. Podemos sentir fome a qualquer hora, mas "almoçar" é algo que se faz, em linhas gerais, entre 11h30 e 15h. Não por acaso, em alguns lugares, esse costuma ser o horário de funcionamento de restaurantes. Se você já foi o último cliente de um restaurante, ou chegou quando já estava fechando, provavelmente sentiu o desconforto de quebrar uma regra do social: mesmo que ninguém fale nada, você *sabe* que está fora do horário entendido como "correto". A sociedade, nesse sentido, está dentro de você dizendo o que é certo ou errado. *Socialmente* certo ou errado, bem entendido.

Encontrar o social no social

A Sociologia procura encontrar o componente *social* em nossas atitudes, comportamentos e práticas cotidianas. Qualquer atividade humana pode ser vista a partir de seus aspectos sociais – em geral, bem diferentes de seus componentes psicológicos ou biológicos, por exemplo. Por isso, é possível fazer estudos sociológicos a respeito de qualquer *prática social*, isto é, qualquer atividade desenvolvida a partir da interação com outras pessoas. A Sociologia procura se distanciar das outras áreas de conhecimento ao focalizar as questões sociais, ou, melhor ainda, o *lugar da sociedade* em todas as atividades humanas.

A Sociologia da Arte, por exemplo, não vai perguntar "O que é arte?" (essa seria uma pergunta da Estética) ou "Quais as características de um estilo de época?" (questão da História da Arte), mas algumas outras: o que é considerado "arte" pela sociedade? Em quais espaços uma obra precisa estar para ser chamada de "arte"? Quais critérios para incluir ou excluir um grafite como arte? Perguntas como essa não se dirigem à compreensão do valor estético de uma obra de arte, mas pelas *condições sociais* onde essas categorias são criadas e colocadas em circulação.

De maneira semelhante, a Sociologia da Moda pergunta, por exemplo, quais são as condições nas quais uma nova coleção é colocada à venda, digamos, em uma rede de lojas: para qual público ela se destina? O que ela diz sobre o gosto esperado desse público? Não vai perguntar, em termos estéticos, como a coleção atual dialoga com a de dez anos atrás, mas o que mudou *na sociedade* nesse tempo a respeito dos critérios para definir a beleza e a adequação de uma roupa a um grupo social – por exemplo, por que o uso de uma determinada peça era malvisto dez anos atrás e passou a ser considerado essencial hoje.

Para fechar, a Sociologia da Religião não está interessada em discutir a existência de Deus, se uma religião é verdadeira ou a validade das ideias desta ou daquela igreja, mas na *dimensão social* da religião – isto é, como a crença, por exemplo, está ligada à maneira como uma pessoa vive em sociedade e interage com as outras. O foco são aspectos sociais desse fato – por exemplo, em perguntas sobre "Como agem os fiéis de uma determinada igreja em relação a questões de gênero?" ou "A que classe social pertencem os adeptos de uma religião?".

Poderíamos seguir indefinidamente a lista de áreas nas quais a Sociologia pode atuar, e seria difícil chegar ao final. Mas a pesquisa sociológica procura não se confundir com as outras áreas específicas: um sociólogo interessado em literatura vai procurar tratar, digamos, dos circuitos sociais de produção ou recepção de uma obra (a título de exemplo, a origem social de autoras e sua relação com editoras consagradas, ou a frequência a livrarias e bibliotecas), mas não vai se tornar um linguista ou um crítico literário.

Os limites do objeto sociológico

Se a Sociologia estuda a "sociedade", onde podemos encontrar nosso campo de atividades? A partir deste ponto, não existe muito consenso entre autoras e autores, mas podemos trabalhar dentro de algumas perspectivas gerais.

Algumas correntes defendem que Sociologia se faz principalmente na rua, e a única maneira de estudar a sociedade é indo até ela e procurando os dados a seu respeito, seja em estatísticas, dentro de um ponto de vista quantitativo, seja a partir de entrevistas ou da observação do comportamento das pessoas em situações de interação social.

No entanto, é possível também encontrar a "sociedade" em suas produções e representações. Ou, como sugerem as sociólogas francesas Faustine Regnier, Anne Lhuissier e Séverine Gojard, no livro *Sociologie de l'Alimentation* ("Sociologia da Alimentação", ainda sem tradução no Brasil), podemos tentar "ler" a sociedade a partir dos alimentos, observando suas condições de produção, as influências na definição de algo como "boa comida", as diferenças de classe social referentes ao gosto e às possibilidades de comer uma coisa ou outra e assim por diante. Uma sociologia da frequência a lanchonetes, bares e restaurantes pode dizer muita coisa sobre as dinâmicas de uma sociedade (por exemplo, a maneira como atendentes e garçons são tratados, ou a relação com frequentadores habituais).

Ampliando um pouco essa ideia, seria "ler" a sociedade do século 19 ou 20, por exemplo, a partir das relações sociais presentes em romances de Machado de Assis ou Rachel de Queiroz. Tendo em mente, sem dúvida, os limites de qualquer interpretação: esses livros não são tratados sociológicos, e o tratamento ficcional deve ser levado em conta. Ao mesmo tempo, permitem identificar traços das relações da época, ainda que filtrados e elaborados pela imaginação da autora ou do autor.

Do mesmo modo, é possível estudar também as *representações* de sociedade presentes em obras de ficção, usando, digamos, um filme ou uma série de TV como pretexto, quase um caso a ser estudado, como ponto de partida para questões sociológicas. Em uma obra de ficção científica ambientado no futuro, por exemplo, é possível estudar tanto o modelo de sociedade existente (como são as relações sociais nesse mundo?) quanto suas condições de produção (como ele se relaciona com o mundo atual?) ou de recepção (qual sua repercussão nas redes sociais?) e assim por diante.

O campo teórico da Sociologia

Entrar em uma nova área do saber é também conhecer as autoras e autores que desenvolveram as principais ideias utilizadas para compreender os temas principais de cada campo. Eles formam o chamado "cânone" de uma área, noções que, embora possam (e devam) ser discutidas, estão entre aqueles temas fundamentais.

Ao longo do tempo, novas ideias, autoras e autores são incluídos nesse cânone, mantendo a dinâmica de cada área – o conhecimento é dinâmico, está sempre em mudança. Por isso, quando nos aproximamos de uma área, somos apresentadas ou introduzidos a esse cânone – os "clássicos" responsáveis por formar, em linhas gerais, as teorias fundamentais dessa Área. No nosso caso, o que geralmente é chamado de "Teoria Sociológica" ou "Teoria Social" (às vezes também de "Pensamento Sociológico", "Pensamento Social" ou por nomes semelhantes, conforme a criatividade de quem escreve).

No caso da Sociologia, um dos grupos de autores mais aceitos como o cânone possível da Área são Karl Marx, Émile Durkheim e Max Weber.

Por que três homens?

Porque as teorias, como qualquer atividade humana, não escapam das condições sociais da época em que são criadas. Como recorda bell hooks em *Ensinando a transgredir*, na página 86, "A teoria não é intrinsecamente curativa, libertadora e revolucionária. Só cumpre essa função quando lhe pedimos que o faça e dirigimos nossa teorização para esse fim". Quando a sociologia aparece, em meados do século 19, a mentalidade da época privilegiava as atividades feitas por homens, deixando de lado – ou simplesmente apagando – a contribuição feita por mulheres ou por pessoas fora do circuito europeu. O apagamento da contribuição das primeiras sociólogas só aos poucos vem sendo questionado e revertido – voltaremos a isso.

Outro ponto: apesar de existir um cânone da Sociologia, o trânsito de autoras e autores *entre* as diversas áreas dentro das Ciências Humanas pode ser bem alto. Por isso, não se preocupe se você encontrar, em livros de Sociologia, menções a filósofas, críticos literários, historiadoras, antropólogos ou psicanalistas. Às vezes isso pode provocar algum estranhamento, ou mesmo certo mal-estar ("Não dou conta nem das leituras da minha área, como vou dominar as outras?").

O trânsito entre disciplinas

Isso acontece por duas razões.

Primeiro, porque a Sociologia é vizinha de parede de outras áreas do saber voltadas para entender a sociedade, como a Antropologia, a Ciência Política ou mesmo, talvez um pouco mais distantes, a Geografia Humana, a História e a Psicologia Social.

Segundo, essa circulação de ideias entre áreas, interdisciplinar, costuma ser fundamental para trazer novas possibilidades de um espaço para outro, trazendo outros ares e perspectivas de pesquisa. Isso não significa que não existam autoras e autores específicos da Sociologia (ou de qualquer outra Área): o diálogo entre disciplinas significa colocar ideias para conversar sem necessariamente abandonar ou diminuir a importância de qualquer uma delas.

Questionar a própria atividade

Isso leva a outra questão: a Sociologia é sempre *autorreflexiva*, isto é, sociólogas e sociólogos, com frequência, aprendem a se questionar a respeito de sua prática. Até que ponto suas pesquisas não estão, na verdade, procurando confirmar suas crenças? Ou, mais ainda, colocar em linguagem acadêmica suas preconcepções de mundo? Sociólogas e sociólogos vivem em sociedade; vão ao supermercado, levam filhos na escola, tem contas a pagar. Estamos imersos em nosso próprio objeto de estudos. E, como veremos, isso pode fazer a diferença em nossas pesquisas, seja nos ajudando a escolher bons temas, seja enviesando sem querer nossos estudos.

Um dos pontos para manter essa postura autorreflexiva é conhecer a história de sua própria Área ou, pelo menos, algumas das questões fundamentais de sua origem. É o que vamos ver nas próximas páginas.

CAPÍTULO 02
A invenção da Sociologia
Os pais fundadores
(por que não as mães fundadoras?)

> *São fragmentos*
> *de fragmentos de textos*
> *espaços de*
> *espaços de memória*
> *tempo de tempo, mundo de mundo*
> *realidade de realidade.*
>
> Marina Rima, Toda janela é um tipo de saída, p. 32.

Era um sábado, dia 9 de agosto de 1837, por volta de 11 horas da manhã. A bordo do navio *Estados Unidos*, partindo do porto de Liverpool, na Inglaterra, estava uma mulher de 32 anos, seguindo para uma jornada de dois anos pelos Estados Unidos. Harriet Martineau era seu nome, e já era autora de duas novelas, uma obra devocional, artigos sobre religião para o jornal da igreja Unitária e uma coleção de livros chamada *Ilustrações da Economia Política* que, na época, ultrapassou as vendas de Charles Dickens, autor de *Oliver Twist* e *Um conto de Natal*. Tudo isso antes dos trinta anos. Se para os padrões de hoje isso já é um feito, imagine em uma época na qual a vida das mulheres era obrigatoriamente restrita aos cuidados domésticos.

Nascida em 1802, em Norwich, leste da Inglaterra, desde cedo manifestou uma inteligência e uma percepção aguçada em relação ao mundo à sua volta – seus problemas de saúde e a perda da audição começaram no mesmo período. Quando precisou sustentar a família após a morte do pai, em 1829, começou a escrever. Com o sucesso, decidiu mais um passo ousado e conhecer Estados Unidos para ver, na prática, o sistema democrático.

Martineau ficou dois anos por lá, viajando e observando os modos de vida, costumes e práticas do povo. Entre outras coisas, chamou sua atenção a maneira como a democracia não era estendida às mulheres, que permaneciam em uma condição subalternizada, e a escravidão – ela se tornou uma abolicionista de primeira hora, causa que sustentou durante toda a vida.

O resultado foi o livro *Sociedade na América*, de 1837. Uma das novidades da obra era o método utilizado pela autora. Para além de registrar impressões de viagem, Martineau estava interessada em descrever e analisar as dinâmicas da sociedade, chamando a atenção para contradições econômicas e políticas, explorando suas causas e consequências. O objetivo era fazer um estudo da sociedade – não por acaso, é considerada a pioneira de uma ciência nova, que viria, poucos anos depois, a ser chamada de "Sociologia".

Martineau não perdia de vista a necessidade de pensar sobre sua própria atividade – a *reflexidade* da sociologia, como se diz na atualidade. O livro *Como observar: moral e costumes*, de 1838, é provavelmente o primeiro livro sobre o método sociológico. Observação atenta, comparações, reflexão sobre a prática e abertura para os fatos estão entre as propostas da autora para o estudo da sociedade.

De volta à Inglaterra em 1836, ela seguiu sua carreira na literatura, no jornalismo e nos ensaios teóricos, em uma vasta obra que engloba uma ampla variedade de assuntos. Sua contribuição à sociologia estava estabelecida. Ainda que, como lembra a professora Luciana Alcântara, da Universidade Federal de Juiz de Fora, uma das introdutoras da obra de Martineau no Brasil, ela tenha sido apagada do que vem sendo, até agora, uma certa história da sociologia, como vimos no capítulo anterior.

Sua obra apresenta a perspectiva de estudar a sociedade pensada como algo diferente das características dos indivíduos que a compõe. De certa maneira, para usar uma linguagem contemporânea, Martineau se concentrou no *social* como objeto de estudos. E, com isso, se diferenciava de uma longa tradição de estudos sobre o assunto.

A pré-história: a Filosofia Social

A sociologia procura entender como as pessoas conseguem viver juntas. Tem uma razão para isso, e não é das melhores: viver com os outros não é fácil. Nunca foi, e desde muito tempo atrás filósofas e filósofos procuram entender não só como isso é possível, mas também as melhores maneiras de conviver com as outras pessoas. Essa busca começou ainda na Grécia antiga, uns dois mil e quinhentos anos atrás, e segue até hoje (o que dá uma ideia do tamanho da dificuldade).

Não era a primeira vez, evidentemente, que se escrevia sobre a sociedade. Desde a Antiguidade, filósofos como Platão, em *A República*, e Aristóteles, no livro *A Política*, discutiam o tema. Alguns clássicos, como *A Cidade das Mulheres*, de Cristine de Pizán, escrito em 1405, a *Utopia*, de Thomas More, de 1516, *O Príncipe*, de Maquiavel (1532) ou o *Leviatã*, de Thomas Hobbes (1650), fazem parte desse conjunto que, para a História, ficou conhecido com o nome de "Filosofia Social" ou "Filosofia Política".

Você nota, pelas datas de publicação, que a preocupação com a vida em sociedade atravessou vários séculos. Os enfoques variavam, indo desde perspectivas mais propositivas, mostrando possibilidades de uma sociedade mais justa, como *A cidade das mulheres* ou a *Utopia*, até estudos mais sombrios, que destacavam a manutenção da ordem a partir, em alguns casos, da força, como *O Príncipe* e o *Leviatã*.

No entanto, seria precipitado chamar esses livros de "sociologia": seu enfoque era pautado na filosofia, e se concentrava, em boa medida, em pensar como uma sociedade poderia ser organizada de fora para dentro. Por isso, apesar de seu evidente interesse para a Sociologia, eles estão mais próximos da Filosofia Política. Seria preciso esperar até o século 19 para que, de fato, surgisse uma disciplina voltada para o estudo da sociedade – não como ela *deveria* ser, mas como ela *era*.

Por que o século 19?

A criação de uma "ciência da sociedade"

A Sociologia nasceu em uma época e lugar bastante específicos e, de certo modo, propício para o surgimento de uma "ciência da sociedade". A Europa do século 19 parecia, em muitos aspectos, um sinônimo de progresso, evolução e desenvolvimento: a Revolução Francesa de 1789 espalhava seus ideais de igualdade, liberdade e fraternidade em várias direções, monarquias seculares eram derrubadas e uma nova classe social, a burguesia, ocupava o lugar dos nobres e da aristocracia como protagonista das atividades na sociedade. O primeiro sucesso de Harriet Martineau, por exemplo, procurava explicar essas mudanças do ponto de vista da economia política.

Mas o ponto principal, que nos interessa aqui, é uma herança do século 18: a crença na razão e na ciência como caminhos para compreender todos os aspectos da realidade ao nosso redor. A razão humana não parecia ter limites, e todos os domínios do conhecimento e da natureza pareciam abertos à conquista. Era o triunfo da Modernidade, período histórico que, em linhas gerias, começa no século 18 e se estende até os dias atuais.

Sabemos, hoje em dia, que parte do que se entendia por progresso ou desenvolvimento, na Modernidade, foi feito às custas da exploração e destruição de povos de outros continentes, sobretudo da África e da América, bem como do uso de suas riquezas naturais; mais ainda, significou também – e ainda significa – a subjugação da natureza pelos seres humanos, algo traduzido na forma da exploração sem parâmetros de recursos naturais.

Ao mesmo tempo, seria igualmente complicado jogar fora todas as conquistas da Modernidade, bem como diminuir a importância do triunfo da racionalidade naquele momento. A ideia de que nenhum domínio da natureza estava fechado à inteligência humana gerou as condições para que áreas completamente novas do conhecimento fossem desvendadas.

Uma nova perspectiva de abordagem do mundo estava se consolidando: a ideia de *ciência*, baseada em experimentos, testes e verificações, sem restrições de qualquer tipo. O conhecimento só teria valor se fosse verificado a partir de dados, e nada, nenhum governo ou crença, poderia se colocar no caminho da pesquisa e da descoberta. Vacinas e anestesias são apenas alguns resultados dessas primeiras ideias, e dificilmente poderíamos imaginar o mundo contemporâneo de outra maneira (você pode ser o maior crítico da modernidade, mas lembre-se disso em sua próxima visita ao dentista). Vamos falar mais da Modernidade e seus problemas no capítulo 4

O domínio sobre a natureza significava descobrir as *leis* que pareciam regular todo o universo. A realidade, pela primeira vez, parecia ser um todo ordenado, e a razão humana poderia mergulhar sem medo para entender como funcionava. Depois de séculos de explicações ligadas a mitos, crenças ou divindades, o ser humano se via diante de um universo que não obedecia às ordens de algum ser divino, mas às suas próprias leis.

A publicação, em 1859, de *A Origem das Espécies*, de Charles Darwin, é talvez um dos capítulos mais representativos dessa história: o próprio ser humano, longe de ocupar qualquer lugar especial na criação, era apenas o resultado mais recente de um processo de milhares de anos, a seleção natural.

"E o que isso tudo tem a ver com a Sociologia?", pode ser a pergunta.

De certa maneira, a criação de uma ciência da sociedade está bem afinada com a mentalidade daquela época: se o mundo natural era regido por leis e princípios, não seria possível descobrir também as leis que regiam o funcionamento da sociedade? As ciências naturais estavam descobrindo que, por trás do aparente acaso da natureza existiam princípios físicos bastante rigorosos. Se era possível descobrir as leis que regiam o movimento dos planetas, nada impediria de encontrar, do mesmo modo, os princípios responsáveis pela vida em sociedade; se existia uma ciência da natureza, também poderia existir uma *ciência da sociedade*.

A herança contraditória das ciências naturais

"Física social": esse foi o primeiro nome que o filósofo francês Auguste Comte propôs para a ciência que deveria estudar o funcionamento da sociedade e descobrir as leis que regem seu funcionamento.

Talvez exista uma ponta de ironia no fato do criador de uma ciência destinada a estudar a sociedade tenha sido um filósofo, mas a perspectiva de Comte, ao fazer isso, era justamente dar um passo além da própria filosofia para chegar ao que seria, em seu ponto de vista, a última das ciências. O estudo da sociedade, agora sim, a *sociologia* era vista por Comte como o coroamento dos caminhos do pensamento humano, e procurava entender a sociedade da mesma maneira que as outras ciências estudavam a natureza.

Esse, de certo modo, parece ter sido o principal elemento de ruptura de Comte com as perspectivas anteriores sobre a sociedade: seu objetivo era fazer do estudo das relações sociais baseado em evidências, na observação e análise – ideias próximas do que havia sido realizado por Martineau em sua viagem aos Estados Unidos (não por coincidência, ela foi a tradutora da obra de Comte na Inglaterra). Os mesmos princípios das ciências naturais poderiam, ou melhor, *deveriam* ser aplicados ao estudo da sociedade: era a única maneira, a seu ver, de ter um conhecimento válido. Ou, em seu vocabulário, um conhecimento "positivo" – não por coincidência, a doutrina de Comte entrou para a história como "Positivismo".

Evidentemente o nome não tem nada a ver com a noção comum de "positivo" como sinônimo de algo bom ou bem feito. "Positivo", para Comte, designava algo feito com o uso das técnicas e da razão, sem apelo a mitos, divindades ou qualquer outra ideia que não pudesse ser testada e provada. Ideias como "destino", influência dos astros ou de que o ser humano teria sido criado "à imagem e semelhança de Deus", simplesmente não tinham lugar em seu sistema positivo – não porque ele fosse necessariamente contra isso, mas porque elas não poderiam ser testadas. E sem testes, dados ou evidências, não há ciência possível.

A mentalidade sociológica

A invenção da Sociologia acontece também em um momento de transformações na mentalidade da época. E, de certa maneira, na ideia de ser humano. Durante quase toda a história do que se convencionou chamar de "ocidente" ou "civilização ocidental", o princípio da maior parte das sociedades era de fundo religioso. Exceto por um curto período na Grécia antiga, quando, durante um século e meio a relação entre as pessoas foi regulada por leis criadas e votadas por elas mesmas (eles inventaram uma palavra para isso: *democracia*), o que mantinha a sociedade unida e funcionando era a crença em um ou mais deuses que escolhiam os governantes – isso quando o próprio líder não se autodeclarava um deus, como no antigo Egito ou em Roma.

Na Europa, praticamente até o século 18, reis eram considerados representantes de Deus na Terra, designados para cumprir Seus mandamentos no bom governo de seus povos. Não por acaso, reis eram ungidos por representantes do Papa, mostrando o fundamento divino do governo. As leis de cada país estavam misturadas com princípios religiosos, e não faltavam conflitos entre as autoridades civis e eclesiásticas a respeito de quem teria a última palavra em assuntos de Estado. Mesmo com a Reforma Protestante, no século 16, essa situação não mudou totalmente, e as relações entre religião e política eram um ponto central em qualquer sociedade.

Esse fundamento religioso, de alguma maneira, oferecia algum princípio sobre o qual a ideia de "viver com os outros" era construída. E era também a garantia de algum tipo de estabilidade, pautada na perspectiva de que todas as pessoas, ou pelo menos a maioria delas, compartilhava algumas crenças em comum a respeito de como a vida deveria ser vivida. Evidentemente, para a maioria das pessoas essas preocupações estavam a anos-luz de distância de seus problemas cotidianos, como cuidar das colheitas, vender seus produtos no mercado da cidade ou simplesmente não ser morto em algum desastre natural / guerra / invasão.

O Iluminismo, no século 18, muda esse cenário. Na verdade, ele completa uma série de mudanças que já estavam acontecendo, mas chegam ao seu ponto central nesse momento. A principal delas, a crença na razão como única base válida das ações e decisões humanas, leva a uma ruptura com a noção anterior que via na sociedade um espelho das intenções divinas. Sem um fundamento religioso, qual seria a base da sociedade? Por que devemos obedecer a um rei se ele não tem nada de divindade, mas é apenas uma pessoa como nós?

Essas perguntas têm consequências bem maiores do que uma simples mudança social: a partir desse princípio, os ingleses decapitaram seu rei Carlos I em 1649, e os franceses, de maneira bem mais espetacular, guilhotinaram Luís XVI e sua esposa Maria Antonieta em 1793. Não havia mais um rei ou uma divindade responsáveis por manter a sociedade unida.

Qual seria, então, o fundamento da sociedade? Como entender suas dinâmicas? Se não havia mais um fundamento divino ou religioso, como seria possível compreender a vida social, seus movimentos, conflitos e transformações? De certa maneira, toda a história da Sociologia vai procurar responder a essas questões a partir de vários pontos de vista, mas mantendo um princípio responsável por delimitar seu espaço diante das outras ciências: encontrar as raízes do social no *próprio social*.

Elementar, meu caro Watson

Mas talvez um dos melhores exemplos que representa essa época venha da literatura.

É Sherlock Holmes, o detetive criado pelo escocês Arthur Conan Doyle em 1887, quem de certa maneira mostra uma perspectiva de observação da sociedade, em seus menores detalhes, para conseguir desvendar mistérios. Holmes é um leitor atento de jornais, e presta atenção, sobretudo, às notícias sobre crimes. Ele sabe que algumas situações sociais podem se repetir, e o conhecimento de uma pode ajudar a entender outras, parecidas.

Mas não é só isso: Holmes tem um espírito altamente científico. Sua atitude em relação aos crimes, vistos como fatos sociais, é muito típica de sua época. Observações, estudo e comparações de dados, testes de laboratório, busca por evidências concretas e métodos semelhantes são utilizados para encontrar uma lógica nas ações humanas – por mais ilógico que seus casos pareçam à primeira vista. Holmes deduz os acontecimentos a partir de uma perspectiva a respeito da sociedade: seres humanos podem ser explicados de maneira quase racional, mesmo quando levados por uma forte emoção. Nada é por acaso no social. Elementar, meu caro Watson.

O lugar do social na relação entre as pessoas

Foi Émile Durkheim, desenvolvendo as propostas de Comte por outros caminhos, uma das pessoas que mais se esforçou naquele momento para garantir o lugar da Sociologia como ciência voltada para o estudo da sociedade a partir de seus próprios métodos e critérios. As dinâmicas da sociedade deveriam ser explicadas a partir da sociedade.

Sua proposta, nesse sentido, era ousada: a sociedade não poderia ser explicada a partir do comportamento individual, seja de sua psicologia ou de sua constituição física ou biológica. Ao contrário: em boa medida, o comportamento das pessoas e grupos poderia ser compreendido a partir da observação das relações sociais nas quais estavam inseridos. Dito de outra maneira, o social poderia explicar o individual.

Mas isso demandava outro movimento ousado: a criação daquele olhar sociológico mencionado em outro capítulo, capaz de explicar a realidade a partir de dados e observações.

Exatamente o ponto do próximo capítulo.

CAPÍTULO 03
O que é uma explicação sociológica?
Como entender o social a partir do social sem se perder

> *Esse excesso de realidade me confunde.*
> Luciana Romagnolli, *O mistério de haver olhos*, p. 17

Se fosse possível resumir o que faz de você uma pesquisadora ou pesquisador, diria que não existe uma única regra, mas três pontos são fundamentais: andar pela cidade com os sentidos abertos, ler como se não houvesse amanhã, conversar como quem está aprendendo o mundo pela primeira vez. E, no caso da sociologia, procurar o fator social em todos esses pontos, mesmo quando são difíceis de notar. Aliás, *principalmente* quando são difíceis de notar.

Imagine uma situação pessoal, a mais pessoal possível.

Uma amiga sua está em um relacionamento afetivo problemático e veio conversar com você. A história é mais ou menos a seguinte: ela estava saindo com uma pessoa há cerca de três meses. Elas se conheceram em uma festa da faculdade, e foi amor à primeira vista – ou pelo menos parecia. A afinidade era tanta que sua amiga quase aceitou uma carona da pessoa para ir embora naquele dia mesmo, mas o cuidado falou mais alto e ela preferiu esperar com outras colegas. Nas semanas seguintes a coisa só aumentou. Saíram, trocavam mensagens várias vezes por dia, faziam *posts* em redes sociais.

E então, de repente, a pessoa sumiu. Deixou de responder mensagens, de seguir sua amiga nas mídias digitais e de atender chamadas. A cereja do bolo foi hoje: a pessoa passou perto dela, mas fingiu que não viu. Baixou os olhos e apertou o passo. Sua amiga havia sido ignorada com sucesso. Ah, não era a primeira vez: sua amiga tinha um histórico de casos semelhantes desde o começo da faculdade, com várias pessoas diferentes.

Dificilmente encontraríamos uma situação mais pessoal do que essa. Afinal, relacionamentos estão ligados à esfera particular – é com a *sua* amiga, seus sentimentos e emoções, que estamos mexendo. É *ela*, como indivíduo, que está passando por essa situação. Nada de "social", muito menos de "sociológico", nisso.

Certo?

Mais ou menos.

Para sorte ou azar de sua amiga, essa situação é muito mais típica do que parece. A boa notícia é que ela não está sozinha nessa: centenas, talvez milhares de outras pessoas seguem exatamente esse mesmo roteiro nas relações pessoais (se a vida fosse uma série de TV, o episódio "Visualizou, não respondeu" estaria em várias temporadas). A má notícia é que saber disso não ajuda muito a lidar com os próprios sentimentos nesse momento.

Mas é melhor olhar um pouco mais de perto a situação.

O espaço social ocupado por alguém

Sua amiga conheceu a pessoa em uma festa da faculdade.

Festas, desde há muito tempo, são espaços privilegiados para conhecer outras pessoas e, quem sabe, começar um relacionamento. É muito mais provável engatar uma conversa bacana com alguém em uma festa do que na sala de espera de um pronto-socorro. Portanto, trata-se de um lugar *histórica* e *socialmente* adequado.

Mas não é qualquer festa: é uma "festa da faculdade", o que significa que sua amiga e a outra pessoa provavelmente estão cursando uma universidade. No contexto de desigualdade no qual vivemos, isso já significa muita coisa – mesmo com avanços nessa área, o acesso ao nível superior está longe de ser universal, e requer alguma condição para isso (e cada um sabe o esforço que faz para conseguir). A pessoa, em particular, tem um nível socioeconômico de médio para alto – ela tem carro e ofereceu carona. Sua amiga, sabiamente, recusou: qualquer pessoa, mas especialmente uma mulher, sabe do risco que isso pode significar. Apaixonada ou não, o machismo estrutural acende o sinal de alerta.

Tanto sua amiga quanto a outra pessoa são solteiras. Algo, aliás, relativamente típico nessa faixa etária e de renda – podemos supor, se estão na universidade, uma idade entre 18 e 25 anos. O fato de utilizarem aplicativos de mensagens para conversar durante a semana e fazerem *posts* em redes sociais reforça essa ideia. Podemos presumir que a idade das duas pessoas é próxima, ou ela teria feito menção a isso ("ela é uma pessoa mais velha", por exemplo). Também não têm nenhum compromisso urgente e imediato, como alguém que precisa de cuidados constantes esperando em casa. Elas têm *tempo* para ir a uma festa.

"Ótima dedução", você pode perguntar, "mas o que tem isso tudo a ver com minha amiga?"

Fatores sociais dos acontecimentos pessoais

Simples: a predisposição de pessoas nessa faixa etária, de estudo e de renda, a criar laços afetivos permanentes é *relativamente* menor do que em outros espaços da sociedade. Nem todo mundo quer um "namoro sério" nessa situação. Há outros interesses em jogo, desde seguir com os estudos e começar uma carreira até ter mais experiências com outras pessoas.

Isso, evidentemente, varia de acordo com diversos fatores: redes sociais talvez não tenham a mesma relevância para um casal na faixa dos 70 anos como têm para um de 20 ou 30; uma pessoa em situação econômica de vulnerabilidade, sem acesso a um *smartphone*, viveria uma situação completamente diferente.

Do mesmo modo, o exemplo seria diferente se você e sua amiga estivessem na faixa dos 40 ou 50 anos. Espera-se, digamos, que alguém com essa idade *não* frequente festas de faculdade, e tenha uma atitude relativamente diferente em relação à outra pessoa: se para alguém de 18 anos esse tipo de comportamento é uma novidade ruim com a qual se está aprendendo a lidar, uma pessoa de 45 provavelmente já viveu isso algumas vezes, e talvez saiba como levar a situação – seria errado dizer que fica "mais fácil": afinal, estamos falando de sentimentos.

"Mas e se a pessoa se apaixonar, como foi com minha amiga?", você pode dizer, e com toda a razão.

Em termos pessoais, a sociologia não pode explicar porque gostamos ou deixamos de gostar de alguém. Mas mostra o que podemos fazer, ou não, com os sentimentos – por exemplo, como demonstrá-los (mandar mensagens, ficar junto, postar fotos e vídeos em redes sociais) ou de que maneira romper (ignorar a pessoa, deixar de seguir nas redes, não retornar ligações).

E também qual é o lugar que esse sentimento deve ocupar em nossa vida: é muito bonito, em um filme ou em uma série de TV, ver a história de alguém que largou tudo para ficar com a pessoa amada; na vida real, contas e boletos a pagar podem ter precedência sobre um relacionamento afetivo. A ideia de "namorar sério", nesse caso, pode significar um compromisso para o qual a pessoa ainda não está disposta.

O tipo de relação entre as pessoas

A esta altura você já deve ter notado que, embora relacionamentos afetivos sejam pessoais, eles estão ligados ao tempo e ao lugar onde acontecem. Levando em conta todos os fatores sociais relacionados à sua amiga e à outra pessoa (idade, faixa de renda, atividades, preocupações), deixar de responder mensagens, sumir das redes sociais e não retornar chamadas é uma das estratégias mais simples (não disse "corretas", vale lembrar) de cortar o relacionamento sem ter de passar pelo desconforto de um rompimento formal.

Em atitude muito questionável, a pessoa poderia até mesmo perguntar "que relacionamento?", uma vez que não houve, até onde sabemos, nenhum pedido, rito ou formalização de compromisso ("quer namorar comigo?"). Em última instância, a pessoa poderia mesmo alegar, orientada por uma ética bastante discutível, que "não tinha nada" com sua amiga. Séculos atrás, essa mesma situação talvez fosse resolvida em um duelo – o pai ou irmão mais velho de sua amiga chamaria a outra pessoa para resolver essa "ofensa à honra" de sua filha. Atualmente, o final de um relacionamento tem toda uma outra lógica.

(Aliás, não mencionei se a pessoa com quem sua amiga estava saindo era homem ou mulher; se você imaginou um homem, isso indica como os padrões típicos da sociedade são fortes o suficiente para moldar nossa percepção).

Embora o problema pelo qual sua amiga está passando seja pessoal, e provoque emoções e sentimentos na escala individual, uma boa parte da situação tem suas raízes em convenções sociais, costumes, práticas que ela aprendeu e um grande conjunto de fatos que não pertencem exclusivamente a nenhum indivíduo, embora interfiram na vida de todo mundo: são fenômenos *sociais*.

Entre as condições sociais e a vida individual

Mas é bom, desde o início, tomar duas precauções.

A primeira é evitar cair na armadilha *determinista*, isto é, acreditar que a sociedade determina todas as nossas atitudes, deixando pouca ou nenhuma escolha para o indivíduo. Isso significaria uma sociedade estática, na qual o destino de cada uma e cada uma já estaria traçado desde o nascimento: porque você nasceu em uma época, com uma faixa de renda, em determinado bairro, filha de uma família com este ou aquele grau de escolaridade, então sua trajetória na vida *deve* ser desta ou daquela maneira. Isso pode ter consequências graves – por exemplo, achar que alguém nascido em uma determinada situação teria mais "predisposição" ao crime, ou que pessoas com maior acesso à escolaridade seriam "mais inteligentes" do que outras. A sociologia não acredita em destino.

A segunda armadilha é, de certa maneira, o contrário da primeira: acreditar que o indivíduo está completamente livre das condições sociais onde nasceu e onde construiu sua trajetória. É uma ilusão *voluntarista*, isto é, a crença de que com vontade e perseverança qualquer pessoa pode romper qualquer trama social e chegar aonde bem entender. Essa postura tende a deixar de lado os fatores sociais na trajetória de qualquer pessoa. Em seu aspecto mais negativo, colocam sobre o indivíduo a responsabilidade por problemas sociais mais amplos – por exemplo, mostrando que "qualquer um pode chegar lá", e se você não conseguiu é porque não se esforçou o suficiente (ou, pior ainda, não tem capacidade para isso). A sociologia não acredita em destino, mas também não acredita em milagres.

Ninguém, nem mesmo sociólogas e sociólogos treinados, estão livres de cair nessas armadilhas. Afinal, é fácil encontrar, na vida social, indícios que apoiam outra ideia. Existem condições sociais dificílimas, das quais é quase impossível escapar, e isso reforça a *ilusão determinista*; ao mesmo tempo, também há pessoas que, vindas das condições menos favoráveis, têm uma trajetória brilhante, e isso é, de fato, fruto de seu esforço e vontade – a *ilusão voluntarista*.

Um objetivo da sociologia é quebrar essas ilusões e entender quais são os fios da trama social envolvidos em cada atitude. E, para isso, é importante pensar a sociedade como um espaço dinâmico, em movimento, no qual os conflitos e os problemas não só são inevitáveis, mas também, a seu modo, são o ponto de partida para mudanças e transformações.

As armadilhas na tela

De certa maneira, o cinema hollywoodiano parece ser fã de mostrar situações que exemplificam a armadilha determinista, o mesmo tempo em que abre espaço para mostrar algum tipo de escolha individual – a ilusão voluntarista.

Podemos encontrar exemplos disso em parte dos filmes e séries de super-heróis, como o universo dos *Vingadores*, da Marvel, ou *Batman* e *Superman*, da D.C. Em muitos casos, os vilões, ou melhor, os super-vilões, passaram por alguma situação social complicada, ou mesmo traumática, e, a partir daí, resolveram se dedicar ao mal. De certa maneira, isso parece ser uma maneira de justificar a ação dos vilões, sugerindo que, se eles são maus, é porque a sociedade os levou a isso. Estamos perto, neste caso, da armadilha determinista: vilões não são maus, eles *se tornaram* maus por falta de escolha diante de uma situação.

Mas os heróis, em muitos casos, passaram por situações igualmente complexas – abandono, perda de familiares nos primeiros anos de vida, dificuldades financeiras ou de relacionamento. Por que, então, seguiram o caminho, digamos, do bem? Em contraste com o que acontece com os vilões, os super-heróis estão próximos da armadilha voluntarista. Não importa o que tenha acontecido, ou quais marcas ficaram: nos momentos decisivos, o super-herói se sente capaz de fazer uma escolha, por mais difíceis que tenham sido as circunstâncias anteriores.

Compreender os fenômenos sociais

A explicação sociológica procura conhecer as *condições sociais* relacionadas com as atitudes, escolhas e ações das pessoas na relação umas com as outras.

Voltando ao exemplo de sua amiga, ela poderia tentar encontrar várias explicações para o sumiço da pessoa, desde uma refinada questão psicanalítica (um complexo muito mal resolvido, digamos) até a busca por soluções místicas (os ascendentes astrológicos não batem). A explicação sociológica, sem deixar de lado outras possibilidades, se concentra em encontrar nas relações entre as pessoas envolvidas em uma situação as razões para suas atitudes.

Em uma reunião de trabalho particularmente chata, você pode, por razões psicológicas, sentir uma inexplicável vontade de cantar "Evidências" em voz alta; sociologicamente, você sabe que as *relações sociais* desse espaço não permitem esse tipo de atitude, sob o risco de você ser considerado inapto para estar naquele ambiente. Não é uma escolha determinada: você pode cantar se quiser, claro, mas há consequências *sociais* para quem fizer isso.

Um problema é *social* quando não se trata de uma pessoa em particular, mas de *qualquer um*. Em linhas gerais, sua vontade de cantar seria um problema da Psicologia ("Ok, me diga por que você associa reuniões de trabalho com 'Evidências'"); em termos sociológicos, a regra de que em reuniões de trabalho não se canta não foi feita para reprimir sua psique individual, matar seu talento na raiz ou frustrar o que seria uma brilhante carreira na música; ela diz que *qualquer um* que fizer isso deve enfrentar uma série de consequências, desde o olhar de espanto dos colegas até a demissão.

Aprendendo a encontrar a sociedade

Há um ponto importante: essa trama de relações sociais é *invisível* para o olho sem treinamento.

No cotidiano, as ações, atitudes e comportamentos das pessoas parecem espontâneos, inevitáveis, quase naturais – por isso, dizemos que um primeiro passo para construir um olhar pronto para a explicação sociológica é *desnaturalizar* o mundo social. Sua amiga, na festa da faculdade, não ficou encantada com as características sociais da outra pessoa ("nossa, que incrível, uma pessoa de faixa socioeconômica e etária compatível com a minha!"); ela viu um indivíduo e, por razões psicológicas, achou interessante e atraente. Não houve nenhum cálculo mental relativo ao fato de que só por um conjunto muito pequeno de circunstâncias a outra pessoa estava presente; ela estava lá e pronto.

Uma das tarefas da explicação sociológica é *tornar visíveis* essas linhas de força presentes nas relações sociais que nem sempre vemos. Ou melhor, quase nunca: conhecer melhor os fatores sociais existentes em cada situação talvez nos ajudassem a lidar com elas de uma maneira mais fluida.

Um exemplo: a escolha de um instrumento musical

Durante muitos anos fui professor em uma Faculdade de Música e, com alguma frequência, perguntava para alunas e alunos como tinham escolhido seu instrumento. A resposta inicial geralmente mostrava uma certa espontaneidade: o instrumento "estava lá", ou a pessoa "sempre gostou" eram as explicações mais comuns. Havia algo imponderável na escolha, como se fosse inevitável tocar este ou aquele instrumento.

Depois dessa primeira rodada, pedia para cada uma e cada um reconstruir, com detalhes, a trajetória que os levou, na prática, a escolher um ou outro instrumento.

Essa parte levava mais tempo e, em boa parte dos casos, desmontava a resposta inicial.

No lugar do encontro por acaso com o instrumento, apareciam relações sociais mais concretas: o encontro com a música havia partido de "um tio que tocava violão", da "minha mãe tocava piano" ou "na igreja que frequento". Na maior parte dos casos, o contato inicial havia sido com instrumentos relativamente mais populares, como violão, cavaquinho e piano/teclado; mais raramente, violino, trompete ou flauta. Em geral, era com esses instrumentos que a pessoa entrava no mundo musical para, só então, em alguns casos, migrar para outros menos conhecidos, como fagote, cravo ou tuba.

Longe de ser uma pesquisa rigorosa, esse exercício indicava que mesmo as escolhas estéticas, como a preferência por este ou aquele instrumento musical, não poderia ser separada da trama de relações sociais na qual todas as pessoas estão inseridas. Não havia determinismo, mas *condições*: evidentemente nascer em uma família de músicos não significa que a pessoa vai, necessariamente, seguir essa carreira; mas ajuda muito, se a pessoa nascer com talento, crescer em um ambiente musical.

A experiência do social

Em termos mais pessoais, uma raiz da explicação sociológica costuma ser nossa própria inquietação diante de problemas do mundo social. Aliás, em geral, boas pesquisas nascem de questões pessoais, às vezes de maneira quase intuitiva, quando percebemos que há algo de errado no mundo apresentado a nós. Nem sempre isso acontece, logo de saída, com todo o rigor acadêmico: afinal, não vivemos em um mundo feito de hipóteses, teorias e demonstrações. Na prática, percebemos os preços subirem, notamos as condições de vida das pessoas, vemos as desigualdades – isso quando não sentimos na pele os olhares e comentários reveladores do que pensam de nós.

A busca por uma explicação sociológica, nesse ponto, vem de dentro. Em dois sentidos: de um lado, pesquisadoras e pesquisadores estão inseridos em uma sociedade. Não existe pesquisa "neutra", separada da condição social em que é realizada ou das pessoas que a realizam. Por outro lado, nasce da subjetividade de quem pesquisa, de sua trajetória, de sua vida pessoal em condições específicas. Nenhum problema em estudar aquilo que nos desafia, nos inquieta ou nos perturba – a subjetividade das escolhas pode muito bem ser contrabalançada pela prática de pesquisa.

É nesse momento que o olhar sociológico pode nos ajudar – não só a fazer perguntas, mas a nos fornecer os *conceitos* para questionar. Entram em cena, aí sim, os conceitos e teorias.

Os limites de uma explicação sociológica

A sociologia é muito consciente de suas limitações na prática de pesquisa. Uma das primeiras diz respeito ao modo como nos envolvemos com nossos objetos de estudo. A matéria-prima do trabalho de qualquer socióloga é a sociedade, e isso a coloca de acordo com uma dificuldade inicial: o mundo social não está arrumado e organizado da maneira como lemos nos livros, e menos ainda com o rigor e a precisão das explicações clássicas.

As categorias sociológicas não estão esperando por você na próxima esquina. Quando você sai a campo, não vai encontrar a luta de classes, estratégias de campo ou conflitos geracionais esperando para serem vistos, prontos para serem estudados. Você vê, isso sim, pessoas pegando o ônibus, conversando na fila da farmácia, fazendo compras, andando nas ruas, cuidando de suas próprias vidas.

Somos nós, como pesquisadoras e pesquisadores, que vamos procurar ver nesse emaranhado de atividades os indícios para poder falar de "luta de classes" ou "questões de gênero". Por exemplo, quando, em uma interação, uma pessoa de posição socioeconômica mais elevada é rude com outra, em situação subalternizada, é *você* quem está vendo, digamos, um problema relacionado a classes sociais; se, durante uma conversa, um homem interrompe a fala de uma mulher, o olhar sociológico vê um problema de gênero – inclusive com nome, *manterrupting*, junção, em inglês, de "homem" e "interrompendo".

Nos dois casos, os participantes da situação talvez não façam a menor ideia desses nomes e conceitos: em termos pessoais, vão compreender os acontecimentos talvez não a partir de categorias sociológicas, mas como *experiências*.

A realidade para além da sociologia

Como lembra o sociólogo estadunidense Herbert Blumer em um capítulo sobre metodologia em seu livro *Symbolic Interactionism* ("Interacionismo Simbólico", ainda sem tradução no Brasil), o mundo social é o panorama *contra* o qual uma pesquisadora ou pesquisador vai se defrontar para fazer sua análise.

Aliás, a realidade parece ter o péssimo costume de não se encaixar perfeitamente em nenhuma teoria, esquema ou método previamente definido. Você lê uma teoria incrível em um livro, escrito por uma socióloga de renome, baseado em décadas de pesquisa da autora; quando tenta aplicar essas ideias para interpretar seu objeto de estudo, tudo parece escapar: os dados não mostram o esperado, a resposta das pessoas aponta para outras direções, as análises mostram outra coisa. Isso, no entanto, está longe de ser um problema: na verdade, é quase uma *condição* para a explicação sociológica.

O mundo social é dinâmico, e sempre oferece algum tipo de *resistência* às interpretações, mesmo as mais complexas e elaboradas. Qualquer objeto de estudos vai se esgueirar na trama de conceitos sociológicos, e raramente se deixam capturar, mesmo pelas melhores teorias. Por isso, o trabalho de qualquer socióloga ou sociólogo consiste em perguntar até que ponto é possível encontrar, na sociedade, os conceitos, categorias e teorias aprendidos.

O olhar sociológico é uma abordagem que problematiza a si mesma a partir de uma pergunta: estou vendo o que existe ou o que eu *quero* que exista? Será que minha vontade de ver, digamos, um "conflito de gerações" em uma situação não está tirando o foco de algo mais importante, por exemplo, um problema de classes sociais? Por conta disso, o trabalho sociológico procura uma contínua interação entre teoria, prática e reflexão sobre a prática, em um constante questionamento e autoquestionamento. Afinal, uma disciplina que questiona dogmas e ideias feitas não poderia se tornar, ela mesma, dogmática – e só um trabalho constante de validação de suas concepções pode ajudar nesse ponto. E, a partir disso, por que não, transformar algo para melhor.

PARTE II
A MODERNIDADE

CAPÍTULO 04
O projeto social da Modernidade
E o que deu errado com ele

> *Tudo em mim*
> *Anda a mil*
> *Tudo assim*
> *Tudo por um fio*
>
> Paulo Leminski, *Distraídos Venceremos*, p. 23.

Se a Sociologia fosse uma médica, ou uma terapeuta, o mundo moderno seria seu principal paciente. A Modernidade está ao nosso redor, em cada objeto, utensílio ou aparelho eletrônico que usamos; está em nossas roupas, feitas sabe-se lá em qual ponto do planeta; em *tablets* e *smartphones*, montados com peças fabricadas em vários países, ligado a empresas ditas multinacionais, mas com sedes bem definidas e localizadas. Está na circulação global de investimentos, responsável por gerar empregos ou quebrar países com a mesma facilidade. Está na fixação pela novidade, no descarte do que foi feito ontem, na velocidade das mudanças e na busca por relações duradouras. A Modernidade nos deu a anestesia, a comida em lata e duas guerras mundiais, as vacinas e a capacidade de nos autodestruirmos.

Mas o que estamos chamando, exatamente, de "Modernidade"?

A palavra, em geral, tem algo de positivo e bem-vindo. Dizemos que algo é "moderno" para indicar uma produção recente, um intervalo curto de tempo em relação ao hoje. Falamos de "música moderna", da "Semana de Arte Moderna", de uma roupa ou corte de cabelo "modernos" para assinalar elementos situados no compasso do presente.

Na perspectiva do uso comum da palavra, "moderno" só é ultrapassado, em termos de uma marcação de tempo, pelo *contemporâneo* – se isso é possível, algo mais moderno do que o moderno, tão novo que ocupa o mesmo tempo (con-temporâneo) habitado pelo presente. Um apartamento, espera-se, é ocupado por móveis com um *design* contemporâneo, situado em um edifício inteligente (*smart building*) em um condomínio seguro ou em um centro comercial.

O oposto do moderno não é o antigo, mas o "velho" – categoria com a qual nossa sociedade parece ter sérios problemas. Não sem saída: o velho, modernizado, reinserido no circuito de produção e consumo, torna-se *vintage*, com seu poder de compra e venda novamente assegurado. (Poderíamos perguntar, imediatamente, o que essa lógica faz com as pessoas).

A Modernidade, assim, designa tanto um período histórico que, em termos gerais, vai mais ou menos do século 18 aos nossos dias quanto às ideias, práticas e situações vigentes e dominantes nesse tempo. Ela se afirmou, ao longo dos últimos 300 anos, como um modo de viver e de pensar, de buscar um entendimento mais complexo do mundo e dos seres humanos a partir de uma base racional, moldada na perspectiva de que a razão humana é sua característica mais importante, definidora de todas as outras.

A ideia de uma razão humana

"Sério que você está chamando nossa sociedade de *racional*? Em que mundo você vive?", alguém poderia perguntar.

A resposta depende um pouco de nossa definição de "razão" ou "racionalidade". E, principalmente, de fazer uma diferença entre as propostas da Modernidade e o que realmente aconteceu. Evidentemente esses dois pontos não estão separados, e, se fazemos essa diferença, é mais por uma questão de facilitar nosso caminho por aqui.

Podemos entender "racionalidade" como a capacidade do ser humano de utilizar seu entendimento para comparar fatos, ideias e situações, descobrir a relação entre as coisas, as práticas e as ações, seja no momento atual, seja na História. Em alguma medida, é pensar de "cabeça fria", procurando um encadeamento lógico entre os argumentos, distante das decisões tomadas no calor da hora, na base da emoção. Em sua origem, a ideia de racionalidade estava diretamente ligada à perspectiva da *autonomia* de todo e qualquer ser humano.

Em seu texto *Resposta à pergunta: o que é o Iluminismo?*, uma das obras principais para compreender a Modernidade, o filósofo alemão Immanuel Kant ressalta esse ponto: a capacidade de tomar suas próprias decisões a partir do livre uso de sua razão é um dos fundamentos da autonomia de todas as pessoas.

Mas essa conquista é um ato de coragem, palavra usada pelo próprio Kant: não faltam pessoas querendo dizer para você como pensar ou em que acreditar.

Nesse ponto é possível ver uma fagulha altamente revolucionária em Kant: se todas as pessoas têm a mesma capacidade de usar a razão, todo mundo é rigorosamente igual; se todo mundo é igual, *ninguém* tem o direito de mandar nos outros se a fonte de seu poder não for instituída, regulada e aceita pelo consentimento racional de todas e todos os envolvidos – a *democracia*. Vale lembrar que Kant escreveu isso em pleno século 18, na Prússia (um dos reinos que viria a formar a Alemanha no século seguinte), quando em muitos lugares ainda se acreditava que os reis governavam por direito divino, e eram pessoas diferentes, em essência, de todas as outras.

Ao destacar a *racionalidade* como um de seus valores fundamentais, Kant apresenta uma face revolucionária da Modernidade. E, de fato, naquele momento, essa perspectiva significava algo praticamente sem precedentes em termos da autonomia e valorização da igualdade fundamental entre todas as pessoas.

A Modernidade apresentava seu aspecto mais transformador, e trazia o ser humano de volta ao centro da cena.

As rupturas da modernidade

A Modernidade se opõe, desde seu nascimento, à sociedade medieval. Certamente essa oposição não é completa, e seria leviano procurar cortes secos entre um período e outro – a História, ao que parece, é feita tanto de mudanças quanto de continuidades.

Até a Modernidade, os principais vínculos entre as pessoas eram baseados em termos de *lealdade*, confiança e proximidade familiar. Era comum que toda a família trabalhasse na mesma ocupação, e, portanto, não havia uma separação entre o mundo das relações pessoais e a profissão.

A confiança era um aspecto fundamental dessas relações, garantida pela ideia compartilhada de que todas as pessoas, em última instância, deviam obediência à Deus. Esse vínculo religioso está na raiz da palavra "confiança", do latim *confidere*. No centro da expressão está *fides*, de onde vem a palavra "fé" e seus derivados como "fiel" e "fidelidade". A principal relação entre as pessoas não era um contrato de trabalho ou uma proposta de emprego, mas a lealdade ancorada na fé. Isso valia tanto para os nobres, em sua relação de fidelidade e lealdade para com o rei e a igreja, quanto para os camponeses e pequenos comerciantes, obrigados a manter uma postura semelhante em relação à aristocracia.

Para trazer um exemplo da literatura, parte dos conflitos, nas tragédias históricas de Shakespeare como *Rei Lear* ou *Ricardo III*, acontece em termos da quebra dessa fidelidade ou das obrigações entre as personagens. Seus problemas não são referentes ao trabalho ou a relacionamentos pessoais, mas à fidelidade ao grupo. Mesmo em *Romeu e Julieta*, talvez sua peça mais conhecida, a questão da *fides* está em cena o tempo todo – o conflito, no caso, é entre os sentimentos dos protagonistas e a exigência de manter os laços com suas famílias.

Se você prefere filmes e séries de TV, sem problemas: em quase toda trama ambientada na Idade Média (ou algo muito parecido com ela) encontramos juramentos de fidelidade, pactos, cavaleiros sendo ordenados e garantindo sua obediência: o laço fundamental é a reciprocidade da lealdade, e isso se sobrepõe a qualquer outro – jamais veríamos Sir Lancelot chegando para o Rei Arthur e anunciando "Arthur, desculpa aí, mas recebi uma proposta melhor da corte de outro rei, vou trabalhar CLT e tem vale-refeição". Os vínculos consanguíneos e com a terra eram fortes, a partir do qual os outros eram definidos.

Do mesmo modo, famílias sempre existiram, mas sua constituição era bem diferente. Os núcleos familiares viviam praticamente juntos, fosse em um castelo ou em uma cabana de camponeses. A ideia, por exemplo, de alguém "ir morar sozinho" era simplesmente inimaginável – a única maneira de sair de um núcleo familiar era indo para outro pela via do casamento (geralmente arranjados, aliás, de acordo com as necessidades políticas e os laços existentes entre as famílias no caso dos nobres).

A ideia de ação social

Foi outro alemão, o sociólogo Max Weber, quem procurou caracterizar a Modernidade a partir de três elementos fundamentais, todos relativos a esse processo de transformação centrada no ser humano. Em *Economia e Sociedade*, Weber introduz uma noção de base para a compreensão da sociedade. Em uma busca por definir a então recém-criada Sociologia, e retirá-la da esfera de influência de outras ciências, ele procurou um aspecto específico de definição do comportamento humano.

Para ele, a sociedade é constituída a partir da *ação social*. Uma ação é "social" quando existe uma expectativa de comportamento recíproco entre elas. Mais ainda, quando esse comportamento pode ser mutuamente compreendido em termos de alguma atividade. Vale ir um pouco mais longe nessa definição.

As razões psicológicas do comportamento individual, em suas particularidades, não estão no espaço de estudos da Sociologia. Se você fecha os botões de sua camisa de cima para baixo ou de baixo para cima, alternando nos dias ímpares de acordo com a fase da Lua e seu ascendente, isso é um problema seu. Essa ação começa e termina em você mesmo, e não chega interferir com mais ninguém, ou em mais nada. Pode ser considerada normal ou não apenas de um ponto de vista psicológico.

No entanto, quando uma ação é dirigida a outra pessoa, com a expectativa de *reciprocidade*, estamos em outro tipo de domínio: é a *ação social*. Ao passar pela catraca de um ônibus e cumprimentar a cobradora, você está no âmbito do social. Sua ação é racionalmente definida (utilizar a polidez necessária para o bom prosseguimento da ação) com um objetivo (demonstrar seu reconhecimento) e há uma expectativa de resposta (ela deve cumprimentar de volta).

Essa expectativa é construída a partir das ações e comportamentos anteriores, uma vez que raramente vivemos uma situação completamente pela primeira vez. Do mesmo modo, conhecemos as expectativas a nosso respeito, e sabemos, em uma ação social, em que medida devemos corresponder a ela para gerar um *significado* para essa ela.

Weber destaca, aliás, a importância do significado nas ações sociais como um dos pontos responsáveis por instaurar essa reciprocidade. Mantendo o exemplo, ao cumprimentar a cobradora do ônibus, há uma expectativa de resposta, por mais rápida que seja. Isso indicará que a ação está completa e, mais importante, dotada de um significado em si (cumprimentar, passar a catraca, seguir viagem). Quando isso não acontece e há uma *quebra na expectativa*, o sentido da ação deixa de ser imediatamente definido – terei de gastar algum tempo procurando um significado para essa ausência de reciprocidade.

Nas redes sociais, a ação de mandar uma mensagem é voltada para outra pessoa, da qual se aguarda uma reciprocidade, a resposta, pautada na expectativa dos comportamentos anteriores. O social está em uma dinâmica constante, e o significado das ações pode ser alterado a qualquer momento, gerando a demanda por uma nova compreensão das motivações e objetivos de uma ação. Quando a pessoa vê a mensagem, mas não responde, o significado desse gesto vai ser compreendido de acordo com as expectativas anteriores criadas a respeito.

Se, por exemplo, a pessoa geralmente responder na hora e, *desta vez*, não respondeu, provavelmente tentarei encontrar respostas para o significado disso até conseguir *compreender* o que houve: a ação social, recorda Weber, é pautada por uma *racionalidade*, mesmo quando envolve aspectos afetivos e emocionais. Vale notar o destaque para o *social*: as atitudes e comportamentos das pessoas não são regidos, muito menos determinados, por esse aspecto, mas ele está presente como um ponto de indicação para as ações, mesmo no âmbito pessoal.

O desencantamento do mundo

As motivações e explicações do social, para Weber, não estão em nenhum outro lugar, exceto na sociedade – não há nenhuma divindade, destino ou força responsável por explicar as ações humanas. Esse processo é definido por ele como *desencantamento do mundo*, isto é, o progressivo abandono de explicações de caráter religioso, mítico para a realidade.

Quando você se sente mal, tendo condições, vai ao pronto-socorro. Ao chegar lá, você espera uma explicação para o que está sentindo. Se, depois de contar o que está sentindo, a médica responder "Isso é típico de taurina com ascendente em Libra. A Lua muda amanhã, é só esperar", você provavelmente vai duvidar de sua seriedade: por mais que acredite em astrologia (e seja mesmo taurina com ascendente em Libra), não é essa a resposta esperada. Você quer um diagnóstico médico, compatível com quem fez faculdade e está capacitada para dar uma explicação estritamente racional – no sentido da Modernidade – para o caso.

Na prática, isso significa não só que as interpretações religiosas da realidade tendem a perder espaço e enfrentar toda a concorrência de explicações laicas, mas sua presença na sociedade, ao menos em algumas de suas instâncias mais importantes, tende a diminuir enquanto manifestação exclusivamente religiosa. Weber chamou esse processo de *secularização*, entendido como a progressiva perda de influência e prestígio da religião nas tomadas de decisão da Modernidade.

Secularização e modernidade

"Mas as pessoas continuam religiosas", você pode argumentar.

Sim, é verdade.

"Existem bancadas religiosas na política, e sua força não pode ser deixada de lado".

Também é verdade.

A secularização, para Weber, não diz que a religião vai deixar de existir, ou que as pessoas vão, em bloco, abandonar suas crenças. O processo é mais complexo: a "perda de importância" não se define na esfera individual ou no grupo religioso, mas no âmbito da sociedade. A existência de bancadas religiosas, na política, não contradizem a ideia de secularização: seus participantes não estão lá apenas por serem lideranças ou figuras religiosas, mas tiveram de passar por todo o processo eleitoral para ocuparem esse espaço lá. Em uma sociedade secular, não há incompatibilidade na representação de valores religiosos: a secularização está no fato de não existir, porque a pessoa tem esta ou aquela crença, nenhuma garantia de sucesso – no caso, de ser eleito.

Para Weber, a religiosidade, enquanto ação social, foi progressivamente afastada das esferas de valor da Modernidade. Não há nenhuma incompatibilidade, em sua visão, entre a crença religiosa e a Modernidade – mas mitos e religiões deixaram de ocupar os espaços centrais que tinham no mundo pré-moderno.

Um exemplo pode ajudar a entender a questão: o domingo pode ser, para algumas denominações cristãs, o dia de descanso, mas os *shopping centers* e supermercados, ao menos nas grandes cidades, continuam funcionando normalmente. Sem dúvida, em pequena escala, uma pessoa pode tentar negociar, no trabalho, conseguir alguma dispensa no dia designado como descanso por sua religião, seja, digamos, o domingo ou o sábado. No entanto, dificilmente uma loja vai deixar de funcionar nesse dia porque um funcionário ou funcionária, por suas convicções, não pode ir trabalhar.

Da racionalidade ao controle

Uma das características da Modernidade é a tentativa de classificar, a partir de critérios racionais, tudo o que existe, sejam plantas, animais, planetas ou culturas humanas. Definir padrões, classificar, é uma das maneiras mais eficientes de dominar. Qualquer coisa que escape aos padrões de classificação é considerada estranho, incapaz de se adequar ao esperado. No limite, um erro. E, em geral, temos medo daquilo que não conhecemos ou não conseguimos encaixar em nossas próprias classificações.

A Modernidade é uma época de revolução permanente das formas de vida, dos modos de agir, da tecnologia, da moda e dos estilos. Aliás, talvez nada capture isso tão bem quanto a velocidade das transformações na moda ou as mudanças na tecnologia: a maneira de se vestir da coleção passada é tão antiga quanto uma ruína do Império Romano; o modelo mais novo do *smartphone* tem apenas alguns dias, talvez meses, de vantagem até ser ultrapassado pelo *novo* modelo mais novo. A mudança é a única permanência, e a lógica da produção parece exigir isso, de maneira a revolucionar constantemente não apenas os estoques e as linhas de montagem, mas também as necessidades, gostos e estilos de consumo. Na Modernidade, o controle é dinâmico, feito a partir da insegurança e da manutenção de um estado constante de incerteza diante do que pode acontecer.

As contradições da Modernidade

O sociólogo polonês, radicado na Inglaterra, Zygmunt Bauman capturou esse movimento a partir da imagem da modernidade *líquida*, ideia usada em vários de seus livros. "Líquido", na sua metáfora, é usado para designar algo em constante mudança, em uma forma sempre nova, maleável e diferente, mas que conserva suas propriedades fundamentais – um líquido muda de forma de acordo como recipiente onde está, mas não perde suas características. A ideia da Modernidade, apresentada nessa imagem, mostra seu jogo constante de rupturas e permanências: em sua superfície, algo em constante mudança; em seu centro, a mesma lógica, bem menos visível.

A ausência de referenciais tem como resultado tornar difícil, para indivíduos e grupos, as possibilidades de organização, busca de direitos e perspectiva de mudanças. Não por coincidência, a ausência de referenciais fixos, de pontos relativamente estáveis onde o indivíduo pode se apoiar, pode estar na base de alguns dos principais sintomas contemporâneos – a ansiedade e a depressão, vividos como a ausência de qualquer sentido mais amplo, capaz de dar conta das interrogações e dúvidas do humano.

Diante desse cenário, uma resposta possível – e com consequências geralmente negativas – é retornar aos meus *fundamentos*; o *fundamentalismo*, enquanto apego a crenças sem nenhum fundamento pautado na razão, não é contrário à Modernidade; de maneira paradoxal, é uma de suas *consequências*.

A Modernidade parece trazer em si algumas de suas próprias contradições, na medida em que a busca por racionalizar o mundo, ao se traduzir na busca de categorias e classificações, acaba por deixar um enorme contingente de pessoas, grupos e práticas de fora – e estar fora de uma classificação, na Modernidade, significa estar em *lugar nenhum*. A ideia, por exemplo, de "trabalhador não qualificado" exemplifica um pouco isso: sua definição é pela negativa: a pessoa é "não-alguma-coisa", exatamente o contrário de sua afirmação como ser, como indivíduo.

Nem sempre nos damos conta disso, especialmente quando as classificações trabalham a nosso favor – você só nota que existe um padrão quando está fora dele. Quando o vento sopra a seu favor, a tempestade parece só uma brisa mais forte.

A Revolução Industrial e o capitalismo

O cenário da Modernidade se afirma, de maneira bastante radical, a partir do século 18 – a data exata varia de acordo com a historiadora ou sociólogo. Existe, apesar disso, um certo consenso em relação ao século 18, sobretudo por conta da Revolução Francesa, que já vimos, e de outra, igualmente importante, a *Revolução Industrial*.

Ela acontece sobretudo na Inglaterra, mas seus efeitos serão observados e sentidos em praticamente todo o planeta. Como o nome sugere, a Revolução Industrial foi uma transformação radical na maneira como as mercadorias eram feitas: a elaboração manual, em pequena escala, foi substituída pela produção mecânica, em larga escala.

No lugar do artesão, digamos, um tecelão, fazendo sua fazendo de tecido em um tear manual, entrava a máquina, o tear mecânico, movida por um motor a vapor. Capazes de realizar, em pouco tempo, o trabalho de várias pessoas, as máquinas representaram uma transformação radical não apenas na produção de mercadorias, mas praticamente em todos os outros setores da sociedade.

Máquina, aqui, é um sinônimo de racionalidade – não apenas em seu nível imediato, como resultado da ação prática da razão humana para construir, mas também como um sintoma: toda máquina se limita a executar algum tipo de programa, sem pensar em causas, consequências ou qualquer outro elemento; se estiver montada corretamente e for operada do jeito certo, vai repetir incessantemente seu trabalho. E, se a indústria é moldada como um sinônimo de racionalidade, a Modernidade pode ser entendida, neste caso, como outro nome para o Capitalismo.

O domínio da técnica

A máquina faria o trabalho dos seres humanos, que teriam mais tempo livre para se dedicar a coisas mais importantes (algumas pessoas falaram a mesma coisa quando os computadores passaram a integrar a vida cotidiana, em meados dos anos 2000). Ao que parece, no entanto, esqueceram de dizer que a tecnologia tem suas demandas específicas, trabalhando em sua velocidade própria, quase sempre alta. Em vez da técnica liberar o ser humano para outras atividades, ela passou a demandar *mais* dedicação das pessoas para operá-las corretamente e lidar com sua produção, de outro.

Podemos trabalhar com um exemplo simples, tentando pensar como naquela época, trezentos anos atrás.

Um artesão poderia produzir, digamos, dez metros de tecido por semana. Para isso, precisaria de uma quantidade x de fios, e conseguiria atender um freguês a cada sete dias. Ele faria parte de um grupo de outros artesãos, uma *corporação de ofício*, onde os mais velhos, os mestres, passavam seus segredos para os aprendizes. Em alguns casos, as mesmas famílias seguiam nessas corporações durante várias gerações.

E então James Watt criou o motor a vapor.

O tear manual, instrumento de trabalho do tecelão, é substituído por algo novo, mecânico. Ele produz dez metros de tecido *por dia*. Isso aumenta, imediatamente, a demanda por matéria-prima: é a quantidade x de fios multiplicada por dez. Os produtores de lã teriam que trabalhar dez vezes mais, e criar um número proporcional de ovelhas – precisavam de mais pasto, mais espaço aberto, mais comida para ovelhas. Mais pastores. Do outro lado, era necessário dar algum caminho para toda essa produção: ninguém vai produzir roupas para deixar estocadas. Se na vila todo mundo já tinha sua roupa, era hora de buscar *novos mercados*, seja passando a vender para outras vilas e, quem sabe, em alguma cidade grande ("grande" para os padrões do século 18, bem entendido), ou, melhor ainda, convencendo os moradores da cidade a terem *mais* roupas – ou seja, *criando uma necessidade*.

Se tudo desse certo, logo o artesão precisaria de ajudantes. Antes da máquina, ele conseguia fazer todo o trabalho sozinho, desde a compra do fio até a venda das roupas; agora, quando esse processo é multiplicado por dez, as coisas ficam mais difíceis. É melhor ter uma pessoa para cuidar de cada coisa, deixando seu tempo para tratar do processo como um todo.

Estamos na raiz da *especialização* do trabalho, outro fruto da Modernidade: a diferenciação das atividades requer, cada vez mais, o especialista. E, na busca por funcionários, não era mais possível ao artesão se dar ao luxo de ter aprendizes da mesma corporação ou gente da família: na verdade, agora isso não importava muito. As pessoas não trabalhariam com ele por serem seus parentes, por acreditarem no negócio ou serem parte de uma corporação: elas receberiam um salário e fariam seu trabalho – e isso seria o bastante.

Uma pequena vila não seria mais suficiente para comportar esse novo modelo. Era preciso ampliar o número de funcionários e de consumidores em geral, e isso só era possível em uma grande cidade: "cidade", no alemão antigo, é *burgh*: o antigo artesão, agora transformado em industrial, passava a se estabelecer na cidade, no *burgh*: ele era, agora, um *burguês*.

A Revolução Industrial foi também uma mudança no polo econômico da sociedade: o campo deixaria de ser o principal gerador de renda, e o protagonismo seria das cidades, onde estavam a maior parte das indústrias. A Modernidade é, igualmente, um momento de *urbanização* da sociedade.

Afinal, na cidade estava um público em potencial, e, tão importante quanto, pessoas dispostas a trabalhar nas fábricas.

Alguns conseguiriam juntar dinheiro para comprar suas próprias máquinas e abrir seu negócio; a maioria, no entanto, dependeria de seu salário para o resto da vida, enquanto tivessem força para trabalhar. Sim, porque, nessa nova classificação, eles não eram mais "aprendizes" vinculados a uma família, garantidos por laços de fidelidade; eles eram "trabalhadores", e sua principal característica era *vender sua força de trabalho* para quem tinha os *meios de produção*: estamos na raiz da interpretação da Modernidade feita por Karl Marx e Friedrich Engels em algumas de suas principais obras.

As contradições do capitalismo na Modernidade

"No capitalismo nada é sagrado; tudo o que é sólido desmancha no ar", escrevem Marx e Engels no *Manifesto Comunista*, de 1848, provavelmente uma de suas obras mais conhecidas. Em sua análise da Modernidade, eles destacaram essas relações de produção como sendo o coração do processo. Às vezes, em alguns livros ou vídeos, podemos ler ou assistir alguma explicação apresentando essa ideia como "materialista", em um sentido relativamente simples, como se houvesse alguma propriedade na "matéria" capaz de agir por conta própria. Em casos mais sérios, encontramos explicações como "para Marx tudo é a economia". Nada mais distante de uma compreensão um pouco mais ampla dessa questão.

Observando as transformações provocadas pela Revolução Industrial, Marx e Engels notaram, no centro dessas mudanças, um ponto fundamental, o processo de produção e circulação de *mercadorias*. Por isso, não é o capital, como sinônimo de "dinheiro", o grande ponto da interpretação marxista, mas todo um *modo de produção*. Não é a mercadoria, de maneira abstrata, a responsável por nenhum tipo de mudança, mas as *relações* nas quais ela é feita – no vocabulário de Marx e Engels, as *relações de produção*.

Elas se definem, segundo os autores, em duas *classes sociais*, divididas de acordo com a *propriedade* dos meios de produção: os detentores dos meios de produção são, em sua análise, os *burgueses*; quem não tem nada a vender além de sua força de trabalho, e só tem o suficiente para gerar e cuidar de filhos, sua *prole*, são os *proletários*. Por isso, embora algumas vezes se use as expressões "burgueses" e "proletários" como sinônimo de "ricos" e "pobres", Marx e Engels sugerem outra classificação, baseada na propriedade dos meios de produção.

Relações econômicas e relações sociais

Por que isso é importante?

Porque, na prática, esse ponto define vários aspectos das relações sociais, sobretudo para marcar as diferenças de classe a partir de uma questão econômica de oferta e procura: em geral, existem mais trabalhadoras e trabalhadores do que meios de produção – mais gente do que vagas, em uma linguagem atual. Com isso, o *valor* do trabalho, em especial do trabalhador "não qualificado", diminui. Na análise de Marx e Engels, isso leva, como resultado, a uma situação de sujeição ("se você não quer trabalhar aqui, tem quem quer").

Mesmo a profissional ou o trabalhador especializado e altamente qualificado não escapa a essa lógica. Não importa qual é o valor nominal do salário, dos bônus e quaisquer outros ganhos ou benefícios: se a pessoa não detém os meios de produção, está sempre a um passo de perder tudo isso. Não se trata aqui de ser "rico" ou "pobre" na atribuição comum dessas palavras, mas de pensar nas relações sociais estabelecidas entre as pessoas no âmbito desse modo de produção.

Na prática, a situação para os burgueses, por seu turno, está longe de ser tranquila e confortável. A concorrência praticamente sem limites exige uma reinvenção constante, um cuidado e atenção ao cenário ao redor, sabendo que qualquer descuido significa ser ultrapassado pelos outros – quem tem seu próprio negócio sabe perfeitamente bem como é prestar atenção em toda uma cadeia de elementos. A força econômica é cumulativa: quanto maior uma organização, maior tende a ficar. Não é coincidência o fato de que grandes setores da economia mundial são ocupados por um número pequeno de empresas de alcance global.

As relações econômicas, em sua racionalidade, não obedecem nem podem obedecer outro tipo de laço social. As relações de fidelidade, vínculos familiares e os acordos de confiança podem ter seu espaço, mas a Modernidade não tem muito espaço para eles. Para a pesquisadora italiana Silvia Federici, na página 150 de *O patriarcado do salário,* "Marx nos deu ferramentas para detectar como o capital se infiltra nas esferas mais íntimas da vida doméstica e afetiva".

Você pode, sem dúvida, recusar uma ótima oferta de emprego por fidelidade ao lugar onde está, mas a engrenagem não funciona exatamente dessa maneira; do mesmo modo, talvez seja preferível ficar em um emprego mais ou menos bom do que ir para outro, bem melhor, em outra cidade – e ver seu namorado a cada dois meses; aceitar um ótimo emprego, de alta remuneração, e deixar sua filha com outra pessoa, ou tentar algo em *home office*, com uma entrada menor, para ficar com ela?

Vínculos afetivos não podem ser calculados em valores monetários, e essa é um dos principais dilemas que a Modernidade joga para as pessoas – e você que lute para fechar essa conta. Daí perspectiva: tudo o que é sólido (vínculos de parentesco, lealdades institucionais, confiança, afeto) desmancha no ar. (Esses exemplos, evidentemente, se referem a quem pode ter a oportunidade de fazer alguma escolha – para a maior parte da sociedade essas alternativas simplesmente não existem: trabalha-se, ponto).

Além da Modernidade?

A Modernidade, enquanto período histórico e modo de pensar e agir na sociedade, é um momento de inúmeras contradições, a maior parte das quais, até agora, não parece ter solução. É exatamente a partir disso que se constituíram alguns dos principais problemas sociológicos, e as primeiras tentativas de interpretação foram baseadas exatamente na percepção de que algo havia mudado: do mundo relativamente estável e delineado existente até o final da Idade Média, para chegar às transformações do século 18 que, de certa maneira, moldaram boa parte de nosso modo contemporâneo de viver e pensar. Um movimento que desafia qualquer interpretação redutora, e, até agora, forneceu casos e mais casos para a interpretação sociológica.

CAPÍTULO 05
O processo de civilização e a sociedade
O que o uso de guardanapos pode dizer sobre o seu lugar na sociedade

> *As regras do mundo não fazem sentido nem tem fim.*
>
> Cecília Pavon, Discoteca Selvagem, p. 45

Este capítulo poderia começar com uma definição teórica do conceito sociológico de "civilização", mas existe uma maneira mais fácil.

Acompanhe estes textos por favor:

> *"A maneira adequada de cumprimentar varia conforme a posição social das pessoas e o lugar em que elas se encontram, mas, de modo geral, obedece às seguintes normas: Um cavalheiro cumprimenta uma senhora em primeiro lugar (aos tímidos uma senhora poderá animá-los com um olhar); o inferior, ao superior hierárquico; o mais moço, ao mais velho. – Um senhor de idade, porém, pode cumprimentar em primeiro lugar a um rapaz acompanhado de senhoras".*
>
> Carmen D'Avila, Boas maneiras, p. 20

> *"A pessoa mais importante estende a mão à que lhe foi apresentada ou faz uma reverência com a cabeça, no que é acompanhada pela outra, não restando a esta senão imitar. A iniciativa de estender a mão é de sua competência. Também é a pessoa mais qualificada que diz primeiro o protocolar "muito prazer". Se os dois compreenderam bem o nome um do outro, é recomendável que o repitam quando disserem "muito prazer".*

Marcelino de Carvalho, *Guia de Boas Maneiras*, p. 4

"Uma pessoa mais velha deve sempre ser tratada por senhor (ou senhora) ou pode ser chamada de você? – pergunta Tiago. Boa pergunta. A verdade é que há casos e casos. Hoje em dia as pessoas têm tamanho horror de ser consideradas velhas, que um tratamento mais cerimoniosos pode ser até ofensivo. Há quem, até hoje, chame os pais de senhor – como sinal de respeito –, hábito que caiu em desuso nos grandes centros urbanos, mas que ainda funcionam em alguns lugares. Vivemos num mundo muito mais informal do que foi até a metade do século passado".

Gloria Kalil, *Alô, chics!*, p. 89

Separados por quase seis décadas, esses parágrafos foram retirados de três livros de boas maneiras.

O primeiro, *Boas Maneiras*, foi escrito por Carmen D'Ávila em 1951. O assunto devia interessar bastante, porque o livro estava na 8ª edição, e indicava ter vendido quase 70 mil exemplares. É provável que tanto o assunto quanto o modo de escrever (em frases como "aos tímidos uma senhora poderá animá-los com um olhar") causem algum estranhamento. A frase seguinte é do *Guia de Boas Maneiras*, de Marcelino de Carvalho, de 1961, outro sucesso da área. Nele também o estilo da escrita e os costumes descritos podem parecer muito distantes. No caso do terceiro trecho, o parágrafo está em *Alô, chics!*, escrito por Gloria Kalil em 2008, também na casa dos milhares de exemplares vendidos.

Apesar das mudanças nos comportamentos descritos, alguns pontos em comum podem chamar a atenção. Em primeiro lugar, o fato de existirem: por que você precisaria de um livro para dizer quem deve ter a preferência ao passar por uma porta ou qual pessoa toma a iniciativa de cumprimentar a outra? Talvez porque, na prática, essas situações sejam mais complicadas do que parecem – o sucesso editorial dos livros sugere isso.

Mas podemos ir um pouco mais longe. Os três livros, embora de maneiras diferentes, mostram que essas regras são fundamentais para tornar a vida em sociedade mais fácil de levar, e entendem a etiqueta como parte de algo maior, a civilidade. Gloria Kalil resume isso, em letras maiúsculas, na página 13 de seu livro: "E lembrem-se: ninguém é chic se não for civilizado!".

Regras de conduta, etiqueta, hierarquias sociais: estamos perto do que o sociólogo alemão Norbert Elias chama de *processo civilizador*.

Regras e sociabilidade

Ao que tudo indica, quase todas as sociedades têm regras de conduta, responsáveis por definir os comportamentos aceitáveis e esperados das pessoas. Essas regras podem ser mais ou menos abrangentes, indo desde normas gerais até especificações detalhadas sobre como cada um deve se comportar. Do mesmo modo, essas regras podem ser transmitidas oralmente, de geração em geração, ou escritas e compiladas em complicados sistemas de leis e códigos.

Em sua expressão mais simples, essas regras costumam atender pelo nome de "boas maneiras" ou "etiqueta". Vistas em um panorama mais amplo, elas fazem parte de algo maior, que Elias definiu como o processo civilizador.

Em linhas gerais, a ideia se refere a um momento de mudança no qual o refinamento nos costumes substitui a competência militar como marca principal da nobreza. Se, durante boa parte da história ocidental, o rei e os nobres eram, sobretudo, guerreiros, há uma transformação nessa concepção a partir do século 17. A ideia de nobreza passa a ser associada com a polidez e etiqueta no tratamento com outras pessoas, assim como o refinamento nos gostos. Algo disso sobrevive até hoje quando falamos que um restaurante serve "pratos refinados" ou que uma pessoa tem um gosto fino para roupas.

Elias entende por "civilização" um longo processo de suavização dos costumes, voltado para um melhor relacionamento entre as pessoas e para mostrar o lugar de cada um na sociedade. Um comportamento, digamos, "refinado", era uma maneira da pessoa mostrar sua origem nobre, em contraste com o que seria, na visão daquela época, um comportamento "rude" e "sem modos" das outras classes.

Com isso, Elias mostra que etiqueta e as boas maneiras, longe de serem questões simples ou fúteis, nascem para demarcar as relações de poder na sociedade. O objetivo não era só ser mais gentil ou polido com os outros, mas mostrar o prestígio da posição que se ocupa – e, a partir disso, estabelecer toda uma hierarquia social.

A palavra civilização

Vale fazer uma diferença importante a respeito de "civilização". Às vezes, na linguagem comum, falamos de "civilização" para nos referirmos a uma sociedade ou um povo, como, por exemplo, em "civilização romana" ou "civilização asteca".

Em geral, essa concepção entende "civilização" o desenvolvimento da técnica e da tecnologia – por exemplo, as técnicas de construção de moradias, a tecnologia disponível no cotidiano, de fogões e geladeiras até computadores e *smartphones*. "Civilização", aqui, é sinônimo de racionalidade técnica.

Essa noção, ao longo da história, teve consequências das mais negativas. Nos quinhentos anos entre os séculos 15 e 20, várias nações da Europa invadiram países da África e da Ásia com o pretexto de "levar a civilização" a povos que, em sua concepção, seriam "incivilizados". Nessa ideia de progresso está escondida uma concepção linear e evolutiva da História, segundo a qual toda a humanidade caminharia em direção a um único futuro. Algumas nações, nessa concepção, estariam mais "avançadas" do que outras.

Como é possível viver com os outros

Elias trata a noção de "civilização" como o processo pelo qual a sociedade desenvolve melhores condições de convivência. Expressões como "vamos discutir de maneira civilizada" ou "comporte-se de modo civilizado" são indicadores disso. Nesses casos, "civilizado" é quase sinônimo de "educado", e é mais ou menos nesse sentido que Elias fala em um "processo civilizador". Trata-se da criação – e prática – de regras para viver bem em sociedade.

A palavra "civilização" vem do latim *civilis*, na mesma raiz de *civitas*, "cidade". Essa origem tem uma razão de ser: em uma cidade, obrigatoriamente temos que conviver com as outras pessoas. Para que a cidade não se torne o caos, caindo em uma barbárie completa, é necessário definir algumas regras de comportamento mútuo – por isso, pela raiz da palavra, viver na *civitas* faz de você um *civilis*, de onde vem nossas palavras "civil", "civilidade" e "civilização".

(Apenas a título de contraste, quem vivia no campo, *rusticus*, em latim, era considerada uma pessoa mais distante da civilidade, de onde nossa palavra "rústico" para definir algo ainda em estado mais próximo do natural; no exército romano, os legionários se movimentavam em grupos, os *militia*, de onde vêm nossa palavra "militar").

Para viver em sociedade, na *civitas*, era necessário que cada pessoa aparasse o próprio comportamento, evitando o que havia de rude e procurando encontrar maneiras de não ferir – de maneira literal e metafórica – os outros. Daí a *polidez* como parte do processo civilizador.

A etiqueta na corte do rei

Nos dois volumes de *O processo civilizador*, Elias estuda como, a partir do século XVII, essas regras de civilidade passam a ter uma importância cada vez maior na sociedade. Em outro livro, *A Sociedade da Corte*, ele desenvolve essa perspectiva focalizando sobretudo as mudanças de costumes na França do século XVII.

O rei Luís XIV, soberano da época, introduziu uma série de mudanças nas atitudes da corte. Um dos primeiros e mais importantes pontos foi uma intensa centralização: a nobreza foi obrigada a morar em uma nova residência, construída especialmente para isso, o Palácio de Versalhes. E, aos poucos, foi introduzido um complexo sistema de conduta e comportamento feito para mostrar a importância de cada pessoa nesse espaço.

As menores atitudes eram envolvidas em uma complexa série de rituais destinados a reforçar, todos os dias, a importância de cada pessoa e o grupo ao qual ela pertencia.

Só para se ter uma ideia, todas as manhãs, o rei Luís XIV era acordado com uma imensa cerimônia, com as tarefas divididas de acordo com o prestígio de cada pessoa. Havia alguém para acordá-lo, seguido de pessoas que ajudariam a tirar as roupas usadas para dormir – a ideia de "pijama" ainda não existia como hoje – e colocar a base das próximas; um segundo grupo, então, entrava em seu quarto para vesti-lo, com destaque para quem colocava qual adereço ou peça da roupa. Finalmente, ele começava a tratar dos assuntos do Estado.

Por que toda essa cerimônia? Aos olhos do século 21, talvez não pareça mais do que perda de tempo. No entanto, naquele momento, era uma demonstração de poder e *status*: a importância de uma pessoa era marcada pelo acesso ao rei e pela maneira de se comportar perante os outros.

Como você pode imaginar, isso dava origem a uma forte competição entre os nobres para obter, de um lado, a atenção do rei e, de outro, o respeito de seus colegas. E a moeda de troca era justamente dominar a etiqueta, o cerimonial e a sutileza dos gostos – saber se vestir bem, ostentar na medida certa, usar o vocabulário correto, saber atacar ou se defender verbalmente com classe e assim por diante.

Para isso, era necessária uma boa dose de autocontrole. E, para Elias, esse é um dos pontos principais do processo de civilização: a existência de um rígido código de conduta, interiorizado pelas pessoas na forma do autocontrole, tanto do corpo quanto das atitudes.

Nobreza passou a ser sinônimo de boas maneiras, de "saber se comportar". A partir daí essa ideia se espalhou, aos poucos, por toda a sociedade, que passou a ver na etiqueta uma maneira de ascender socialmente: imitar o comportamento da nobreza era uma forma de aparentar refinamento e, com isso, se destacar entre as pessoas e aumentar seu prestígio social. Era importante tentar reproduzir os modos das pessoas da corte – daí a palavra "cortesia".

Civilizando o castelo da Fera

Um exemplo pode vir de um desenho animado. Talvez você já tenha assistido *A Bela e a Fera*, clássico dos estúdios Disney. A história é conhecida: amaldiçoado por tratar mal uma mulher pobre, um nobre é transformado em um animal terrível, e só um amor verdadeiro poderá quebrar o encanto. Durante vários anos ele vive nessa condição, sozinho em seu castelo, e parece, a cada dia, esquecer que era um ser humano. Seus hábitos são ferozes e selvagens, sem nenhum controle.

Até que, por vários caminhos da história, uma jovem, Bela, se torna prisioneira em seu castelo. Aos poucos, na convivência, ela vai fazendo a Fera retomar alguns hábitos humanos, a começar pelo modo de comer, falar e se vestir. Organização e cuidado com as coisas é um segundo passo das transformações de Bela faz no lugar. De certo modo, em termos de Elias, ela vai trazendo o castelo de volta à civilização.

Sobretudo, Bela educa as emoções da Fera, ensinando-a a controlar seus impulsos e voltar a agir como um ser humano – incluindo pontos simples, como usar um guardanapo ou saber conversar. O autocontrole é um ponto fundamental do processo civilizatório. É altamente discutível se a premissa central do filme, o amor de uma mulher pelo homem que a prendeu, não precisaria ser problematizada nessa discussão – o que implica pensar, também, no significado de "civilização" em cada época, bem como na dimensão jurídica do assunto.

Civilização, descivilização

O processo civilizador, na visão de Elias, cria um dos fundamentos da vida social contemporânea: a ideia do respeito mútuo e do controle dos afetos e sentimentos como base da vida em sociedade. Por exemplo, o respeito à opinião dos outros, seus modos de pensar e viver; saber sua vez de falar, ouvir outra pessoa sem ficar interrompendo, não destacar características físicas ou fazer comentários pessoais. Essas atitudes têm, como objetivo, permitir que as pessoas convivam no cotidiano – não por acaso, dizemos que essas são atitudes "civilizadas".

Para Elias, o controle da maneira como sentimos é tanto pessoal quanto social. Aliás, para ele, essas duas instâncias estão sempre ligadas: o *autocontrole* das emoções está relacionado ao *controle social* dos afetos e dos sentimentos. Essa parte é lembrada, de maneiras diferentes, por Natalie Heinrich e Carlos F. Brandão, em livros introdutórios à obra de Elias.

O *autocontrole* diz respeito a maneira como aprendemos, desde cedo, a modular a expressão do que estamos sentindo. Quando somos crianças pequenas, por exemplo, expressam exatamente o que estão sentindo em qualquer lugar. Aos poucos, no entanto, aprendemos a dosar essas manifestações, substituindo, por exemplo, o choro por uma reclamação direta ("Não quero!"). Mais adiante, em geral, essa expressão é suavizada, ou melhor, *civilizada* ("não, obrigada").

Ao mesmo tempo, o *controle social* das emoções vai mostrando o que as outras pessoas pensam de uma demonstração muito aberta de sentimentos. Como vamos explorar mais no capítulo sobre sociologia das emoções, a expressão fora de hora, ou de maneira muito intensa, pode levar a algum tipo de comentário negativo ("controle-se!"; "não é para tanto"). A ideia de relacionar as emoções a um tipo de situação específica é um dos indícios, para Elias, de civilização.

Esse movimento não é fácil como poderia parecer. Trata-se, na prática, de aprender a reprimir impulsos e, em alguns momentos, deixar de lado a própria vontade. A civilização é fundada na repressão de si mesmo, na interiorização de regras e no direcionamento de nossa vontade para formas socialmente aceitáveis de convívio. Em uma reunião de trabalho, por exemplo, não importa o quanto sua opinião sobre a ideia de um colega seja negativa ("céus, que coisa estúpida!"), é necessário colocar essa isso de uma *forma* mais suave ("seria legal rever alguns pontos, não?"), que mantenha as possibilidades de convívio.

O contraponto disso é a barbárie. Ou, como Elias chama, "descivilização".

Em sua concepção, o processo civilizador precisa ser cultivado em todas as relações, na forma do cuidado com os outros. Quando isso não acontece, a vida em sociedade fica tensa e difícil, chegando algumas vezes no limite da agressão. Se não cultivamos a civilidade nas relações, podemos rapidamente chegar a momentos de descivilização, quando esses valores parecem ser sistematicamente colocados de lado.

Guardadas as proporções, às vezes encontramos nas mídias sociais exemplos desse processo de descivilização: a falta de respeito por opiniões diferentes, a recusa em ouvir, o comentário destrutivo sobre os outros e os discursos de ódio apontam para a descivilização, quando deixamos de lado nosso autocontrole nos sentimos à vontade para agir exclusivamente de acordo com nossa vontade.

A razão pela qual simplesmente não saímos por aí fazendo o que achamos melhor, para Elias, vai além da simples repressão. O processo, segundo ele, é bem mais amplo, e está ligado a outra palavra importante de seus trabalhos, a ideia de *figuração*.

Figuração e Interdependência

Um dos pontos provocadores da análise de Elias é sua interpretação a respeito do que mantém as pessoas juntas em uma sociedade. Qual a razão para nos reunirmos em famílias, empresas, cidades ou países? Uma resposta poderia apostar no vínculo emocional entre as pessoas que, de alguma maneira, nos levaria a ficar juntos. Elias propõe algo um pouco diferente: as pessoas se reúnem umas com as outras a partir de relações de *interdependência*.

A natureza dessa interdependência define qual será a modalidade de relação entre as pessoas – ou, como ele chama, a *figuração*. Mas podemos ir um pouco mais devagar.

A base dessa ideia é a noção de necessidade: precisamos uns dos outros. Mesmo a pessoa mais poderosa do mundo, sozinha, não conseguiria manter sua posição por muito tempo. Para a maioria de nós, viver com os outros é uma questão de sobrevivência – nascemos dependentes do cuidado de alguém, levamos mais de um ano até conseguirmos simplesmente ficar em pé e mais de uma década até conseguirmos sobreviver por conta própria.

Aliás, "por conta própria" até certo ponto: uma das principais condições para um ser humano sobreviver, digamos, para conseguir alimentos e proteção contra perigos externos, é andar em grupos. Se cada pessoa em um grupo cuidar de alguma coisa, todas as pessoas conseguem fazer mais e ampliar seu raio de ação. Por isso, vivemos em uma de dependência mútua, a *interdependência* da qual Elias fala.

Mas, vale lembrar, isso não é uma garantia de igualdade entre as pessoas: embora cada uma seja dependente de outros, as atividades existentes em um grupo são diferentes. Isso pode gerar – e frequentemente gera – desigualdades, às vezes enormes, entre seus participantes. Cada agrupamento humano, por conta dessa diferença, tem um tipo de organização: é o que Elias chama de *figuração*.

Em linhas gerais, a figuração é o tipo de agrupamento humano que resulta de um tipo específico de interdependência. Por exemplo, as relações básicas de sobrevivência, formação e vínculo emocional está na base da figuração que chamamos de "família"; a interdependência ligada ao trabalho e à produção formam uma figuração específica, a "empresa"; a administração dos espaços e bens comuns está a cargo do "Estado", nas várias figurações da política, e assim por diante.

A natureza de uma figuração define, em linhas gerais, as atitudes e comportamentos das pessoas ligadas a ela. Por se tratar de uma relação de interdependência, ninguém pode, sozinho, mudar tudo de uma vez: as transformações em uma figuração acontecem de maneira coordenada, mas não definida por alguém. É na interação mútua que uma figuração vai ganhando seus contornos – por isso o processo é dinâmico e aberto a mudanças.

Mudanças e permanências

A etiqueta e as boas maneiras, para voltar a esse tema recorrente na obra de Elias, são exemplos dessa dinâmica.

Para facilitar, podemos retomar esse exemplo. Nas cortes europeias dos séculos XVII e XVIII, a figuração existente, era a "sociedade de corte", como denomina Elias. Ela exigia, como vimos, o conhecimento e a prática de todo um complexo sistema de boas maneiras. Mas não foi um rei ou um ministro que, da noite para o dia, decretou que as pessoas deveriam se comportar dessa ou daquela maneira. A própria figuração vai mostrando quais atitudes e comportamentos de cada um são mais adequados a manter a interdependência entre as pessoas. O processo é mútuo e dinâmico: as atitudes dos indivíduos são definidas em relação à figuração, ao mesmo tempo em que a figuração se transforma de acordo com as atitudes dos indivíduos.

Daí a ideia de um "processo civilizador", de longo prazo, e não de mudanças drásticas. Se você comparar os três manuais de boas maneiras mencionados no começo deste texto, vai notar as mudanças existentes ao longo de cinquenta anos – mas a noção de "boas maneiras" necessárias para a convivência entre as pessoas segue firme.

A sala de aula, por exemplo, é parte de um tipo de figuração existente há séculos, a ideia de "escola". No entanto, uma escola do século 19 é muito diferente de outra do século 21. Mudanças não aconteceram de uma hora para outra, mas aos poucos, a longo prazo, a partir de atitudes iniciadas por uma ou outra pessoa que se mostram adequadas à manutenção de uma figuração em um determinado momento. Em linhas gerais, por exemplo, percebeu-se que um modelo rígido e autoritário de educação, centrado no professor, como existia até meados do século 20, não estava mais adequado para a figuração "escola". As mudanças não aconteceram por decreto, mas a partir da iniciativa de centenas, talvez milhares, de educadoras e educadores, alunas e alunos, dos nomes mais famosos a pessoas que a história não registrou.

Em termos um pouco mais teóricos, em uma figuração, a prática dos indivíduos faz a norma do grupo, ao mesmo tempo em que a norma do grupo direciona a prática dos indivíduos. Elias, com isso, resolve uma dicotomia clássica na Sociologia, a diferença entre indivíduo e sociedade. Para ele, esses dois termos são complementares e formam um todo dinâmico.

Uma dos pontos a pensar, sobre obra de Elias, é o quanto esse processo pode ser entendido para além da Europa ocidental, onde foi formulado. Um aspecto que vamos discutir no próximo capítulo.

CAPÍTULO 06
Decolonizando o Moderno: críticas e alternativas
A sociologia entre fluxos de territórios

> *Corre, corre, o trem*
> *Você vai perder*
> *– alguém gritou*
> *Enquanto eu ia e vinha pelos cantos da cidade.*
> *tudo barulho, tudo cinza, tudo azul*
> *o silêncio enfim chegou*
>
> Monalisa Gomyde, Descaminhos, p. 20.

Este capítulo começa com duas cenas.

No andar térreo do Museu do Louvre, anos atrás, um rapaz moreno, de chapéu redondo sem abas e mochila nas costas parou em um ângulo da parede, perto da loja que vendia lembranças do lugar – especialmente reproduções da Mona Lisa em cadernos, lápis, camisetas e outros objetos. Sem se preocupar com a multidão, ele abriu a mochila, tirou um tapete retangular, estendeu-o no chão e, ajoelhado, começou a rezar voltado para Meca.

Quem anda por Londres procurando ingleses de olhos claros, pele rosada e cabelos loiros – isto é, o estereótipo britânico – provavelmente se surpreende com o que vê. Loiros falando idiomas da Europa oriental; homens com turbantes indianos; mulás islâmicos com túnica, barba e chapéu, mulheres de véus, lenços na cabeça ou burcas, túnica longa que deixa apenas os olhos de fora, pessoas de países africanos vestindo roupas largas e coloridas, com belíssimas estampas. Como eles não correspondem ao estereótipo do inglês, à primeira vista pode-se imaginar que são estrangeiros. De fato, alguns são.

No entanto, parte já é a terceira ou quarta geração de imigrantes. Nasceu em solo britânico, fala inglês como primeiro idioma, vai a escolas inglesas. Tem um duplo vínculo: de um lado, a cultura dos pais e dos avós, vindos de um país do qual eles apenas ouvem falar; do outro, a cultura britânica que vivem no cotidiano, com os colegas, na escola, no trabalho. Sua pronúncia do inglês é melhor do que a dos seus pais e não há dificuldades de comunicação. Suas roupas, no entanto, às vezes são ligadas a práticas religiosas ou sociais do país de origem da família. Extensão humana de um mundo no qual fluxos culturais e econômicos se diluem a cada instante, essa geração é uma das expressões culturais do que se convencionou chamar de Globalização.

A intensificação do centro

O termo Globalização é questionado desde que começou a ser usado, no início dos anos 1970. Há ainda uma questão de origem: a globalização pode ser entendida como um fenômeno novo, decorrente do uso de tecnologias de comunicação que permitem o contato imediato entre pontos distantes do planeta. Mas há quem identifique globalização no final da Idade Média – as navegações europeias do século 15 teriam sido o primeiro momento "global".

De um ponto de vista sociológico, globalização significa um projeto no qual a sociedade não é mais definida pelo espaço local, pelas práticas da comunidade, nem mesmo pelas das fronteiras nacionais. Trata-se, sobretudo na perspectiva dos defensores da ideia, de uma sociedade global, na qual elementos de várias origens diferentes se influenciam mutuamente, se definem e redefinem conforme o uso. Na globalização, a cultura é desterritorializada na sua produção e recepção. Expressões culturais são retiradas de seu contexto original e reapropriadas de maneira diferente em cada lugar, dentro de uma lógica econômica. Os significados da cultura são disseminados de forma desigual, ao mesmo tempo em que as apropriações são altamente contextuais.

Distribuição de saberes e composições de poder

O problema não é novo: nos últimos quatrocentos e cinquenta anos, a Europa governou mais de dois terços do mundo em regimes coloniais de diferentes tipos, modelos e tamanhos. A partir do final da Segunda Guerra, esses impérios começaram a se fragmentar. Mas seria possível restaurar uma ordem pré-colonial? E os cidadãos e cidadãs das colônias e ex-colônias? E os milhares de refugiados e exilados? Como lidar com pessoas em trânsito, que não pertencem mais a um país nem a outro? Quem eles podem dizer que são?

Um problema inicial era a maneira como se entendia a identidade dos países então sob domínio europeu. A visão corrente, durante muitos séculos, se pautava em um "centro", a Europa e os Estados Unidos, e uma "periferia", o resto do globo. O diferente era também o dominado, e a associação diferente-dominado prevaleceu mesmo após a dissolução dos impérios coloniais: o diferente como alguém a ser "educado", na melhor das hipóteses ("destruído", na pior).

Sociologia do Local/Global

Os discursos sobre a sociedade a respeito de si mesma geralmente são produzidos nos espaços de dominação. No caso da história ocidental recente, havia/há um "centro" ao redor do qual gravitam "margens". Esse "centro" é predominantemente europeu ou estadunidense, masculino, detentor de condições dignas de vida, vinculado a uma tradição.

Estar no centro ou à margem é uma questão relacionada a de onde se olha. E do poder que se tem quando se olha. Os estudos a respeito de identidade feitos a partir da segunda metade do século 20, em particular depois dos anos 1960, começaram a pensar nesse problema. Os novos contornos do mundo após a 2a. Guerra mundial não davam conta de resolver os vários problemas de diversidade existentes. Quem eram os iguais, quem eram os diferentes?

Na Europa, o conflito tinha resultado no deslocamento de populações inteiras, quando não na aniquilação sistemática – os campos de concentração, na 2ª Guerra, são um exemplo representativo nessa área. O mapa da África foi estabelecido à força na Conferência de Berlim, em 1884, passando por cima de laços de comunidade existentes há muito tempo, juntando povos diferentes, separando grupos, e deixando como alternativa de vida em comum a adoção da identidade imposta pela metrópole no sentido de estabelecer algum vínculo.

A América Latina havia se tornado independente das metrópoles europeias ainda no século 19, mas os problemas eram semelhantes, na ambiguidade de uma cultura de fronteira. A identidade latino-americana encontrava seu fundamento aonde? Na herança ibérica? Nas origens Maias, Incas, Astecas e Africanas? E no caso do Brasil, qual sua proximidade com a América Latina?

Você provavelmente nasceu no Brasil, mas talvez nem todos os seus antepassados tenham nascido aqui. Uma parte veio da diáspora africana, de um fluxo de imigrantes europeus, dos descendentes do Kasato Maru, dos povos indígenas, de uma família portuguesa. Quando eles, lá no passado, vieram ou foram trazidos, trouxeram sua cultura, tradições e conhecimentos, obrigados a adaptar ao lugar onde chegaram – uma adaptação muitas vezes forçada, criada na interseção de culturas antigas e novas, permitidas e proibidas. Trouxeram uma língua que ainda hoje se escuta, na qual cantam. Uma história e uma sociedade que talvez não seja é a sua, mas que se mistura com a sua.

A colonização do saber

Uma das obras que ajuda e entender essa questão é *Os Condenados da Terra,* do filósofo Frantz Fanon, nascido na Martinica, no Caribe. No livro, escrito em 1961, expõe o problema colonial a partir do ponto de vista da filosofia e da psiquiatria. Escrevendo sob o impacto das lutas pela independência da Argélia contra o domínio francês, Fanon se ocupa em analisar as estratégias, mecanismos e efeitos da colonização.

De certa maneira, o estopim desses questionamentos foi a 2ª Guerra. O teatro dos combates ultrapassou as fronteiras da Europa e chegou às "colônias". A Alemanha invade a França em 1940 e se torna, em teoria, metrópole das possessões francesas na África. Para evitar isso, os Aliados iniciam combates em território africano, e em pouco tempo largos contingentes africanos são formados para combater os alemães. Esses soldados estavam lutando pela metrópole que os mantinha em uma situação colonial. Essa contradição não passa despercebida, e o declínio do poder europeu logo após o final da guerra foi marcado por imensas lutas pela descolonização que podem ser representadas pela independência da Índia, em 1947, sob a batuta de Mahatma Gandhi, e a guerra de libertação da Argélia, que se estende por quase uma década.

Nesse contexto, *Os Condenados da Terra* examina o problema colonial como uma forma específica de dominação dentro de um sistema capitalista. Fanon procura olhar o problema colonial a partir do ponto de vista do colonizado, e essa é a primeira novidade de sua análise. Sua pergunta no livro é a respeito dos modos e efeitos da colonização. A violência é uma categoria básica de sua análise: a colonização é um exercício constante da violência, violência apenas no sentido físico, mas uma violência contra o ser – ao colonizado é retirado o direito de "ser" para tornar-se um "algo", uma coisa determinada pelo colonizador.

O mais agressivo, explica Fanon, é que essa visão do colonizador é imposta ao próprio colonizado, que é forçado a ver a si mesmo a partir das categorias impostas pela metrópole: a colônia é aquilo que a metrópole explica que ela é. O oprimido deve usar os sistemas de crenças, os valores morais e a história do colonizador, elementos esses que explicam e justificam a situação corrente. O habitante da colônia compartilha com o da metrópole um sistema de valores que lhe explica a cada momento qual é o seu lugar – sempre mais baixo – dentro de uma hierarquia vigente. O colonizado pensa com as ideias do colonizador.

Esses argumentos levam Fanon a verificar que o elemento próprio da colonização é a dissolução do colonizado como indivíduo provido de uma história, um sistema cultural, e a substituição do pensamento da região pelos valores, crenças, cultura e língua do colonizador – e são apresentados como recursos sem os quais o país voltaria à barbárie.

O colonizador, portanto, se esforça para mostrar os aparentes benefícios de sua presença no território ocupado como parte de uma "missão civilizatória" que a Europa se auto-outorgou a partir do século 16. O colonizador tenta, desse modo, definir o colonizado. Cria-o no plano do imaginário e, com mais vigor, no campo político. Tanto como categoria de pensamento quanto como figura real, o colonizado vai para o espaço que lhe é reservado – o lugar subalterno onde não existe voz possível. Nos regimes de colônia, há uma única voz compartilhada por todos, a voz do poder dominante e das forças que o agregam. As vozes originárias são caladas, eliminadas, tornadas clandestinas – mas seguem resistindo e se fazendo ouvir.

Imprescindível para a dominação é eliminar as possibilidades de qualquer pensamento fora das condições específicas determinadas pelo colonizador diante da figura imaginária-real do colonizado. As tentativas de substituição das culturas originárias de uma região pelas do colonizador são formas extremas de conseguir essa cumplicidade: eliminando a cultura, a língua e os costumes, eliminam-se três das principais referências do que constitui uma sociedade. E, a partir daí, é possível estabelecer uma visão externa e única.

O orientalismo

Durante séculos, por exemplo, o Ocidente sonhou com um Oriente mítico, misterioso. O "Oriente", isto é, uma vasta extensão da *terra ignota* sobre a qual se tinha apenas fragmentos de informações, misturados com lendas, símbolos e representações. Mais ou menos como, no século 20, a ficção sonhou com a vida em outros planetas a partir de pequenos pacotes de informação mais ou menos arranjados para estimular a imaginação.

Um dos trabalhos que melhor explora a relação entre saber e identidade é *Orientalismo*, de Edward Said. Uma das propostas do livro é mostrar como um certo conhecimento a respeito do Oriente foi determinante para a criação de um "Oriente" no imaginário ocidental, sobretudo o Europeu. O "oriente" é um lugar criado na literatura, nas artes plásticas, na música e nas artes em geral, mas também no campo acadêmico, em particular pelos trabalhos na área de geografia, antropologia e história. A produção de discursos a respeito do "oriente" foi o principal responsável por estabelecer uma imagem do oriente.

Quando se pensa em "Oriente", é possível associar uma série de ideias e imagens comumente vinculados ao tema; de maneira geral, pode-se dizer que essas ideias e imagens são parte do *discurso* sobre o Oriente, são parte de uma concepção hegemônica a respeito do tema. Essa concepção pode ser desmontada – e é o que faz Said em *Orientalismo* a partir de uma pergunta que beira o óbvio: onde e como se aprende a respeito do Oriente?

Vale lembrar que até o século 16 eram poucos os europeus que de fato tinham algum conhecimento do tema. As rotas comerciais eram dominadas por linhagens de comerciantes de Gênova e Veneza, e o contato com o Oriente era intermitente. As Cruzadas, a partir do século 12, alteraram parcialmente essa situação, mas o contato estabelecido era bélico, nada propício para se compreender o outro – o que não mudou com a situação colonial estabelecida na modernidade.

Said, no livro, examina o discurso das ciências humanas e, principalmente, da literatura a respeito do tema.

Em primeiro lugar, os trabalhos acadêmicos sobre o "oriente" partiam das concepções disponíveis – uma perspectiva na qual o "Oriente" está associado ao exótico, ao diferente, aos elementos distantes da cultura europeia moderna. Entender esse ambiente, explica, não era uma questão de investigação, mas uma política intelectual para compreender o mundo além da Europa dentro dos padrões europeus – em outras palavras, uma estratégia para colocar todo um mundo longínquo nos limites e categorias do pensamento ocidental.

Isso não significa que essa ideia seja necessariamente falsa. Trata-se, explica Said, de uma representação que se escora em seus próprios limites e de certa maneira só permite a criação de novos conhecimentos dentro desses parâmetros. O resultado é a forma como a ideia se cristaliza como uma espécie de realidade, uma verdade dentro de limites. Assim, o "oriente" criado pela Europa toma a própria cultura europeia como padrão, deixando os elementos diferentes ou exteriores a essa cultura relegados a um plano marginal – visto da Europa, o "oriente" é um lugar exótico, diferente, estranho a uma cultura europeia que poderia lhe ser bastante útil.

Qual sociedade a língua fala?

Essa pergunta parece estar errada: não seria correto perguntar qual língua a sociedade fala? De um ponto de vista mais imediato, talvez. No entanto, quando se pensar que a língua e a cultura são formas de expressão diretamente ligadas às práticas sociais, é possível fazer essa provocação: ao mesmo tempo em que uma sociedade fala uma língua, a linguagem fala a sociedade na qual é produzida.

O filósofo e escritor queniano Ngugi Wa Thiong'o trabalha essa questão a partir das relações entre linguagem e sociedade. Em seu livro *Decolonizing the mind*, faz uma análise dos efeitos do colonialismo sobre a cultura, a mente e o sistema de pensamento das ex-colônias. O autor parte da literatura para um trabalho de reflexão sobre as condições da língua e da cultura da África a partir de um ponto de vista decolonial, e procura compreender em quais condições é possível produzir uma escrita e uma cultura original depois de séculos de domínio estrangeiro.

O livro, escrito originalmente em inglês, representa o adeus de Wa Thiong'o a esse idioma: a partir daí, só escreveria em sua língua natal, Gikuyu, idioma originário do Quênia. Acadêmico reconhecido internacionalmente, com cátedra em escolas europeias e universidades norte-americanas, a decisão de Wa Thiong'o surpreendeu seus colegas e provocou reações contraditórias, da perplexidade à hostilidade declarada. No entanto, como explica no livro, a decisão foi a consequência lógica de suas convicções políticas: qual o sentido de escrever em inglês, língua outorgada pelo colonizador, quando sua língua materna e maneira original de expressão era o Gikuyu?

A cada palavra escrita em inglês Wa Thiong'o estava reforçando o sentido da colonização, a mesma colonização que o tinha obrigado as crianças de sua geração a abandonar o idioma natal quando entraram para a escola primária. A partir de 1952, todo o sistema escolar e universitário do Quênia foi reorganizado para privilegiar o idioma inglês: o exame dessa língua passou a ser eliminatório para o acesso ao ensino médio e, mais ainda, para o ingresso em qualquer universidade, independentemente do curso escolhido.

A definição da língua foi acompanhada pela definição de um novo cânone cultural: "literatura", entendida no sentido do conjunto de narrativas de um povo, passou a significar não mais as histórias que ele ouvia de seus pais e dos mais velhos na vila onde morava; essa tradição deixou de existir, foi colocada fora da lei. Em seu lugar, entraram autores e textos europeus. O cânone literário do Quênia passou a ser a tradição da literatura ocidental – a cultura oral queniana, de uma hora para outra, foi deslocada para o terreno do arcaico, do lendário, desvalorizada em seu sentido interpretativo.

A decisão do escritor em não usar mais a língua inglesa, mesmo sabendo que isso significaria em boa medida o fechamento de sua literatura para o resto do mundo, é uma resposta radical para as questões políticas da linguagem resultantes da desintegração dos impérios coloniais europeus na África.

Wa Thiong'o relata e analisa a situação da literatura africana resultante dessa dominação a partir de um problema teórico dirigido à própria noção do que está dizendo: o que é "literatura africana"? Para desmontar o problema, lembra, em primeiro lugar, que o próprio conceito de "literatura" está associado ao cânone europeu, em contraste com a narrativa oral africana. Em segundo lugar, pergunta até que ponto uma literatura escrita em francês, inglês, português ou alemão é de fato "africana", mesmo tendo sido escrita na África por autoras e autores nascidos lá.

Linguagem e relações de poder

Qual o sentido, questiona, de expressar uma realidade própria na língua de outro povo? Mais do que isso, até que ponto esses outros idiomas comportam a vari edade de expressões, sentimentos e ideias que são carregadas nas palavras de um idioma natal? A tradução, nesse caso, não é apenas de palavras, mas seria a tradução de uma cultura para outra. E, se no processo de tradução literária já existem perdas, é possível calcular o que acontece quando toda uma cultura precisa se reorganizar em termos linguísticos.

Uma história real, próxima no tempo, pode ilustrar a questão.

Anos atrás, na Universidade de East Anglia, um de meus colegas era Salman. Nos conhecemos nos primeiros dias de atividade. Ao se apresentar, que é do Iraque. Mas logo: "Sou curdo. Não temos um território, mas somos uma nação. É que até pouco tempo não éramos reconhecidos dessa maneira, nem pela ONU". Mora na Inglaterra com a mulher e o filho. Mestre em Linguística, fazendo o doutorado em Política e Relações Internacionais. O tema são as políticas da linguagem: "A história das lutas de um povo pelo direito de falar sua própria língua", resume.

O que Wa Thiong'o explica e o caso de Salman ilustra é que a linguagem não é apenas uma forma de expressão, mas também o fruto de decisões políticas a partir das quais o direito à fala é garantido, suprimido, imposto. É um dos elementos de ação política para delinear a própria construção de sentidos de uma comunidade – e, de certa forma, o próprio sentido de ser uma comunidade. Tanto quanto o tempo e o lugar no qual uma sociedade existe.

A cultura e seu território

Esse tipo de deslocamento é o foco do pesquisador indiano Homi K. Bhabha em seu livro *O local da cultura*, sobre questões políticas e culturais na articulação de grupos humanos onde procura responder a essas questões indicando como a cultura acontece em espaços de comunicação, organizados e reorganizados a cada momento dentro das possibilidades econômicas, políticas e culturais de sua realização.

As relações sociais entre o "eu" e o "você" só podem acontecer dentro de um "terceiro espaço". Não existe, acredita Bhabha, uma comunicação identitária que não funcione dentro desse parâmetro, se esgueirando e reconstruindo pelos espaços onde circulam poderes, conhecimentos e definições a respeito do "eu" e do "você". Isso implica, inclusive, a recolonização de espaços.

Em nenhuma outra época da humanidade tantas pessoas estiveram em situação de trânsito cultural. São milhares de indivíduos longe de suas fronteiras nacionais, imigrantes, trabalhadores, gente que deixou para trás o local de sua cultura, seus hábitos e práticas na aventura de encontrar algo melhor – às vezes uma vida em condições mínimas – do outro lado de alguma fronteira. Essas limitações, a princípio, parecem estar de uma divisão geográfica entre Sul e Norte. Mas que também podem ser compreendidas em termos globais, geográficos e humanos.

Os fluxos migratórios da atualidade se orientam entre blocos – o "Ocidente", em termos geopolíticos, se opõe ao "Oriente Médio", "África" e ao "Sul Global", mas também à Europa Oriental. De maneira clara, o que se entende por "Ocidente" é o mínimo denominador comum entre Estados Unidos e Europa Ocidental. E como esse Ocidente está lidando com imigrantes que todos os dias desembarcam em suas fronteiras, trazendo gentes, culturas, objetos, línguas e pensamentos originários de blocos diversos? Como os cânones políticos e culturais do ocidente estão lidando com esse movimento? Essas questões são o eixo central de *O local da cultura*.

Ao mesmo tempo em que povos transitam, representações e significados igualmente circulam em escala global, disseminando ideias, valores e práticas globais que serão apreendidos e articulados localmente. Não importa, e aí está um paradoxo, que esse "local" exista como uma comunidade fora de seu "local". A mobilidade dessas interações/disputas culturais estão no centro da discussão de Bhabha. Os locais de cultura se atrelam a espaços de poder nos quais essa cultura pode ou não pode se manifestar.

Dessa maneira, o fato de uma comunidade mexicana morar nos Estados Unidos talvez não a faça menos "mexicana" por conta desse deslocamento territorial, mas, por outro lado, também não a torna "norte-americana" pelas mesmas razões. O senso comum os definiria como "latinos" ou "hispânicos" encrustados em um território que não é o deles, mas que é culturalmente apropriado e retrabalhado. São os espaços de fronteira que, na concepção do autor, não são apenas geográficas, mas também são os espaços intermediários ("*in-between spaces*") entre etnias, crenças, gêneros e, portanto, identidades.

No entanto, observa Bhabha, não se trata simplesmente de observar oposições entre metrópoles e colônias ou procurar desvendar as práticas culturais. Ao contrário, trata-se de verificar como as várias complexidades do ser humano entram em jogo nessa dialética múltipla de identidades e alteridades. Um desafio da perspectiva decolonial é compreender as relações de poder no mundo atual como articulação de vários elementos além das dualidades referentes à etnia, gênero e classe.

As questões de identidade atingem modalidades tanto mais complexas quanto mais diversas as articulações entre as várias instâncias da política, da economia e da cultura. Dessa maneira, para Bhabha, em um ambiente pós-colonial as divisões norte/sul, arcaico/moderno, feminino/masculino simplesmente se rearticulam em novas formas híbridas de diálogo – mas um diálogo desigual, no qual essas dicotomias procuram se manter como discurso legítimo, ainda que seja às custas de perder a ligação com a realidade que pretendem expressar.

Entre lugares

Aos sábados de tarde, na catedral católica de St. John the Baptist, em Norwich, há uma missa rezada em polonês. O alvo, a comunidade polonesa da cidade e arredores, cerca de sete mil habitantes (contra doze brasileiros) – a prática acontece por toda a Inglaterra, o que levou alguns jornais mais alarmistas a denunciar o fato de que o país voltou a ser "católico" – algo que não acontece desde 1538. Seria possível lembrar também do muçulmano rezando voltado para Meca no Louvre, mencionado no início desta parte, ou mesmo as discussões, na França, a respeito do uso de adereços religiosos nas escolas públicas – incluindo crucifixos, anéis e véus.

A constituição das identidades, para Bhabha, acontece sobretudo na formação das narrativas de identidade. No entanto, a partir da perspectiva dos fluxos migratórios, é possível perguntar: uma narrativa que se refere a que exatamente? Ao território no qual se vive ou de onde se vem? Às tradições da terra ou da história? A formação das narrativas de identidade, explica Bhabha, estão ligadas às possibilidades de se pensar esses discursos como elementos definidores de uma identidade – e, novamente, a definição do "eu" e do nós passa por um processo de criação social da realidade.

É o próximo módulo do livro.

PARTE III
A REALIDADE SOCIAL

CAPÍTULO 07
As interações simbólicas
Por que damos valor a pedaços de papel com números pintados?

> — E o que você faz tanto lá, naquela casa amarela?
> — Existo.
>
> Dauana Vale, O silêncio de todo dia, p. 63

Uma vez, quando meu filho Lucas tinha nove ou dez anos, estávamos andando pelas ruas do bairro quando, depois de passarmos por várias pessoas, ele me chamou a atenção para algo.

"Papai?"

"Fala, filhote".

"Você já notou como tem muito NPC na nossa vida?"

Demorei um instante para entender a frase: "NPC" significa *Non-Playable Character*, em português, "personagem não jogável". No mundo dos jogos eletrônicos, são personagens que você não controla, e estão lá para compor o cenário da ação. Você pode até interagir com alguns deles, mas, em geral, sua presença não é necessariamente decisiva.

Em outras palavras, são *figurantes* do jogo. Isso é comum também em cenas de filmes ou séries de TV: o protagonista está em uma lanchonete, digamos, falando com um amigo. Nas mesas ao redor, outras pessoas conversam ou tomam um café – elas fazem parte da cena, mas não da ação.

Uma boa parte das pessoas com quem cruzamos todos os dias são, de fato, figurantes – ou NPCs, para manter a imagem de um *game*. Do mesmo modo, vale lembrar imediatamente, cada uma e cada um de nós somos NPCs na vida de todas as pessoas que passam diariamente por nós. Elas são protagonistas de suas próprias histórias, somos figurantes em seu universo.

Talvez, em alguns momentos, exista alguma breve interação ("com licença, posso passar?"; "vai descer no próximo ponto?"), mas nada além da superfície de um breve **ritual**: não precisamos saber mais nada a respeito da pessoa, assim como ela também não requer mais nada de nós.

Por que isso acontece? Porque, basicamente, *não significamos nada um para o outro*. Essa frase pode soar forte, quase triste, mas é menos tensa do que pode parecer à primeira vista. Seres humanos interagem a partir do *significado* atribuído às situações, aos objetos e, principalmente, às outras pessoas. A *interpretação* desse significado é fundamental pare definir como vamos agir em cada um desses momentos.

Essas são algumas das premissas básicas de uma das principais escolas da Sociologia: o Interacionismo Simbólico. Para entender o assunto, precisamos retornar às suas raízes, em uma breve viagem no tempo.

O "outro significante": o que torna alguém importante para nós

Em algum momento ao redor de 1971, um estudante – ou uma estudante – em uma universidade estadunidense tinha algum trabalho sobre o Interacionismo Simbólico para fazer e, usando um volume da biblioteca, preparou um fichamento detalhado de trechos de *Social Organization*, de Charles Horton Cooley, publicado no *Reader in Public Opinion and Communication*, de Bernard Berelson e Harry Janowitz, publicado em 1966.

As anotações mostram cuidado: além da caligrafia legível, trazem a localização do livro ("Comm. Lib. HM261 B383") e a data original ("1909"). No entanto, por algum motivo, a pessoa esqueceu os fichamentos dentro do livro. Não há outras indicações no volume, exceto uma inscrição com esferográfica na primeira página, "Syllabus, jan. 1971", sugerindo que a obra estava listada em um programa de ensino.

Pelos caminhos do mercado de livros usados, o livro veio parar em minhas mãos em meados de 2018, e, folheando, encontrei os encontrados os fichamentos. Bem escritos, com uma letra fácil de ler.

O que levaria alguém a destacar, em 1971, um trecho de Cooley, autor que escreveu no início do século 20 e cuja última edição das obras tinha aparecido, nos Estados Unidos, mais de dez anos antes? O aleatório raramente é levado em consideração como critério de pesquisa, mas, neste caso, pelo menos, funcionou. Eu estava diante de um dos textos clássicos de sociologia das interações, uma das raízes do Interacionismo Simbólico.

O aspecto simbólico da sociedade

Como é possível a formação da sociedade? De que maneira indivíduos podem se reunir e organizar relações sociais?

Uma das respostas de Cooley é colocar, em pé de igualdade, o social e o individual, vistos como complementares. O indivíduo constitui e constitui-se no social quando interage com o outro, na troca de vivências, experiências, ideias. E, sobretudo, no intercâmbio das impressões e percepções que se tem uns dos outros nas relações sociais. Essa postura reflexiva é dinâmica o bastante para comportar a ideia de que o social está em constante movimento. Na prática, o social acontece nas interações pessoais.

A autoimagem criada a partir dos outros

Nesse ponto Cooley propõe seu conceito de "si espelhado" ou "eu de espelho" (*"looking-glass self"*): na interação, aprendemos a ver a nós mesmos através dos olhos dos outros, isto é, do conceito que fazem de nós, e a partir disso derivamos nossas próprias concepções a nosso respeito. A elaboração de si mesmo a partir da reflexividade está ligada a uma perspectiva do entendimento a respeito da maneira como outras pessoas compreendem um determinado indivíduo.

A autoimagem uma pessoa se forma a partir da maneira como ela acha que as outras pessoas a veem. Atribuindo valor a esse tipo de consideração, define seu próprio conceito, mais alto ou mais baixo, sobre si. Uma concepção errada, para mais ou para menos, do que os outros pensam dela tende a se tornar uma fonte de distorção da imagem da pessoa para si. A capacidade de reconhecer, no outro, o ato cognitivo de formação de sua imagem é um ponto-chave em todo esse processo.

Esse tipo de interação social é dinâmica e contínua. O "eu" é sempre o "outro" de alguém. Os processos sociais fundamentais, para Cooley, se organizam a partir desse compartilhamento e troca dessas impressões recíprocas. Não por acaso, apresenta a ideia de "realidade" mais como o resultado da interação entre mentes do que como um fato objetivo: a reprodução e transformação das práticas sociais aprendidas ao longo da trajetória de um indivíduo é um dos fatores dos quais resulta o social em si – um conjunto reflexivo de interações simbólicas.

As interações simbólicas do cotidiano

"Interacionismo Simbólico" se refere, ao mesmo tempo, a um grupo de pesquisadoras e pesquisadores estadunidenses, relativamente conectados entre si por suas propostas, e uma abordagem sociológica da realidade.

O nome, ao que tudo indica, foi criado pelo sociólogo Herbert Blumer em 1937, para designar os traços comuns entre pesquisas bem diferentes, realizadas por várias e vários professores. Como o próprio Blumer conta no livro *Symbolic Interactionism*, o nome simplesmente "pegou", e atualmente serve para indicar um conjunto amplo de estudos – muitos dos quais, vale lembrar, não foram inicialmente entendidos como "interacionismo simbólico".

A premissa básica é relativamente simples: a realidade onde vivemos depende do significado que atribuímos às coisas, pessoas e situações com as quais interagimos. Embora você esteja em uma realidade repleta de eventos, apenas uma pequena parte deles é realmente importante para sua vida: são os que *significam* algo para você e, por isso mesmo, ganham um sentido especial – o *simbólico*. Essa ideia está também na base da noção de construção social, como veremos mais para frente.

Uma caneta pode ser só uma caneta, mas também pode ser a caneta tinteiro com que sua bisavó escreveu uma carta importante; uma pessoa pode ser apenas mais um hominídeo bípede com polegar opositor espécie *Homo Sapiens* (tem oito bilhões desse tipo), mas se transforma em algo único quando ganha um valor simbólico – ao atender como "seu namorado", por exemplo.

Você pode estar em um ônibus, cercada de gente, e mesmo assim se sentir completamente sozinha; elas estão lá, sem dúvida, mas não tem nenhum significado (os "NPCs"), assim como nada de relevante aconteceu no percurso; ao chegar em casa depois do trabalho, alguém pode te perguntar como foi seu dia e ouvir como resposta "não aconteceu nada". Certamente aconteceu: você chegou, falou com pessoas, participou de reuniões, atendeu clientes, entregou mercadorias, recebeu comunicados. No entanto, para você, esses eventos tiveram pouco significado – o grande momento de seu dia, digamos, é buscar seu filho na escola ou encontrar uma amiga para jantar.

A criação dos significados pela sociedade

No entanto, o significado das coisas não é uma criação individual. Aprendemos, ao longo de toda a vida, a interpretar a realidade desta ou daquela maneira, de acordo com nossa formação e experiências – em outras palavras, nossas *interações*. O significado que atribuímos às coisas dependem de nossas interações sociais: você aprendeu, desde criança, a *definir* situações, pessoas e condições; como entender determinadas situações ("ah, ele está com inveja"; "que pena dessa senhora!"), fazer julgamentos estéticos ("olha que dia lindo!") e compreender o lugar de cada pessoa na sociedade.

Você não nasceu sabendo o valor do dinheiro, ou a importância de ter esta ou aquela roupa; você aprendeu que determinadas atividades e profissões tem mais ou menos prestígio; dependendo de sua origem, da sua pele, de seu gênero, aprendeu desde pequena que outras pessoas tinham mais direitos, mais possibilidades – até nas coisas mais simples, como o direito de andar na rua sem medo de não voltar para casa. E talvez tenha aprendido que uma situação assim pode ser transformada.

O que os outros significam

Um dos pontos de partida do Interacionismo Simbólico é que pautamos nossas ações, ao menos em parte, no significado que outras pessoas atribuem a elas.

Imagine, por exemplo, que você vai almoçar com a dona de uma empresa em um restaurante fino. Você, estagiário, está acostumado a se virar no restaurante por quilo, comer um salgado ou um cachorro-quente. Mas você não precisa participar de um universo simbólico para ter alguma noção de seu funcionamento, e o fato de ser um lugar fino não requer muitas explicações: você sabe que não é para seu bolso, mas, a convite de alguém mais importante, espera-se que a pessoa lembre disso e pague a conta.

Por que "fino"? Porque, nos sistemas de classificação social, ele é considerado dessa maneira por pessoas dotadas do poder para definir o significado dos símbolos desse restaurante como "finos". O lugar não economiza para mostrar isso: jogos completos de louça para entrada, prato principal e sobremesa; guardanapos de pano, dobrados com um prendedor especial; talheres com faca para peixe (uma especial, sem serrinhas), e três copos – água, vinho e licor.

Você certamente sabe lidar com boa parte disso, mas alguns itens, como o número de copos ou a faca para peixe, talvez sejam estranhos ao seu universo simbólico. Será necessário, quase imediatamente, prestar atenção aos outros para entender, o quanto antes, como resolver isso e se comportar de maneira adequada. No fundo, não passam de talheres, a comida refinada é só comida. No entanto, naquele espaço, cada um desses itens se reveste de uma capacidade especial, seu valor simbólico – fazer parte de um grupo, ou mesmo da sociedade como um todo, é aprender a reconhecer a importância simbólica de suas interações.

Os aspectos simbólicos da sociedade

Dessa maneira, entender a sociedade é compreender as relações simbólicas existentes entre as pessoas, e como elas interpretam cada uma dessas situações. Vivemos em um mundo de significados compartilhados. A sociedade, neste ponto de vista, é entendida como um processo de interação entre os símbolos e a maneira como eles são interpretados pelas pessoas. Essa interpretação está ligada à maneira como aprendemos a atribuir significados às coisas.

E, por isso, depende dos grupos onde estamos inseridos. Você pode notar isso, por exemplo, com as chamadas "piadas internas" em uma família ou uma sala de aula: apenas quem conhece os significados compartilhados por aquele grupo consegue interpretar o que aconteceu.

Onde nenhum símbolo jamais esteve

No último episódio da primeira temporada de *Star Trek: a nova geração*, a Enterprise encontra uma nave com os corpos de três seres humanos do século 20, congelados em câmaras de criogenia. Segundo o enredo, eles teriam doenças incuráveis em sua época, mas fáceis de resolver no século 23, quando se passa a história.

Eles são despertos e revelam suas identidades: trata-se de uma dona de casa, Claire, um músico, Clemonds, e um empresário, Offenhouse. Os dois primeiros tem alguma dificuldade em se adaptar às novas condições: não é fácil dormir na Terra em um século e acordar em uma nave espacial quase trezentos anos depois. Mas a reação de Offenhouse é a mais complicada: acostumado, ao que parece, a resolver todas as questões com sua influência financeira, ele fica desconcertado ao perceber que, na Enterprise, seu dinheiro, papéis e ações não valem nada.

Aliás, em lugar nenhum mais: embora a série não entre nesses detalhes, aparentemente não existe mais a noção de "dinheiro" tal como conhecemos atualmente, não há miséria, fome ou escassez. Para o comandante da Enterprise, Jean-Luc Picard, o dinheiro de Offenhouse não é nada além de papel pintado. Podem ter sido notas de cem dólares um dia. O problema é que o valor do dinheiro não está nas notas, mas na *relação* que ela permite estabelecer entre as pessoas – e Picard simplesmente não correspondia a isso: se para o empresário um pedaço de ouro representava um valor quando transformado em moeda, para o capitão da nave era apenas isso, um pedaço de ouro.

Do indivíduo ao social

A interação é o ponto a partir do qual todas as formas de relação social aparecem – não há grupo, comunidade ou sociedade que não sejam definidos por um tipo de interação simbólica, seu processo fundamental.

E, se a realidade é algo simbólico, criado pelos seres humanos em suas interações, é possível fazer uma provocação: muito do que chamamos de "realidade" não é mais do que uma construção. Mais detalhes nas próximas páginas.

CAPÍTULO 08
A realidade como construção social
Por que vivemos em mundos diferentes

> *As imagens repetidas por milhares de watts*
> *No vidro transparente*
> *Prontas a encandecer o planeta que não me comporta.*
>
> Ana Meira, *Gravidades*, p. 5

Se você é da área de Humanas, talvez já tenha lido ou escutado a expressão "construção social" para se referir a toda uma variedade de coisas, de questões de gênero à problemas econômicos, de relacionamentos afetivos à política. Anos atrás, um jornal britânico fez um rápido levantamento dos livros com esse título, argumentando a ideia havia se espalhado pelas mais diferentes áreas.

Quem seguir essa trilha e procurar o tema em qualquer livraria, talvez se surpreenda com a variedade de obras nessa linha: *A construção social da cor* (José d'Assunção Barros), *Gênero musical: a construção social da vocação* (Dalila Carvalho), *A construção social de uma nova agricultura* (Jalcione Almeida), *A construção social do acesso público à informação no Brasil* (Maria Aparecida Moura), *A construção social do ser homem e ser mulher* (Anailde Almeida), *A construção social dos regimes autoritários* (Samantha Quadrat), e a lista poderia continuar. Talvez não seja por acaso que, no começo dos anos 2000, o pesquisador britânico Ian Hacking tenha publicado um livro ironicamente intitulado *The Social Construction of What?* ("A construção social do quê?", sem tradução no Brasil), uma avaliação crítica dessa ideia.

Mas o que significa, na prática, dizer que algo é uma "construção social"?

Para entender melhor isso, precisamos voltar à obra que deu origem a essa noção: *A construção social da realidade*, livro de Peter L. Berger e Thomas Luckmann publicado nos Estados Unidos em 1966. Por aqui, saiu pela Editora Vozes em 1975 – está em sua 16ª edição, algo raro para um estudo acadêmico. Esse sucesso pode ser explicado, em alguma medida, pela possibilidade de aplicar essa noção às mais diversas pesquisas. Dito de outra maneira, o *potencial metodológico* da ideia de "construção social" é um ponto de partida bastante versátil para compreender alguns dos principais problemas sociológicos.

O título já traz, em si a ideia principal da obra e que, a olhos atentos, pode soar como uma provocação: a ideia de que a realidade não é um *dado*, mas uma *construção*.

A proposta é ousada e, até certo ponto, contraintuitiva: a "realidade", tal como entendemos, não é exatamente aquilo que está ao alcance das mãos, pode ser tocado, sentido, experimentado? Dizer que a realidade é "construída", se você quiser levar a coisa às últimas consequências, seria uma contradição: a realidade simplesmente está aí para quem quiser ver, não há nada de "construído" nela. As coisas são assim. Certo?

Esse tipo de perspectiva está de acordo com o senso comum mais elementar. Mas, como você se lembra, uma das tarefas da Sociologia é romper com o senso comum e procurar entender melhor o que está por trás da aparência das coisas. Dizer que "as coisas são assim", ou seja, que a realidade é um dado natural, é deixar de lado as mudanças, transformações e contradições existentes no mundo, resultado da interação entre seres humanos.

Para entender melhor essa ideia, e evitar alguns enganos, vale olhar para o adjetivo "social" colocado logo depois de "construção". Você pode notar alguns pontos de contato com as ideias do interacionismo simbólico, e não estamos muito distantes mesmo.

As definições compartilhadas do social

Por que "social"? Porque se trata de definições *compartilhadas* com outras pessoas, às vezes com todo o conjunto de uma sociedade. Não basta uma pessoa acreditar em algo para isso se tornar "real": pode, quando muito, ser parte de sua realidade *psíquica*. A ideia de uma realidade *social* aponta para outra direção: a realidade de alguma coisa é definida quando esse ponto de vista é compartilhado por milhares, talvez milhões, de pessoas.

"Mas", você pode perguntar, "as coisas simplesmente não estão lá fora? O que tem de social nisso?". Boa pergunta: a ideia básica por trás dessa noção não diz respeito à realidade material, mas à *validade das noções* utilizadas para defini-las.

Uma das principais características dos seres humanos é a capacidade de dar nome às coisas, utilizar sinais para indicá-las e todo tipo de forma para representar a realidade. Não vivemos apensa na realidade física, material e imediata das coisas – ao contrário, habitamos sobretudo uma realidade *simbólica*.

Berger e Luckmann assinalam isso em *A construção social da realidade*: enquanto a maior parte dos animais tem seu habitat natural, próprio para viverem, garantindo sua preservação enquanto espécie, os animais humanos, até onde se sabe, não tem nenhum tipo de habitat específico. Por isso, nossa espécie aprendeu desde cedo a *criar* seu próprio ambiente, o lugar para existir e transformar – um *habitat simbólico*. Isso significa que somos capazes de *abstrair* as coisas e entendê-las para além de seu significado imediato.

Entre signos e símbolos

Um exemplo pode ajudar a entender isso.

Quem tem gatos ou cachorros já deve ter notado a capacidade deles para associar palavras e coisas, ou mesmo algumas expressões e ações. Se pego a coleira, minha cachorrinha Mel sabe que é hora de ir passear. Ela consegue associar o gesto e o objeto com algo a mais, a saída de casa – e já vai para perto da saída. Do mesmo modo, Theo, meu outro cachorro, ao ouvir a expressão "vamos passear", imediatamente já olha alternadamente para a coleira, para a porta e para mim, como se estivesse dizendo "Oi humano, pegue isso, abra aquilo e vamos embora!". Animais conseguem associar sons com coisas ou com ações.

No entanto, até onde se sabe, eles não têm uma capacidade de trabalhar apenas no plano abstrato dos símbolos: eles não conseguiriam combinar "passear" com "amanhã" e "se não estiver chovendo". Ao ouvir esses sons, reagem a "passear" – e ainda assim, dependendo da entonação: geralmente falo isso para eles em tom alegre ("Vamos passear!"), e esse modo de usar a voz é parte da associação que eles fazem. Se um dia disser as mesmas palavras de maneira desanimada, provavelmente eles não vão ter a mesma reação.

Isso acontece porque, apesar de sua inteligência, animais não conseguem lidar apenas com símbolos. É necessário, para tanto, uma capacidade de abstração exclusiva dos seres humanos.

A capacidade simbólica é uma das principais características de nossa espécie. Aprendemos, ao longo de milhares de anos de evolução, a pensar exclusivamente com símbolos – você não precisa ver, cheirar ou morder uma maçã para lembrar de uma, como provavelmente aconteceu ao ler a palavra. Lidar com símbolos nos permite ir além das coisas tal como elas são: deixamos de viver exclusivamente em uma *realidade imediata* e habitamos, como espécie, uma *realidade simbólica*. Vivemos imersos em um oceano de símbolos, e compreendemos melhor as coisas quando atribuímos a ela um valor além do imediato, além de suas características mais evidentes.

Em outras palavras, quando elas ganham um valor *simbólico*.

A realidade simbólica

Por que o simbólico tem essa importância?

A resposta pode ser relativamente simples: porque a partir dele temos uma chance de atribuir *sentido* as nossas atitudes e ações. Isso torna a realidade, e nossa própria vida, significativa. Sem sentido, sem memória ou imaginação, sem a simbólica do afeto e das emoções, dimensões fundamentais da experiência humana se perderiam. Inventamos símbolos para tornar essa realidade mais agradável ou, pelo menos, suportável – por isso contamos histórias, fazemos música, pintamos quadros e esculpimos pedras, escrevemos livros e assistimos séries de TV. Gostamos de inventar realidades, e a arte talvez seja o exemplo mais visível disso.

Essa capacidade simbólica, no entanto, não diz respeito apenas à arte ou à criação artística intencional. Estamos mergulhados em símbolos o tempo todo, mesmo quando não prestamos atenção.

Apenas a título de exemplo, imagine que você está em seu quarto ou na sala de sua casa. Por serem espaços pessoais, são lugares carregados de símbolos da maior importância para você. As coisas ao seu redor não são apenas objetos: cada um deles tem uma história – o dia em que você comprou ou ganhou, quem te deu, como você escolheu, como imaginava usá-lo; se tiver alguma foto próxima, isso fica ainda mais evidente nas pessoas representadas. Mesmo este livro: onde você comprou? Ganhou? É uma versão física ou digital? Ganhou de alguém especial, em uma data especial (livros acadêmicos não costumam ser um bom presente romântico, mas tem gosto para tudo)? Dito de outra maneira, nenhum objeto está ao seu lado apenas por sua utilidade ou importância material, mas por seu valor simbólico.

Mas como definimos essa questão simbólica?

Isso nos leva à palavra "construção".

Como vimos, a realidade social pode ser entendida como o conjunto de símbolos que compartilhamos com outras pessoas. Fazemos isso, na maior parte do tempo, de maneira involuntária, quase inconsciente, e, por essa razão, não percebemos que esses símbolos, em boa medida, são *arbitrários*.

Entre a coisa e o significado

Foi o linguista suíço Ferdinand de Saussure, no início do século XX, quem pela primeira vez mostrou que não há nenhuma ligação evidente entre as palavras e as coisas que elas designam: não existe nenhum motivo concreto ou necessário para ligarmos a palavra "gato" com felinos. Prova é que, em outros idiomas, outros sons designam o mesmo bicho fofo de quatro patas. Por que, então, em português, chamamos de "gato"? A resposta está no coração da ideia de "construção": porque, de um lado, *aprendemos* a usar a palavra dessa maneira e, de outro, *todo mundo usa*. Dito de outra maneira, a associação entre palavras, ou melhor, entre símbolos e coisas, ações e situações é uma *convenção* que respeitamos porque, de um lado, aprendemos desde pequeno (e, às vezes, não conhecemos outra) e pela facilidade de uso.

Se você decidir que a partir de amanhã vai chamar todos os gatos de *"kissa"* ("gato", em finlandês) ou *"pisică"* (em romeno), provavelmente vai enfrentar alguns problemas para ser compreendida no Brasil: será necessário explicar a cada vez não só o significado da palavra, mas porque raios você decidiu usar expressões em romeno ou finlandês no meio de uma conversa (em tempo: peguei essas palavras em tradutores *online*, espero que estejam corretas).

As convenções sociais

Ao associarmos símbolos e significados, estamos criando convenções, isto é, uma *ligação* entre coisas que não teriam nenhuma outra razão para serem conectadas. Aprendemos a ligar uma coisa com outra porque vemos isso ser feito desde que somos crianças, seja na família ou na escola. Depois, na vida adulta, seguimos utilizando essas associações – ou seja, a *repetição* de uma escolha arbitrária tem o poder de nos fazer esquecer o arbitrário existente nelas. Em outras palavras, a repetição sem questionamentos faz o arbitrário parecer *natural*.

Por exemplo, durante muito tempo, a associação entre a cor rosa para meninas e azul para meninos foi vista como "natural" simplesmente porque era a prática comum desde o nascimento, nas roupinhas para nenê, passando por brinquedos, ambientes, decoração e quase tudo o que era voltado exclusivamente para um ou outro. Não por coincidência, essa associação azul para meninos e rosa para meninas, com tempo e repetição, se torna comum a ponto de ser vista como natural, quase necessária.

Do mesmo jeito, o uso da cor branca em vestidos de casamento, do preto para remeter à assuntos fúnebres e ao luto ou ao vermelho para representar a luta de trabalhadoras e trabalhadores são convenções, decisões que, com o tempo, passaram a ser vistas como naturais.

A fragilidade do real

Na ficção, não faltam produções a respeito da noção de realidade, seja mostrando que o mundo onde vivemos é uma ilusão, seja falando em universos paralelos ou simplesmente jogando com o que sabemos a respeito de algo. É relativamente comum, em filmes e séries, que reviravoltas, segredos revelados e informações até então desconhecidas mudem completamente a história e, por consequência, a realidade na qual as personagens vivem. Em termos genéricos, seria o equivalente a mostrar, no início do filme, a morte de uma personagem. Você assiste o resto do filme pautada nessa informação até, a certa altura, a pessoa reaparecer. A cena da morte da personagem é mostrada por outro ângulo, permitindo ver algo novo – a pessoa sobreviveu.

Na trilogia *O Senhor dos Anéis*, por exemplo, vemos o feiticeiro Gandalf cair de um precipício no final do primeiro filme, *A sociedade do anel*. Para todos os efeitos, ele está morto, e as demais personagens seguem sua jornada com isso em mente. No meio do segundo filme, *As duas torres*, ele reaparece, e então vemos o que realmente aconteceu – uma batalha épica com um demônio mítico, sua vitória, morte e volta à vida. Neste caso, nem as personagens, nem o público conhecem essa versão.

Em alguns filmes, no entanto, o público sabe o que está acontecendo, e vê as personagens agirem pautadas em uma realidade falsa, construída para enganá-las. Em *Enrolados*, por exemplo, o público conhece a origem de Rapunzel – ela é a princesa do reino. No entanto, essa informação crucial é escondida da personagem por sua madrasta ao longo de todo o filme. A revelação vem nos minutos finais, como você pode imaginar.

Às vezes não é necessário sequer voltar para uma cena anterior. No final de *O Império Contra-Ataca*, quinto filme da franquia *Star Wars*, Darth Vader conta a Luke Skywalker que é seu pai ("*I am your father*" é a frase icônica dessa cena), colocando em xeque toda a narrativa – e a experiência de "realidade" – construída pelo público até então.

A lista poderia seguir, mas esses exemplos ajudam a pensar, na perspectiva da ficção, a fragilidade da ideia de "realidade" como algo pronto e acabado.

Construção / Desconstrução

"Mas quem decidiu o que cada cor significa? Como isso começou?" Ao questionar isso, você começa a *desconstruir* uma prática social, isto é, destacar seu aspecto de *construção*. E essa pode ser apenas a primeira de outras questões importantes: "quem se beneficia dessa construção?"; "essa situação é boa para todo mundo?"; "poderia ser de outra maneira?" capazes de mostrar como se chegou a uma situação. Em termos acadêmicos, essas perguntas levam a estudar "a construção social das divisões de cor por gênero" ou, de maneira um pouco mais ampla, essa divisão de cores como parte de algo como "a construção social do gênero".

A construção social de qualquer coisa depende, nesse sentido, de nosso conhecimento a respeito de algo. Não por coincidência, o subtítulo da obra de Berger e Luckmann é justamente "Tratado de Sociologia do Conhecimento".

Reconhecer algo enquanto construção social é um primeiro e importante passo; a pergunta seguinte é entender *como* chegamos a essa construção. Como aprendemos, digamos, a associar uma cor de roupa a um gênero? Aprofundando a questão, de que maneira passamos, como sociedade, a decidir, de acordo com a cor da pele, quais eram os direitos de um ser humano? Por que se entendeu, durante muito tempo, que as relações afetivas entre pessoas do mesmo sexo eram "erradas"? Quem definiu o "certo", aliás?

Definimos a realidade, segundo Berger e Luckmann, a partir de nosso conhecimento a seu respeito. Se aprendi que determinada forma de amor é a única correta, se todas as pessoas ao meu redor pensam dessa maneira, se estou exposto principalmente a esse tipo de ideia, rejeitando pontos de vista diferentes – e as redes sociais, em sua perspectiva de trabalho com algoritmos, reforçam isso – e deixando de lado outras ideias, há uma chance de considerar esse ponto de vista como o único possível, *naturalizando* essa prática.

É bom lembrar que a força de uma construção social está na *institucionalização* desse conhecimento. Uma boa parte das representações que temos da realidade são apresentadas a nós de uma maneira bastante sutil nas instituições sociais com as quais temos contato desde muito cedo, como a família, a escola e a mídia. É a partir delas que se forma, ao menos inicialmente, nosso conhecimento a respeito do mundo, onde aprendemos a associar algumas coisas com as noções morais de "certo" e de "errado", com aquilo que deve ser entendido como "bom" ou "ruim".

Mesmo quando isso se liga a imagens que fazemos da realidade, o tema do capítulo seguinte.

CAPÍTULO 09
Representações, Imagens e Estereótipos
Julgamos rápido, compreendemos devagar

> *Somos um arsenal de clichês tipo*
> *Aqueles de filmes antigos cheios de metáforas,*
> *Sensações, e*
> *Planos*
>
> Anny Baltar, *De afetos a versos*, p. 31

Escrevendo em 1922, o pesquisador norte-americano Walter Lipmann chamou a atenção para uma situação particular a respeito da maneira como as pessoas apreendem as coisas: apenas uma pequena parcela da realidade chega até nós a partir da experiência direta. A maior parte do que sabemos ou julgamos saber a respeito do mundo não experimentamos diretamente, mas a partir dos relatos de outras pessoas, desde uma conversa pessoal até os filmes de Hollywood, passando por todas as formas de comunicação em rede e pela arte. Uma pintura, assim como uma música, um *post* ou um programa de televisão tem algo em comum: são uma narrativa a respeito do mundo.

Mas não só: também são uma narrativa, um discurso, a respeito de quem os fez. Quando te contam uma história, uma notícia ou algo sobre a vida alheia, por exemplo, você aprende algo a respeito do que está sendo dito – e, mais ainda, sobre *a pessoa* que está contando a história. Qualquer história traz as marcas de quem a conta, traços de sua época e vestígios do espaço social na qual foi formulada. A imaginação pode não ter limites, mas as condições sociais e históricas nas quais uma autora ou um autor vive têm.

A realidade narrativa

Os relatos sobre a realidade que chegam até nós já vêm, portanto, carregados de valores, ideias, pontos de vista e pré-julgamentos da pessoa que o formula. Acontece a mesma coisa quando falamos: nosso discurso a respeito do mundo é tão parcial e subjetivo quanto o de qualquer outra pessoa. O que faz, no entanto, com que cada um de nós não viva isolado em seu mundo particular, em uma espécie de prisão mental, é um curioso paradoxo: a realidade é uma só, mas há tantos discursos possíveis sobre essa realidade quantos seres humanos dispostos a falar sobre ela. É na interação entre os seres humanos, na pluralidade dos relatos, que fatos são alinhados de maneiras diferentes para construir narrativas diferentes.

A realidade é formada no compartilhamento dessas histórias, das narrativas de cada sujeito. Ela existe não como um fato totalmente subjetivo (ou seja, apenas na mente de cada pessoa) nem objetivos (como realidade separada), mas *entre* as pessoas. Em termos mais acadêmicos, a realidade é *intersubjetiva*.

A sociedade como relação intersubjetiva

Essa posição presume uma consciência *relacional*: a consciência humana não está fechada em si mesma, agregando a ela os dados do exterior; da mesma maneira, os dados que chegam através dos sentidos não estão exclusivamente nas coisas, de modo independente do ser que conhece; o conhecimento acontece na relação entre a consciência e o mundo além dela, em um fluxo no qual não há um momento primeiro, mas uma interação.

A questão, nesse caso, não é "o que é o mundo real?", mas, partindo do princípio de que esse mundo existe nas relações de intersubjetividade, seria o caso de fazer uma modificação para se perguntar "qual é o mundo real que conheço?".

As representações sociais

Em outras palavras, como se aprende o mundo real? Uma resposta completa a essas perguntas exigiria pedir o auxílio a um enorme estoque de conhecimentos, das neurociências a sociologia do conhecimento, passando pela filosofia e pela psicologia. No entanto, por conta do recorte deste texto, podemos pensar em termos sociais. E, a partir daí, é possível delinear algumas respostas.

A primeira delas, com base no que foi dito até agora, é pensar como narrativas, compartilhadas socialmente, oferecem o tempo todo representações da realidade que, combinadas com as nossas próprias percepções, imaginação, repertório, memória e outras representações, formam aquele complexo emaranhado de planos da realidade dentro dos quais um "eu" se movimenta.

Dessa maneira, pensar o que é a "realidade" passa pelo estudo do que é apresentado, por exemplo, nos filmes *blockbusters* de Hollywood aos *posts* em redes sociais: ou seja, perguntar quais representações da realidade, feitas pela mídia, são apropriadas pelos indivíduos, grupos e comunidades. Esse processo vai além de qualquer simplificação.

Quando relato algo a alguém – um acidente de carro, por exemplo – enfrento o problema de comprimir uma realidade complexa, múltipla, na qual um número tendencialmente infinito de fatos acontece simultaneamente, em uma torrente de palavras organizadas de maneira linear para conseguir compartilhar um pouco que seja daquela realidade com meu interlocutor.

A maneira como os conteúdos desse relato é organizada terá alguma influência sobre a maneira como a pessoa que me ouve vai construir, em sua mente, a representação do acidente. Posso destacar o mau estado da via, a imprudência de um motorista, as más condições do carro.

Aliens bonitos, aliens feios

No filme *Capitã Marvel*, de 2019, conhecemos duas raças alienígenas, os Krees e os Skrulls. A protagonista é apresentada como sendo uma Kree, seres muito parecidos com os humanos. Já os Skrulls são seres metamórficos, capazes de assumir a identidade de qualquer outra criatura. Em sua forma original, são verdes, com marcas profundas no rosto, orelhas proeminentes e pontudas, próximo à representação de seres demoníacos em algumas tradições da cultura ocidental. O próprio nome, "Skrull", tem em inglês uma sonoridade próxima de *skull*, "crânio".

Durante quase um terço do filme, só conhecemos os Skrulls a partir da narrativa dos Krees a respeito deles – são apresentados como seres malignos, ardilosos, que usam suas capacidades metamórficas para atacar à traição. E, de fato, sua aparência parece confirmar isso: em dezenas de filmes antes de *Capitã Marvel* os *aliens* parecidos com os humanos eram "do bem", os com aspecto mais grotesco eram "do mal".

Esse foi o estereótipo cultivado pelo cinema de Hollywood ao longo de décadas, e o filme conta com isso [*alerta de spoiler*]: mais ou menos na metade, em uma reviravolta narrativa, ficamos sabendo que, na verdade, os Skrulls são uma raça perseguida pelos Krees, os verdadeiros vilões da história. Só então notamos como o filme jogou com os estereótipos do cinema – e a narrativa trabalha a partir desse ponto.

Diante do inesperado

A definição dos estereótipos está espalhada nas práticas sociais, mas geralmente só conseguimos prestar atenção nelas quando algo não sai exatamente como o esperado. Minha esposa Anna e eu costumamos ir a lanchonetes desde que nos conhecemos e, em geral, ela pede um hambúrguer com fritas enquanto fico com uma salada. Nem sempre quem está servindo pergunta para quem é cada prato, e, de maneira quase invariável, a salada é servida para ela, o hambúrguer para mim. A força do estereótipo está em cristalizar as atitudes e deixar de lado as nuances e variações possíveis. Uma mulher, preocupada com a importância de se manter dentro dos padrões estéticos sociais, não pediria um hambúrguer; já um homem não teria problemas com isso – a cobrança social pelo corpo perfeito, nesse contexto, é infinitamente menor.

A definição de estereótipo

"Estereótipos" é o capítulo central de *Opinião Pública*, e ao que parece, principal porta de entrada para a inclusão de Lippmann em trabalhos de pesquisa. A palavra, no entanto, não foi cunhada por ele. Na palavra, *stereos* vem do grego "grande" ou "extenso", enquanto *typos* significa "imagem impressa sobre algo". Ao que tudo indica, a expressão tem sua origem nas artes de impressão (*typos*), na qual um "estereótipo" seria um marcador em alto-relevo capaz de gravar uma imagem sobre o papel.

Lippmann destaca a maneira como "imagens em nossa mente" a respeito da realidade são formadas a partir das informações que chegam até nós. O autor alerta, de saída, para o risco dessas "imagens mentais" se cristalizarem, como frequentemente acontece, em uma representação única da realidade, moldando a concepção que se faz a respeito de algo, seja uma pessoa, um povo ou um assunto. Na ausência de outras representações, a tendência é considerar *uma* representação como sendo *a* noção única e correta de alguma coisa.

O resultado é uma imagem gravada – um "estereótipo", no sentido original do termo. "Imagem", aqui, não é necessariamente algo visual, mas algo que chamaríamos hoje em dia de "representações" – por exemplo, aquelas que chegam até nós a partir de um texto ou de uma música.

Estereótipos são uma forma distorcida ou caricatural da realidade a ser representada, ainda que, em sua origem, possam não ser necessariamente de forma deliberadamente planejada ou mal-intencionada (embora, vale lembrar, estereótipos são vizinhos de parede dos preconceitos).

A análise de Lippmann parte de uma observação do jornalismo. Nem se todos os repórteres do mundo trabalhassem vinte e quatro horas por dia, explica, seria possível dar conta de tudo o que está acontecendo. E mesmo o profissional mais concentrado não conseguiria captar todas as nuances de um fato. Some-se a isso a incapacidade da linguagem de expressar a realidade com absoluto rigor e o cenário resultante é uma considerável diferença entre "o que aconteceu" e "o que chega ao público".

Em um de seus exemplos, destaca que se um imaginário John Smith for dono de uma respeitável companhia de seguros e tiver sucesso mediano durante dez anos, tende a ser ignorado por todos os jornais, tornando-se invisível aos olhos do público. No entanto, se sua empresa for à falência em circunstâncias estranhas, o fato se torna notícia imediatamente. Smith será conhecido apenas pela falência, não pelos dez anos de trabalho e sucesso.

Vale lembrar que uma única narrativa não é capaz, por si só, de formar um estereótipo. É a repetição das mesmas imagens e informações a respeito de um fato que forma o estereótipo – daí sua força, daí a dificuldade de questioná-lo. Uma vez cristalizada, essa imagem tende a ser considerada "verdadeira" por quem não teve acesso a outro tipo de informação ou prefere acreditar nessa versão.

Isso leva a outro ponto.

Tornar o social mais fácil de entender

Os estereótipos reduzem qualquer fato ou um fato a uma ou duas características principais, quase como em uma caricatura: um único aspecto da pessoa é exagerado, e todo o restante deriva disso. A realidade é mostrada dentro de categorias já conhecidas, mesmo ao custo de uma distorção sistemática. A apreensão estereotipada dos fatos e das pessoas, indica o autor, permite rapidamente associar uma informação nova com algo já conhecido, permitindo a compreensão dos fatos no menor tempo possível.

Assim, a pessoa X ou Y é o "herói" ou a "solução" para um problema; A e B são "do mal"; o povo de certo país são "dissimulados"; fulano é um "herói" enquanto outro grupo é "um perigo". A associação entre pessoas e categorias ("bem", "mal", "herói", "perigoso") tem como resultado permitir uma rápida apreensão das informações.

Mas seria talvez apressado restringir a existência do estereótipo a essa dimensão da produção. Como indica Lippmann, e este talvez seja outro aspecto um pouco negligenciado de sua obra, a questão é mais ampla.

A construção de estereótipos pode ser compreendida como um processo ou circuito no qual a participação do público ocupa um lugar tão importante quanto o da mídia. Ao que parece,

Lippmann não considera que as pessoas sejam incapazes de decodificar as informações recebidas. O fato de nos contentarmos com informações recebidas a partir de um número reduzido de canais parece muitas vezes ser resultado da falta de interesse em conhecer de maneira mais profunda tudo o que acontece em relação a um determinado tema.

Mas seria apressado culpar a mídia ou as redes sociais e esquecer que não estamos fora do jogo: estereótipos funcionam porque nem sempre temos tempo ou interesse para ir atrás de tudo o que nos contam, de cada *post* em redes sociais ou notícia.

A pluralidade de fontes

O acesso a uma pluralidade de fontes de informação não parece ser condição para que pessoas e grupos tenham uma postura mais aberta ou plural, e nem suficiente para desafiar convicções, clichês e estereótipos a respeito de um assunto. A intensa polarização política, em escala global, que começa em meados da década de 2010, acontece exatamente em um momento no qual a quantidade de fontes de informação cresce em números inéditos. Não é porque existem muitas fontes disponíveis que se vai deixar de lado o conforto de suas convicções, mesmo diante do número de dados e versões sobre algo nos ambientes digitais. Os estereótipos, adverte Lippmann na página 103 de *Opinião Pública*, não mostram o mundo como *gostaríamos* que fosse: isso poderia soar irreal. Seu poder está em mostrar o mundo como *esperamos* que seja. Não deixa de ser um paradoxo: ele é tanto mais real quanto mais *parecer* real.

Um conflito de estereótipos na passarela

Você já assistiu *O Diabo veste Prada*? Nesse filme, sobretudo na primeira parte, há um curioso conflito entre estereótipos. Andy Sachs é uma jovem jornalista, recém-formada, chega a Nova York para trabalhar na revista Runway. A publicação é uma das referências em moda nos Estados Unidos, e o último lugar em que Andy gostaria de estar. Ela acha a moda e o mundo da alta costura um exercício de futilidade, e se propõe a seguir no emprego só até achar algo mais próximo do que busca – fazer grandes reportagens em outras áreas.

A Runway é dirigida pela exigente editora Miranda Priestly, que tem plena consciência da extensão e influência de seu trabalho. As primeiras cenas entre as duas permitem notar a força dos estereótipos: para Andy, Miranda representa toda a futilidade com ares de importância da indústria da moda; aos olhos da editora, a jovem repórter parece uma criatura digna de pena, sem muito traquejo social naquele universo e, pior ainda, sem o menor gosto para se vestir.

Ao longo do filme essa situação vai se transformando à medida em que, no cotidiano, os estereótipos começam a dar lugar à relação entre duas pessoas. Sem muitos *spoilers*, vale notar como é a disposição em entender a situação, e a visão da outra pessoa, que começa a romper algumas barreiras.

Quando o estereótipo vira preconceito

Lippmann, já em 1922, chamava a atenção para os riscos de se estar exposto sempre aos mesmos pontos de vista. Não se trata, explica, apenas das informações recebidas da mídia, embora elas sejam entendidas como ponto de partida. O risco maior para a solidificação de estereótipos está em trocar informações apenas com quem pensa da mesma maneira. Isso cria uma situação artificial na qual as mesmas opiniões são mutuamente confirmadas.

O resultado é a transformação do estereótipo em uma "verdade", tendo como garantia não a apenas suposta veracidade das informações, mas confirmação recíproca de uma opinião por outras pessoas que compartilham do mesmo ponto de vista. Esse processo, explica Lippmann, diminui a importância de qualquer outra explicação em relação àquilo que foi definido como "verdadeiro" pelo grupo.

Indivíduos tendem a agir de acordo com suas opiniões. Esse é o risco: os estereótipos, longe de serem concepções inofensivas da ordem da representação, podem encontrar sua tradução em ações práticas de discriminação, violência simbólica e física e, no limite, a busca pela eliminação de quem pensa diferente.

PARTE IV
ORGANIZAÇÕES SOCIAIS

CAPÍTULO 10
Campo, *habitus* e poder simbólico
O que você quer pode ser quando crescer?

> *É mais automático do que óbvio.*
>
> Andrea Pires, *Rio Imenso*, p. 49

Desmontar o óbvio quase nunca é uma tarefa fácil, mas necessária quando procuramos ir além das aparências e compreender as dinâmicas menos visíveis da vida social. E essa é, exatamente, uma das propostas da sociologia – pelo menos tal como entendida pelo sociólogo francês Pierre Bourdieu. Ao longo de uma obra espalhada por mais de quarenta anos de atividade, um de seus principais esforços foi no sentido de entender *como* e *porque* as relações sociais acontecem de uma maneira e não de outra. Ou, mais próximo de seu vocabulário, encontrar *uma teoria da prática*. Para entender o mundo social, precisamos ir devagar e não ter medo de começar a partir de fatos conhecidos – enfrentar o óbvio é um requisito para questioná-lo.

Podemos, por isso mesmo, começar pelo óbvio: seres humanos vivem juntos. Compartilhamos o mesmo espaço nas ruas, no transporte público, debaixo dos toldos de lojas esperando a chuva passar. Raramente damos muita atenção para as pessoas ao nosso redor, assim como também elas mantêm uma indiferença olímpica a nosso respeito. As raras interações não costumam ultrapassar uma polidez superficial ("com licença", "está na fila?") e nada mais. Há uma razão para isso: não compartilhamos quase nada com elas, exceto o fato de estarmos no mesmo espaço naquele momento. Em um ônibus ou no metrô, o único ponto de contato entre passageiras e passageiros é o fato de estarem indo para o mesmo lugar. Compartilhamos o mesmo *espaço físico* e isso é o suficiente.

Esse, no entanto, não é o único tipo de espaço que dividimos com outras pessoas.

Existe outro, que, embora nem sempre visível como o espaço físico, é tão importante – ou mais – do que ele: é o *espaço simbólico*. Enquanto o espaço físico se caracteriza por ser uma reunião mais ou menos aleatória de pessoas, o espaço simbólico é formado por pessoas que compartilham algum *interesse comum*.

No espaço físico, das ruas ou dos transportes, uma boa parte das relações é determinada pelo acaso: é relativamente raro você cruzar exatamente com o mesmo grupo de pessoas todos os dias. No máximo, alguns conhecidos de vista que pegam o ônibus no mesmo horário que você ou frequentam o mesmo restaurante na hora do almoço.

O espaço simbólico, ao contrário, é constituído pelo interesse comum das pessoas. Quem está lá sabe muito bem o que está fazendo, e tem objetivos e caminhos relativamente definidos – e, independentemente de onde estão fisicamente, todas as pessoas com os mesmos interesses compartilham o mesmo espaço simbólico.

Uma estudante de Direito, por exemplo, pode estar no mesmo espaço físico dos colegas de História ou Geografia da mesma universidade. Em termos simbólicos, no entanto, ela está mais próxima das alunas e alunos de Direito de outra faculdade. É com essas pessoas que, no futuro, ela vai trabalhar, conversar, disputar prestígio e colaborar nas atividades. Estudantes de Direito de todo o país compartilham, portanto, um espaço simbólico muito além do lugar físico onde, de fato, estudam.

O espaço simbólico

O problema é que, assim como o espaço físico, o espaço simbólico não é plano e igual. Ao contrário, é marcado por fortes *desigualdades*. Todos e todas as estudantes de Direito do Brasil compartilham o mesmo espaço simbólico, certo, mas quem estuda nas melhores universidades, em condições sociais e financeiras favoráveis, provavelmente tem maiores chances – não disse "capacidade", menos ainda "inteligência" – de começar bem na profissão. Largam na frente, e podem chegar mais longe com menos dificuldade. Em termos acadêmicos, eles ocupam, no espaço social, um lugar *superior* ao de quem faz uma faculdade de menor qualidade. Todos serão igualmente advogados, mas alguns serão mais advogados do que outros.

Essa desigualdade não é apenas econômica ou social, embora sejam itens da maior importância. As trajetórias de vida também foram diferentes, as escolhas e possibilidades levaram cada pessoa por trilhas exclusivas. Finalmente, a personalidade também contribui para essas desigualdades – uma pessoa é mais quieta, a outra mais falante, esta mais tímida, a outra mais arrojada e assim por diante.

E, quase sempre, onde há desigualdade há disputa.

Trabalhar nos melhores escritórios, ter seu próprio escritório e ser reconhecida como uma profissional de qualidade procurada pelos melhores clientes estão entre os pontos altos na trajetória do Direito. E, por isso mesmo, são difíceis de atingir: apenas uma pequena parcela de todas e todos os estudantes que entram em um curso de Direito vão chegar a esses lugares mais altos no espaço social. Como, em geral, todo mundo procura essas posições, o resultado é uma *disputa* constante entre todas as pessoas que compartilham um interesse em comum.

Disputa por posições, pessoas com interesses comuns, um espaço delimitado: é o que Bourdieu define como *campo*.

O conceito de campo

Ao longo de sua obra, o sociólogo francês apresenta várias definições desse conceito, mas podemos seguir com uma presente em sua obra *Questões de Sociologia*. Um campo, explica, é um espaço estruturado de relações no qual agentes em disputa procuram conquistar o prêmio simbólico das posições mais altas.

Por que um "espaço estruturado"? Quando você entra em um campo, digamos, da Medicina ou das Artes Plásticas, ele já está, de certo modo, montado: as posições estão definidas em termos de prestígio, valor e reconhecimento – você aprende, logo de saída, quem são os grandes nomes de sua Área, as pessoas que deixaram seu nome na história do campo, os lugares onde vale a pena trabalhar, como conseguir seu primeiro estágio e assim por diante (e também o que *não* fazer: em pouco tempo você começa a entender o que é malvisto e menos reconhecido dentro de um campo).

E nota, com força, as diferenças entre essas posições, desde as mais altas, admiradas, reconhecidas e disputadas, passando pelas de nível médio até as mais baixas e menos cotadas, geralmente por onde se começa –todo mundo foi estagiário um dia.

As posições mais altas, de maior prestígio, detém a prerrogativa de definir o que é certo dentro de um campo. Ao contrário de um jogo, no qual as mesmas normas valem para todas as equipes, os ocupantes das posições mais altas costumam definir as regras.

Por exemplo, quando uma *influencer* tem milhões de seguidores, contratos de publicidade com empresas multinacionais e seus vídeos batem a casa das milhares de visualizações em poucos minutos, ela ganha o direito de definir as regras desse jogo – não de maneira direta: ela não precisa dizer se isto ou aquilo é certo. A coisa é mais sutil: como ela está vencendo, *o que ela fizer está certo*.

Quando uma jornalista recebe prêmios por uma reportagem, seu modo de apurar informações e escrever *passa a ser visto como certo* pelos colegas da área; seu texto pode ser usado em aulas como exemplo de "bom jornalismo", seu nome será referência de seriedade e competência.

Estratégias e posições

Em um campo, por isso, existem os *dominantes* e os *dominados*, situados de acordo com a posição, mais alta ou mais baixa, que ocupam. Os dominantes de um campo detêm o poder simbólico de ditar as regras, enquanto os dominados tendem a aceitá-las – isto é, seguir as práticas dos dominantes – ao menos em parte. Ao mesmo tempo, buscam estratégias para subir de posição e, se possível, chegar ao topo.

Dito de outra maneira, quando você tem poder, seu principal objetivo é conservá-lo e, se possível, conseguir mais; quando você não tem, as estratégias são direcionadas para obtê-lo.

Daí que, em geral, os dominantes de um campo podem apresentar uma tendência a serem mais conservadores: eles têm mais a perder, de um lado, e representam, de certo modo, a própria *história incorporada* do campo, de outro.

Por outro lado, recém-chegados, dominados e *outsiders* podem adotar uma postura mais rebelde, criticando e desafiando as regras, questionando a validade das regras e o posicionamento dos outros – mas não totalmente: se um novato não aceitar nenhuma das regras, a tendência é sair do campo.

Isso leva ao segundo item da definição: a ideia de quem um campo é formado por *agentes em disputa*. Assim como em um jogo, todas e todos os participantes procuram alcançar as melhores posições agindo de acordo com as regras, mais ou menos visíveis, de cada campo. No campo acadêmico, por exemplo, os títulos universitários são uma das maneiras de subir de posição, assim como trabalhar nesta ou naquela universidade; ser citada por uma colega aumenta esse prestígio; receber um doutorado *honoris causa* é uma consagração reservada a poucas pessoas e assim por diante.

Mas por que "agentes"? Não poderíamos simplesmente falar em "pessoas"? Porque um campo é formado tanto por pessoas quanto por instituições – empresas, organizações, universidades e assim por diante. No campo da Publicidade, por exemplo, cada publicitária é uma agente, mas as grandes agências também são. O objetivo é chegar às melhores posições e ocupar um espaço dominante. No senso comum, estamos relativamente da ideia de "chegar lá" e "dar certo" em uma atividade.

As regras do campo

Cada campo tem suas regras de funcionamento e, na maior parte das vezes, definem quais estratégias podem ser utilizadas em cada um deles. Há sempre espaço para a criatividade dos agentes e, em alguns campos, até mesmo para certa rebeldia e transgressão – o Campo da Arte, por exemplo, ou o Campo da Moda, nos quais esses elementos são bem vistos, ao contrário do campo do Direito (você ouve com muito mais frequência falar de uma "artista transgressora" das regras da arte em uma exposição do que de uma advogada que subverteu os cânones do Direito em uma audiência).

Ao definir quais são as atitudes aceitas e as estratégias a serem utilizadas, cada campo especifica, de maneira indireta, as *características esperadas* de seus participantes, o valor de cada uma e suas condições de utilização.

Em outras palavras, definem o *capital simbólico* que circula em cada campo.

O capital simbólico

O tipo de capital mais comum que conhecemos é o dinheiro – ou, em termos mais corretos, o capital monetário. Em linhas gerais, ele permite o acesso a praticamente todos os lugares. No entanto, ele não é o único tipo de bem que uma pessoa pode ser: suas redes de amizade, sua cultura, mesmo sua imagem e aparência também podem ser pensados em termos de *valor* – são o seu *capital simbólico*.

Você precisa ter capital monetário para organizar uma festa com duzentos convidados em seu aniversário, mas isso não adianta nada se você não conseguir mobilizar as pessoas, ou seja, se você não tiver *capital social*; uma pessoa pode ter dinheiro suficiente para visitar o Museu do Louvre, em Paris, quantas vezes quiser, mas se não tiver toda uma preparação em Estética e História da Arte, ou seja, *capital cultural*, talvez perca os detalhes mais importantes; no campo acadêmico, os participantes buscam títulos (mestrado, doutorado, livre-docência) que demonstrem sua capacidade de pesquisa e aprendizado, isto é, seu *capital intelectual*.

A eficácia do capital simbólico se deve ao fato de que ele é *socialmente reconhecido* como importante, mesmo por quem não participa de um campo. Quando uma pessoa posta, em uma rede social, sua foto ao lado de uma celebridade, ela está mostrando seu *capital relacional*: mas mesmo que você jamais tenha lido uma linha de Bourdieu na vida, sabe que é "importante" aparecer junto com alguém famoso. O capital simbólico provoca *reconhecimento* nos outros.

A dinâmica do capital simbólico

Cada campo define os tipos de capital mais importantes para um agente conquistar melhores posições, assim como os *símbolos* referentes a cada um. As mesmas características podem ser decisivas para conseguir os espaços dominantes em um campo e não valerem nada em outro: títulos universitários são fundamentais no campo acadêmico, mas não significam muito no campo da alta gastronomia; uma pessoa pode ter os principais prêmios no campo da alta costura, mas precisará começar do zero se pretender entrar no campo da Psicologia e assim por diante.

Por isso, muitas vezes, escolhemos uma carreira a partir do *investimento* que podemos fazer no capital que já temos, ou com o qual lidamos melhor. Na hora de prestar um vestibular ou processo seletivo para uma universidade, geralmente pensamos em que somos bons, ou para quais áreas demonstramos mais facilidade: estamos, nesse momento, fazendo uma avaliação do *capital simbólico* que já temos e em quais campos ele poderia ser investido com a maior taxa de sucesso; por exemplo, se meu *capital cultural* é bastante alto, e mostro aptidão para literatura, posso me encaminhar para uma carreira diferente de outra pessoa com uma alta capacidade de conquistar *capital relacional* e assim por diante.

Existe uma *taxa de conversão* entre os diferentes tipos de capital, assim como ocorre entre as moedas dos países. Uma transformação relativamente comum acontece, por exemplo, quando artistas se candidatam a cargos políticos: a tentativa é converter seu *capital midiático* em *capital político*, transformando seus fãs em eleitores; o contrário raramente acontece, e há poucos exemplos de um político que tenha se lançado como cantor.

Ao longo de nossa trajetória social, aprendemos a agir de maneira a conseguir, em cada situação, o melhor resultado possível ou, em termos acadêmicos, o maior *lucro simbólico*. Esse aprendizado raramente é formal, no sentido das disciplinas que temos na escola ou na universidade. Ao contrário, aprendemos a partir de situações práticas, tanto em nossas vivências quanto ao observar o comportamento dos outros – e seus resultados, mais ou menos satisfatórios.

O capital simbólico é responsável pela dinâmica dos campos, mostrando quem está em alta, quem está subindo, quem perdeu prestígio. Adquirir capital simbólico e, mais ainda, saber como utilizá-lo, é o resultado de um processo um pouco mais longo, que ocupa praticamente toda a vida de uma pessoa: a formação do seu *habitus*.

O conceito de habitus

Quando você lida com uma situação pela primeira vez, em geral não sabe direito o que fazer. Observa o comportamento dos outros, tenta se lembrar de situações semelhantes e, no limite, pergunta para alguém como deve agir. Suas atitudes são hesitantes e você *pensa*, conscientemente, antes de agir.

A segunda vez tende a ser mais fácil e, depois de viver mil vezes uma situação, você já está de tal maneira habituada que simplesmente *não pensa* mais antes de agir: simplesmente vai lá e faz. Aquilo que na situação inicial parecia estranho e incompreensível, e demandava uma longa reflexão, agora faz parte de você, de seu modo de ser e de agir: você *interiorizou* a prática.

E, quando você estiver em uma situação semelhante, essa prática anterior diz a você o que fazer – depois de viver mil vezes situações semelhantes, não deve haver dificuldade para lidar com a milésima primeira. As ações anteriores, uma vez incorporadas, *geram* as novas práticas. Você não adquiriu simplesmente mais um hábito, mas uma *matriz interna* de ações – algo diferente do hábito, um *habitus*.

Em linhas gerais, o *habitus* é o princípio gerador de práticas, ações, gostos e percepções adquiridos por um indivíduo ao longo de sua trajetória social. Cada uma de nossas vivências acrescenta algo novo a esse *habitus* que, por sua vez, fica mais apto a agir diante de uma nova situação parecida com a anterior. Uma vez que seu *habitus* é formado e incorpora novas experiências, você leva isso pelo resto da vida – não é possível desaprender uma prática social.

O *habitus* é relativamente maleável e adaptável para nos indicar o que fazer na maior parte das situações: fruto de um aprendizado do social, ele nos ajuda a definir, em um piscar de olhos, qual é a melhor maneira de agir em uma determinada situação. Bourdieu chega a definir o *habitus* como uma espécie de "reflexo mental": assim como temos os reflexos físicos, aprendemos, em nossa trajetória social, *o que fazer* e como perceber uma situação.

Como um "maestro invisível", outra metáfora do sociólogo, o *habitus* coordena nossas ações, mostrando a atitude mais adequada para uma situação. Uma de suas características é a possibilidade do *habitus* nos levar a *agir sem pensar*: trata-se de uma ação automática, sem cálculo, fruto quase natural do aprendizado anterior que, em uma curiosa economia simbólica, nos diz o que fazer para conseguir o resultado mais adequado – de preferência, nos colocando em uma posição confortável.

Por exemplo, em nosso primeiro dia de aula em um curso superior, se nunca fizemos uma faculdade, estamos diante de algo desconhecido. Mas não totalmente: já tivemos vários "primeiros dias de aula". E, portanto, uma parte de nós sabe mais ou menos o que fazer ou não.

Como matriz geradora de comportamentos, seu *habitus* indica as melhores estratégias para usar naquele momento – por exemplo, ficar um pouco mais quieto no começo e momentos e observar como as outras pessoas estão fazendo. Aos poucos, arriscar alguma pergunta ou comentário até se sentir à vontade para agir de maneira mais descontraída. O tempo que isso demora depende, evidentemente, de sua trajetória anterior interiorizada na forma de seu *habitus*: uma história marcada por escolas absolutamente rígidas certamente pode deixar vestígios muito diferentes de quem frequentou colégios menos intransigentes em relação à disciplina.

O habitus e a trajetória social da pessoa

Mas por que falar em "trajetória social" e não, simplesmente, "vida"? Na Sociologia, como em qualquer área de estudos, o uso das palavras procura a maior precisão possível, mesmo levando em conta as limitações da linguagem. "Vida" não está errado, mas é algo muito amplo – inclui, por exemplo, todas as questões biológicas e ressonâncias psicológicas de um sujeito. Por *trajetória social*, definimos os espaços sociais por onde a pessoa passou e os relacionamentos mantidos em cada um.

É comum que a escola, por exemplo, faça parte da trajetória social de muita gente, mas você frequentou *um* colégio, em *uma* época, e teve contato com *um* grupo de pessoas. Seus pais, ou quem cuidou de você, matricularam você lá, entre outros fatores, pelas condições daquele momento e das expectativas para o futuro. Por isso, *uma* escola, não todas, não qualquer uma, fez parte de *sua* trajetória social.

Dito de uma maneira mais esquemática, com todo o risco que isso implica, a trajetória social de uma pessoa é a história de suas interações sociais mais marcantes: quem você conheceu para além de um nível superficial e deixou algum fragmento em seu modo de ser, agir e pensar. No seu *habitus*.

Nossa trajetória social é única e singular. Ninguém, nem mesmo uma irmã gêmea, teve exatamente as mesmas experiências. Por isso, seu aprendizado é único, e o *habitus* de cada pessoa, como reflexo dessa vivência, não é compartilhado por mais ninguém.

Ao mesmo tempo, muitas experiências pelas quais passamos são comuns a outras pessoas. Os elementos básicos da socialização, como ir à escola ou ter uma família imediata, não foram exclusividade nossa. Poderíamos ir até um pouco mais longe: todo mundo já teve um primeiro amor ou alguma paixão platônica, já viu um relacionamento ir por água abaixo e precisou construir outro, procurou emprego, ficou desempregado, achou algo melhor. Evidentemente "todo mundo", aqui, é uma generalização didática, e existem exceções. Mas, no conjunto da sociedade, essas experiências compartilhadas formam um princípio de comportamento, um *habitus*, relacionado aos espaços sociais que frequentamos.

Ao longo de quatro anos em uma faculdade, digamos, de *design*, você não aprendeu só as matérias e atividades; mais importante, aprendeu a ver o mundo como uma *designer* e, em certa medida, a se *comportar* como uma; notou qual é o vocabulário, o estilo de roupas, os modos de falar, que lugares frequentam, onde e como se divertem, até os livros, filmes e séries de TV que assistem. Você notou as práticas culturais de outros *designers*, seja de colegas mais velhos, seja de professoras e professores ou de outros profissionais. Se, no começo, isso provocou algum estranhamento, aos poucos você vai começar a adotar, de maneira quase inconsciente, essas mesmas atitudes, gostos e estilos.

Ao entrar em um campo, acrescentamos ao nosso *habitus* suas práticas, modos de agir, pensar e sentir – o *habitus* do campo. Por isso, mesmo depois de anos sem exercer uma profissão, alguns traços dela ainda podem existir em você, assim como em seu *habitus* existem traços de cada uma das pessoas que deixou uma impressão ao longo de sua trajetória social.

Gosto e habitus de classe

Ao incorporar o *habitus* de campo no nosso, passamos, de maneira quase inconsciente, a moldar nossas práticas de acordo com aquele espaço social. Até nossos gostos e percepções são, em alguma medida, compartilhados com as outras pessoas.

"Ah, mas eu gosto do que eu quiser" costuma ser a resposta mais comum diante dessa frase.

É verdade, o gosto é livre. Mas podemos perguntar até que ponto: o Campo da Música, por exemplo, tem um repertório e sustenta um gosto musical muito mais específico do que o Campo do Direito: o que uma advogada chamaria de "música clássica" uma pianista talvez definisse, em termos mais técnicos, como "música de concerto" – no Campo da Música, "clássico" se refere a um período, o "classicismo". Do mesmo modo, a música ambiente na sala de espera de um prestigiado escritório de advocacia, em um edifício contemporâneo no centro de uma grande cidade, dificilmente estará tocando, no último volume, o mais recente sucesso sertanejo, um *funk* ou um clássico do *death metal*: no máximo, uma música ambiente, relativamente calma, paradoxalmente feita para não ser notada.

Na hora do almoço, advogadas e advogados desse escritório provavelmente não vão se aventurar no dogão da esquina, pedindo, com requintes de técnica, "capricha na batata palha aí!". O destino mais provável é um restaurante por quilo ou algo semelhante.

"Mas eles podem ir onde quiserem". Poder, pode. Mas não *pega bem*, e nosso *habitus* tem o poder de indicar, rapidamente, o que é bem ou mal visto no campo onde estamos. Pessoas aparentemente desprovidas dessa capacidade de elaborar um rápido julgamento de valor referente a uma conduta tendem a receber olhares deslegitimadores, de estranhamento, quando não comentários francamente negativos ("nossa, viu o que ele fez?"; "ele é muito sem noção").

Para usar outro exemplo, a exibição de um gosto estético muito acima da média do campo onde se está inserido pode, igualmente, causar uma impressão negativa decorrente do uso incorreto de um capital intelectual em um lugar onde se está ("nossa, ele só gosta de filme de arte"). Do mesmo modo, a demonstração da ausência de capital necessário em um campo pode, igualmente, levar a uma perda de prestígio em virtude da incompatibilidade entre o esperado e a verdade ("nossa, cada filme que você assiste, só tem explosão e perseguição").

O estranhamento quase ofensivo decorrente desse tipo de comentário revela que nossos gostos, assim como outras práticas, aparentemente inevitáveis, óbvias e naturais, são o resultado de um complexo aprendizado indireto ao longo de nossa trajetória social.

O efeito de distinção

Em termos mais amplos, frases como essas, por exemplo, em relação ao gosto de uma pessoa, são muito eficazes para demarcar as desigualdades sociais e, em alguns casos, mostrar imediatamente qual é o lugar que uma pessoa ocupa na sociedade – e o que isso significa em termos de seu prestígio e reconhecimento social. Você pode gostar de filmes de super-heróis, ou de dramas sul-coreanos, mas talvez tenha aprendido que, onde "realmente importa" (por exemplo, nas instâncias legítimas de reconhecimento social), o gosto por Clarice Lispector ou Machado de Assis tende a ser muito mais aceito do que o entusiasmo pela Mulher Maravilha ou pelo Homem-Aranha.

Você pode usar as roupas que achar mais legais, mas se precisar ir a algum lugar "importante", deverá usar algo mais rigoroso e apropriado – se você for homem, por exemplo, o terno e gravata (não deixa de ser irônico que esse tipo de vestimenta se chame justamente "roupa social", como se todas as outras não fossem, especificamente, *sociais*). Pessoalmente você pode achar tremendamente incômodo usar roupas assim, e até mesmo questionar sua utilidade ("qual o sentido de usar gravata em um clima tropical?"; "por que esse negócio aperta?"), mas percebe a relação entre esse modo de se vestir e a importância dos lugares onde isso é requerido.

O poder simbólico

O mundo social é preenchido por essas classificações, definições mais ou menos visíveis, marcadores simbólicos do prestígio atribuído de cada espaço social. Mais do que ver, você *sente* isso na pele quando precisa, por qualquer motivo, frequentar algum espaço muito diferente das condições onde geralmente vive. Por exemplo, se você foi uma aluna bolsista em uma escola de elite, vinda de uma condição de maior vulnerabilidade social, há uma chance de seu *estilo de vida* destoar de boa parte de seus colegas, desde as opções de diversão até a qualidade do material escolar. E, para quem está em uma situação dessas, pequenos gestos e atitudes podem ser altamente reveladores dessa diferença – ninguém precisa de uma explicação sociológica para entender o sofrimento social dos pequenos rituais de humilhação pelos quais alguém em uma situação assim pode passar.

Esse poder invisível, presente desde as grandes classificações sociais até as pequenas interações cotidianas, é chamado por Bourdieu de *poder simbólico*. Para ele, diferente de outros tipos de poder, definidos a partir de uma pessoa ou de um conjunto de regras, o poder simbólico é *invisível*, isto é, raramente se apresenta de maneira aberta e definida. Ao contrário, sua presença geralmente é vaga, incerta, procurando se desviar até mesmo dos olhos mais atentos a partir de sutis variações de linguagem, das práticas e dos discursos.

Mais ainda, e essa pode ser uma afirmação bem antipática de Bourdieu, seu poder reside no fato de ser exercido, muitas vezes, com a *cumplicidade involuntária* dos dominados; levar uma pessoa a agir contra seus próprios interesses, e ainda acreditar que está fazendo o melhor para si mesma: essa talvez seja a forma mais forte de *violência simbólica* que pode ser exercida contra um indivíduo ou um grupo social.

Vale, aqui, uma explicação.

Se o poder simbólico é invisível, essa cumplicidade é inconsciente. Evidentemente ninguém joga contra si mesmo por livre e espontânea vontade, sabendo o que está fazendo – se alguém faz isso, entramos no terreno da Psicologia. Em termos teóricos, essa forma máxima de violência simbólica pode ser vista quando uma pessoa adota modos de pensar e entender a realidade a partir de categorias que *reforçam* sua condição dominada.

Um exemplo pode ajudar aqui.

O discurso contemporâneo da positividade, dedicado a mostrar sempre que está tudo bem, destacando os aspectos mais brilhantes e diminuindo a importância de problemas pode ser um indício desse tipo de violência. Em alguns casos, toda uma linguagem é remodelada, em alguns espaços, para eliminar a aparência de qualquer ponto negativo e cultivar sempre um espírito de positividade. Isso obriga o indivíduo a manter todos os problemas na esfera pessoal, mesmo aqueles existentes nas relações profissionais. Essa obrigação de ser feliz e positivo, deixando de lado as dimensões sombrias que também fazem parte da vida, é uma maneira de obrigar o indivíduo a agir contra si mesmo – uma forma de violência simbólica que legitima a si mesma: como ninguém pode dizer que está ruim, tudo vai bem.

Os caminhos da violência simbólica

Quando, em outro exemplo, uma pessoa de um grupo historicamente oprimido adota um discurso que invisibiliza essa condição, procurando se identificar com as categorias dos grupos dominantes, é possível trabalhar em termos do poder simbólico em ação. A título de exemplo, é relativamente comum encontrar, em várias mídias, histórias de pessoas que, saindo de uma situação amplamente desfavorável, conseguiram obter sucesso profissional em sua área.

Existe, às vezes, um certo discurso implícito no sentido de indicar "se ele conseguiu, você também consegue". Sem, de maneira nenhuma, tirar o mérito de quem obteve sucesso, o discurso "você também consegue" às vezes esconde uma complexa armadilha simbólica: ao lançar toda a responsabilidade sobre o indivíduo, pode deixar de lado a importância das condições sociais, de um lado, e desvalorizar algumas das eventuais redes de apoio, de outro. (Sem falar que o efeito por ser contrário: ver o sucesso de alguém que começou do mesmo lugar que você pode servir só para te lembrar que você *não* chegou lá).

No entanto, uma pessoa pode, por várias razões, adotar o discurso "todo mundo consegue, basta querer", mesmo quando isso se choca frontalmente contra as condições sociais onde vive. Pode acreditar que, se alguém não obtém sucesso profissional, é porque não tem competência ou não foi persistente o suficiente (em termos de alguns discursos, não "acreditou" ou "não correu atrás do sonho").

Alcançar posições mais altas em um campo requer um investimento no capital simbólico considerado mais válido nesse espaço, com a maior taxa de conversão. Na prática, em geral, quem já tiver o maior capital simbólico, em um campo, sai na frente das outras pessoas. Se uma pessoa teve condições de estudar nos melhores colégios de sua cidade, aprender dois idiomas, frequentar um cursinho pré-vestibular de primeira linha, entrar em uma faculdade no topo de qualquer avaliação e ainda cursos de especialização no exterior, seu capital simbólico para entrar em seu campo será tendencialmente superior a quem faz uma faculdade menos reconhecida trabalhando o dia inteiro para conseguir pagar as mensalidades.

Os discursos sobre a igualdade de oportunidades, por exemplo, costumam deixar essas diferenças de lado e jogar toda a responsabilidade no indivíduo – daí a violência simbólica presente na adoção desse tipo de ponto de vista por pessoas historicamente *fora* do circuito de oportunidades. E este, evidentemente, é apenas um exemplo.

O habitus de quem pesquisa

A construção de um olhar sociológico leva em consideração – e respeita, evidentemente – as opções das pessoas enquanto indivíduos responsáveis por suas escolhas. Ao mesmo tempo, questiona quais são as raízes sociais dessas decisões, como elas se inscrevem no *habitus* de cada um e, ao mesmo tempo, representam estratégias de ação no mundo social.

As práticas sociais, em toda sua variedade, escapam de qualquer interpretação redutora. Por isso mesmo, compreender os vários fatores ligados a cada ação pode ajudar a entender melhor o que acontece. A combinação entre campo + *habitus* é uma das principais matrizes de ação, tanto individual quanto coletiva, contribui para entendermos a razão prática que orienta as atitudes de algumas pessoas. Mesmo quando essa matriz, de tanto ser usada, deixa de ser percebida, como costuma acontecer na vida cotidiana. Para retomar seu sentido simbólico, precisamos interromper o fluxo normal dos acontecimentos e, ainda que de maneira bem rápida, demarcar nossas atitudes. É isso que fazem as organizações da sociedade, que veremos na próxima parte do livro.

CAPÍTULO 11
Instituições, grupos e redes sociais
Um dia eles vão te pegar

> *Não tem centro, ela vem de um*
> *Lado e vai para o outro é como se*
> *Não tivesse começo nem fim tudo*
> *É branco e imediatamente não é*
> *Uma espécie de ser ou não ser*
> *Contínuo*
>
> Júlia Pedreira, Fissura na neblina, p. 31

Muitos anos atrás, morei em um pequeno edifício em um bairro próximo ao centro de São Paulo. Era um prédio antigo, provavelmente dos anos 1960, com uma escadaria de pedra e um elevador das antigas, com aquelas portas de deslizar – tempos mais tarde aprendi que se chamavam "portas pantográficas". Ao contrário dos grandes condomínios típicos de qualquer cidade grande, aquele tinha apenas doze apartamentos, distribuídos em quatro andares. A proprietária morava no último andar e, para garantir a boa convivência, havia instituído um conjunto de regras sobre o comportamento esperado de quem morava lá.

Quem quisesse morar lá e usufruir dos benefícios da localização do prédio e das boas condições do apartamento precisava, na assinatura do contrato de aluguel, concordar com as regras instituídas. Em caso de violação, havia uma multa estipulada em contrato. Regras que definem o comportamento dos indivíduos, válidas para todas as pessoas em uma situação, com vistas a uma finalidade: isso é uma *instituição social*.

Em geral, quando falamos em "instituições sociais", geralmente lembramos de lugares mais ou menos fixos onde realizamos atividades específicas, como a escola ou uma igreja. Aliás, podemos até mesmo usar expressões como "instituição de ensino" ou "instituição religiosa" para designarmos esses locais. Essa definição inicial não está errada, mas a ideia de uma instituição vai além disso. Uma instituição social, na sociologia, é um pouco menos intuitiva do que a associação com lugares ou atividades específicas.

Em linhas gerais, poderíamos começar entendendo uma instituição social como um tipo de interação entre pessoas definido por modelos previamente estabelecidos ou "instituídos", de onde a ideia de "instituição". Usando um vocabulário um pouco mais teórico, poderíamos dizer que uma instituição é uma *prática* socialmente definida que independe dos sujeitos que a praticam. Essa ideia está no livro *Sociology*, dos sociólogos estadunidenses Brigitte e Peter Berger, e ajuda a pensar instituições como as práticas instituídas e aceitas pela sociedade.

Em sua origem, a palavra "instituição" vem do latim *instituere*, que se refere a "criar algo sólido" e bem definido (para você ter uma ideia do quanto, uma raiz mais antiga de "instituição" é a mesma da palavra "estátua"). Algo instituído, portanto, se refere a algo mais ou menos rígido, feito para durar, voltado para uma finalidade. A partir disso, podemos também entender a instituições sociais como um tipo de *interação* definido de maneira rígida por regras impessoais, e voltadas para algum tipo de finalidade.

A instituição como prática social

Geralmente pensamos em "instituições" para falar de situações impessoais, como, mantendo o exemplo, uma escola ou uma igreja. A palavra se aplica, no entanto, até para as situações mais íntimas, nas quais nosso comportamento também está socialmente institucionalizado.

Morar em um condomínio, por exemplo, é uma situação institucionalizada: existem regras específicas voltadas para definir o comportamento das pessoas nessa situação (os "condôminos") com o objetivo de garantir a melhor convivência possível. Qualquer pessoa na instituição "condomínio" está sujeito ao mesmo conjunto de regras – elas são institucionalizadas e, por isso, feitas para durar: não podem ser modificadas em cada situação, ou porque uma ou outra pessoa pediu: uma das principais maneiras de garantir a institucionalização de qualquer comportamento é, exatamente, a partir da repetição rigorosa – o paralelo entre "instituição" e "estátua", afinal, talvez não seja tão distante.

Um condomínio, no entanto, ainda é uma situação social fácil de identificar como "institucional": existem, inclusive, contratos assinados garantindo o cumprimento das regras.

Instituições sociais, na prática, podem funcionar de maneira muito mais sutis. Suas regras nem sempre estão escritas. Em alguns casos, talvez você nem desconfie que alguns de seus comportamentos, por mais pessoais que se mostrem, são, na verdade, altamente institucionalizados.

Por exemplo, um namoro é uma instituição social.

Duas pessoas e uma sociedade

"Não tem nada de social no meu namoro, só eu e a outra pessoa", você pode responder.

E estaria certa, porque a noção é contraintuitiva. Certamente seu namoro é só de vocês dois, e que continue assim. Seu namoro é altamente pessoal, e existe toda uma série de comportamentos exclusivos – lugares que vocês visitaram, seus apelidos, os modos de falar, mensagens trocadas e assim por diante. Se quiser ir um pouco mais além, vocês dois significam algo único e especial um para o outro, insubstituível, exclusivo (vamos parar por aqui).

Por que, então, dizer que um namoro é uma instituição social? Basicamente, porque existem comportamentos socialmente instituídos para definir um relacionamento a dois como "namoro" (e não, digamos, como "amizade" ou "ficada").

Qualquer que seja o tipo de namoro, existem práticas específicas (exclusividade, atenção mútua, troca de mensagens, postagem fotos de vocês em redes sociais, interação frequente, modulação afetiva da fala, algum grau de contato físico e assim por diante) sem as quais uma interação não pode ser chamada de "namoro". Um namoro, portanto, é um conjunto de práticas socialmente instituídas, responsáveis por definir esse tipo de interação – não importa quem você namore, a pessoa precisa se comportar como seu namorado. "Se comportar como": essa é a chave para entender o que é uma instituição social.

Evidentemente, cada pessoa pode se adequar mais ou menos bem ao que se espera dela em uma instituição. Um casal de namorados pode ser formado por duas pessoas com concepções muito diferentes sobre o que é "namoro", e essa divergência rapidamente tende a se tornar uma fonte de conflitos. No limite, ruptura: se uma das pessoas não aceitar o modelo de comportamento "namoro", o resultado tende a ser bem complicado.

Daí o problema quando, às vezes, você está namorando com uma pessoa, mas ela não está namorando com você. O problema é de ordem sociológica, decorrente de uma incompatibilidade na perspectiva institucional adotada pelos participantes.

O conceito de instituição social

Dessa maneira, instituições sociais podem ser definidas, agora de maneira mais próxima, como um conjunto de práticas que independem dos praticantes para existirem. Ou, em termos mais acadêmicos, é uma *prática que independe dos sujeitos*. Uma igreja não depende de cada fiel, diácono ou sacerdote específico para existir, assim como um hospital não está definido pelo fato desta médica ou daquele auxiliar trabalharem lá. Existem, na realidade, *práticas institucionalizadas* – os cargos de médica, enfermeiros e auxiliares de enfermagem, tanto quanto de recepcionista e responsável pela farmácia. Cada uma dessas atividades é previamente definida, e costumam durar mais do que seus ocupantes ocasionais.

"E se todo mundo, no caso, parar de ir à igreja ou à escola?"

É possível, pensando em uma situação extrema, que um templo religioso, ou até mesmo uma denominação, deixe de existir se ninguém aceitar participar dos cargos institucionalizados. No entanto, a instituição social "religião" e "escola" continuam existindo enquanto houver pessoas dispostas a assumir os lugares sociais institucionalizados – sacerdotes e fiéis, em um caso, docentes e alunos, em outro.

Uma escola não é uma instituição social por estar localizada em um lugar, ter professoras, professores e estudantes, carteiras, livros e cadernos. O *tipo de relação* entre as pessoas nesse local é o elemento responsável por definir seu caráter institucional: só dizemos que um lugar é uma escola porque a interação entre as pessoas lá dentro obedece a regras bastante rígidas, e o comportamento de cada uma está previamente definido – ou "instituído", para você não esquecer – a partir de normas e regulamentações.

Na prática, tanto faz – expressão pesada, mas típica da impessoalidade institucional – quem são os docentes ou os alunos, contanto que o modelo de ação "professor" e "aluno" seja preenchido por alguma pessoa. *Qualquer* pessoa, aliás: para as instituições, o cargo, ou a posição, importa mais do que seus ocupantes.

Quase todos os nossos comportamentos são institucionalizados, isto é, previamente definidos em termos dos modelos aceitos em cada situação. De certa maneira, uma das características de qualquer instituição social é direcionar o comportamento das pessoas vinculadas a elas. Por isso, em geral, instituições sociais tendem a ser mais ou menos rígidas: qualquer atitude ou comportamento não sancionado ou aceito pela instituição costuma ser visto com maus olhos – no limite, são punidos com maior ou menor rigor.

Os vínculos institucionais

Estamos ligados a instituições sociais o tempo todo. Ao entrarmos em uma instituição, quase imediatamente precisamos adotar os modelos de comportamentos existentes em cada uma delas, e isso leva a uma mudança no *papel* a ser exercido em cada uma delas.

Todos os dias, quando você acorda, está vinculada a uma instituição social, sua família. Mesmo que você more sozinha, o espaço de intimidade doméstica tende a remeter a algum tipo de vínculo familiar.

A instituição "família", por exemplo, tem uma série de cargos – vamos chamar assim – previamente definidos, a serem ocupados por pessoas a partir de laços de parentesco, geração e idade. O cargo de "chefe de família", durante décadas entendido como sinônimo de "homem" (às vezes a expressão era "homem da casa"), há muito tempo é exercido principalmente por mulheres – a ocupante do cargo é outra, mas a posição institucional permanece a mesma.

Ao colocar o pé do lado de fora da porta de seu apartamento, as regras institucionais são as do condomínio; pegou o ônibus, você está no espaço institucionalizado do Estado que provê o transporte público e da empresa operadora da linha; encontrou seu namorado na hora do almoço, migrou para a instituição "namoro" e assim por diante. Cada uma dessas instituições estipula quais são os *tipos de interação* esperados, os *prêmios* por se comportar de maneira esperada e as *punições* para quem fizer de outra maneira.

Sim, porque o binômio *prêmio-punição* é uma das principais características de qualquer instituição e, provavelmente, a principal maneira pela qual elas se mantêm e se reproduzem em cada novo participante. A fidelidade às regras institucionais permite aos indivíduos desfrutarem dos benefícios do vínculo, o "prêmio"; na mesma medida, a quebra de algo instituído leva ao seu oposto, a "punição", variando em grau e intensidade.

Talvez um exemplo desse binômio seja a instituição escolar, no qual prêmios e punições estão entre os principais ingredientes para manter o vínculo institucional, ressaltando as condutas mais próximas das regras – e mostrando o que acontece com quem sai da linha. Evidentemente se trata de uma generalização didática, e cada escola tende a se mostrar mais ou menos permeável a essas práticas. A possibilidade, no entanto, existe.

Quando falamos em instituições sociais, estamos falando em um complexo modo de manter o poder em circulação na sociedade e, de certa maneira, preservar a ordem social. Isso pode, imediatamente, gerar uma pergunta: de onde vem o poder das instituições?

Três características das instituições

Seguindo o texto de Peter e Brigitte Berger, podemos ver três principais características de uma instituição.

Instituições são anteriores ao indivíduo – Instituições sociais precedem o indivíduo; família, escola, religião, namoro e casamento já existiam bem antes de você vir ao mundo, e provavelmente seguirão bem depois de você. Ao nascer, você já estava em um mundo altamente institucionalizado. Gostando ou não, você *já nasceu* em uma família; ela tem uma história, e você passou, mesmo sem saber, a fazer parte dela; você não pode escolher ser chamado desta ou daquela maneira, e ninguém te consultou sobre seu nome. Desde pequena eles mostravam quais eram os comportamentos esperados: adequação à instituição resultava em algum tipo de prêmio ou benefício; rebeldia e questionamento poderiam significar uma punição. Ao mesmo tempo, essa instituição garantia sua sobrevivência e, espera-se, seu bem-estar e dignidade, protegendo de qualquer ameaça externa – o objetivo da instituição. Esse mesmo processo, com as devidas alterações, vai acontecer nas outras instituições com as quais você tiver um vínculo.

Instituições são externas ao indivíduo – Como vimos, uma instituição social não depende desta ou daquela pessoa, em particular, para existir. Se você trancar a matrícula de sua faculdade, provavelmente suas amigas e amigos mais próximos, assim como professoras e professores, vão sentir sua falta: trata-se de uma relação próxima, e, no caso da amizade, *pessoal e altamente subjetiva*; por outro lado, para a instituição, você será um número de matrícula cancelado, a ser substituído o quanto antes por outro número: a relação é *impessoal e objetiva*. Não é um problema *com você*: a instituição, para se manter como tal, raramente pode se permitir qualquer mudança de ordem individual, pessoal ou subjetiva.

Instituições conferem algum tipo de prestígio aos seus participantes – Uma universidade classificada entre as melhores do mundo transfere essa importância aos seus estudantes; uma empresa líder em seu setor garante o *status* de seus funcionários, sobretudo nos cargos mais altos. Quanto mais uma instituição for importante, mais bem definidas serão suas fronteiras e mais difícil será o ingresso. O processo seletivo das melhores universidades, ou das melhores empresas, tende a ser bastante rígido e difícil em comparação com instituições de menor prestígio. Ser parte de uma instituição significa responder a obrigações proporcionais – espera-se – aos benefícios recebidos: quando não há dificuldades de ingresso, geralmente o prêmio também não é muito alto. O vínculo da ruptura é proporcional ao benefício e ao prestígio: é mais fácil, por exemplo, mudar de religião quando se é apenas mais um fiel do que quando se ocupa já alguma posição na hierarquia religiosa.

"Já preencheu a papelada, Wazawski?"

Você já assistiu um filme chamado *Monstros S.A.*? Nessa fábula, acompanhamos o cotidiano de dois monstros, Sullivan e Michael Wazawski, em seu trabalho na Monstros S.A., empresa responsável por gerar energia na cidade de Monstrópolis. Eles atuam no departamento de sustos – sua tarefa é assustar crianças e coletar seus gritos de pânico que, após serem processados, são transformados em um tipo de energia. O enredo poderia ser aterrorizante, mas é tratado em outro registro no filme.

Um ponto interessante é pensar na empresa como uma instituição social: apesar de ser operada por monstros e ter como finalidade produzir energia a partir do susto de crianças, trata-se de um lugar bastante familiar a quem já trabalhou em uma grande empresa. Há departamentos muito bem delimitados, uma organizada burocracia interna – a monstra responsável pelo setor, Roz, é protagonista de vários momentos cômicos em sua busca por ordem no preenchimento de documentos, "a papelada", como diz. Há memorandos, distribuição de cargos e funções, problemas cotidianos e até disputa por produtividade – há, entre os assustadores, uma classificação de acordo com a quantidade de energia gerada.

Para além do lado de fantasia da história, o filme mostra um ponto fundamental para entender os processos de institucionalização: divisão de tarefas, organização, algum grau de controle interno e a delimitação de atividades voltadas a um fim. Mais do que isso, uma certa impessoalidade – só acompanhamos a história por participarmos do cotidiano dos protagonistas para além da fábrica.

Instituições e aprendizados

É nas instituições que aprendemos, de maneira mais ou menos direta, os significados do mundo social. Esse aprendizado começa ainda na família, passa pela escola, pelos circuitos institucionais que escolhemos frequentar (religião, esporte, artes) e são responsáveis, em boa medida, por nos mostrar um panorama do mundo social – instituições nos oferecem, em geral, *visões de mundo* dentro das quais podemos nos localizar. Se fazem a ponte entre os indivíduos e o mundo social, são também microcosmos das práticas da sociedade, em seus aspectos de conflito e de cooperação. Mergulhar em suas dinâmicas é entender um pouco melhor como elementos mais amplos formam a sociedade.

A formação dos laços sociais

Quando eu era criança, minha mãe tinha, em casa, um fichário com receitas de comidas. Dois, na verdade: um para doces e outro para salgados. O texto era organizado sempre do mesmo jeito, começando com o título ("Bolo de chocolate"; "Bolo Mármore"), passando para a lista de ingredientes e o modo de fazer. Invariavelmente, em algum momento, terminavam com "assar" ou "fritar", exceto os mais ousados, com indicações de "cobrir com chantilly" ou "acrescentar calda de chocolate". Mas tinha algo a mais: no alto de cada página, no canto à direita, havia sempre algum nome, como "Tia Anita", "Ofélia", "D. Caetanina", "Alice": minha mãe anotava o nome de quem tinha passado a receita para ela.

Cada uma dessas pessoas, por sua vez, tinha aprendido a receita de alguém mais velho – mães, avós, parentes e amigas. Isso significa que, na prática, algumas receitas do fichário podem muito bem ter sido criadas no século XIX. Eram transmitidas sobretudo por via oral, em conversas informais, como parte de uma prática social comum: trocar receitas.

Naquela época pré-internet, pré-redes-sociais, pré-mecanismos-de-busca, aprender a fazer um prato novo podia ser uma aventura. Havia alguns programas de culinária na televisão, e livros de receitas – alguns famosos, como o *Receitas União* ou *A alegria de cozinhar*, de Helena Sangirardi.

O jeito mais comum de aprender um prato novo, entretanto, eram as relações pessoais: o ato de "passar uma receita" era um indicador de boas relações e proximidade social.

O conceito de sociabilidade

Em termos acadêmicos, não seria estranho falar na circulação social de receitas como forma comum de sociabilidade. "Sociabilidade", em linhas gerais, pode ser definida como o tipo de vínculo que as pessoas têm umas com as outras. Existem vários tipos de sociabilidade, de acordo como momento e as circunstâncias em que estamos inseridos: o vínculo entre torcedoras e torcedores em um estádio de futebol é um tipo de sociabilidade, isto é, uma maneira de se relacionar, bem diferente da ligação entre as pessoas de uma mesma família na hora do jantar. E, se cada pessoa estiver olhando para seu *smartphone* em vez de interagir com as outras, teremos a presença de outro tipo de sociabilidade.

Por que a sociabilidade é importante?

Porque o tipo de vínculo que temos com os outros, em um momento, ajuda a definir o comportamento de todas as pessoas envolvidas. Dito de outra maneira, o comportamento de uma pessoa depende, em parte, do tipo de sociabilidade. No limite, temos o comportamento antissocial, no qual a pessoa simplesmente recusa a construção de qualquer tipo de sociabilidade; em termos mais comuns, aprendemos, ao longo da vida, a construir e cultivar determinados tipos de laço social.

Eles dizem muito sobre a época na qual vivemos: o vínculo de sociabilidade pautado na troca de receitas, por exemplo, pode ser totalmente desconhecido para pessoas nascidas no ano 2000, mas eram fundamentais para mulheres nascidas em 1900 – e vamos entender melhor esse marcador de gênero.

Proximidade, distância e sociabilidade

A expressão "Me passa a receita?" marcava um momento de aproximação entre duas pessoas, geralmente depois de comerem algo particularmente bom. Pedir a receita era, portanto, um elogio indireto à competência culinária da pessoa. Não se pedia a receita em qualquer lugar, ou para qualquer um: era necessário algum grau de proximidade para isso.

Era também um indicador de classe social, faixa etária e gênero. Naquele momento, em que o patriarcado e o machismo circulavam com total liberdade, cozinhar era uma tarefa exclusivamente feminina, e trocar receitas era "assunto de mulheres" (enquanto homens só falavam de coisas consideradas então "sérias e importantes" – na concepção daquela época, é bom lembrar).

A troca de receitas era parte integrante da conversa entre as mulheres, geralmente casadas, interessadas em aprender mais um truque na sua atividade principal, cuidar da casa. Moças solteiras não estavam livres disso, porque saber cozinhar fazia parte de um longo aprendizado das tarefas domésticas iniciado ainda na infância. Mesmo trabalhando fora, esperava-se dedicação aos trabalhos domésticos, e aprender novas receitas era um indício de ser uma "boa esposa" – novamente, na concepção da época.

Um marcador racial, quase totalmente invisibilizado, podia ser vislumbrado quando a receita vinha "da empregada": essas trabalhadoras, em sua maioria mulheres negras, eram uma fonte invisível de novas ideias, passadas adiante a partir da sociabilidade das patroas. A invisibilidade de sua presença era reforçada pelo fato de deterem um saber considerado pouco importante, interessante apenas enquanto atendia a uma necessidade específica.

Para a maior parte das mulheres de classe média para baixo, aprender novas receitas com parentes e amigas era uma maneira de lidar com ingredientes de modo econômico, provendo uma comida forte o suficiente para segurar um dia de trabalho da família. Só para você ter uma ideia, uma das receitas de bolo de fubá aqui do fichário leva 500g de açúcar + 200g de manteiga, fora meio litro de leite integral: calorias e colesterol não estavam nas preocupações do dia em uma época na qual o sedentarismo ainda não existia, e as pessoas estavam acostumadas a andar a pé – bondes e ônibus tinham circulação restrita, e carros eram artigo de luxo.

Rede sociais e vínculos rápidos

A troca de receitas era uma *rede social*. Em 1960.

"Mas não existiam redes sociais no século XX", seria um questionamento absolutamente válido. Vamos lembrar algo importante: não existiam as redes sociais em plataformas de *mídia digital*. Mas, e esse é um ponto importante, redes sociais são um tipo de sociabilidade, e não precisam, necessariamente, da Internet, de sites ou aplicativos. A tecnologia facilitou bastante a criação e manutenção de vínculos de rede, mas, ao que tudo indica, redes sociais existem há milhares de anos – as rotas comerciais ou a troca de receitas são um exemplo.

Uma rede social é um tipo de vínculo caracterizado por ser (1) rápido de formar e de desfazer; (2) modular: não há quantidade máxima ou mínima de pessoas e (3) caracterizado pelos "laços fracos" entre seus participantes – esta expressão é de Mark Granovetter, um dos pioneiros do estudo de redes sociais, olha só, nos anos 1960.

Vale destacar cada um desses pontos.

Uma das primeiras características de uma rede social é a velocidade. Elas podem se formar e se desfazer com muita rapidez, dependendo exclusivamente da intensidade da troca entre seus participantes.

No exemplo com as receitas, a rede se formava cada vez que duas ou mais pessoas começavam a falar sobre comida e, em algum momento, mencionavam os modos de preparo ou os ingredientes – e, principalmente, o resultado. Para formar uma rede, os participantes não precisam necessariamente ser amigos, nem mesmo se conhecerem muito bem. Basta um interesse em comum – pense em quantas pessoas você conhece *de verdade* em todos as suas redes sociais no ambiente digital: todas? Algumas? Quase nenhuma? Para entrar em um grupo em aplicativos (uso "grupo" aqui só para facilitar a vida; sociologicamente o conceito talvez seja outro) você não precisa ser amiga de todas as outras; muitas podem ser apenas conhecidas e, em redes maiores, nem isso.

Por isso, redes sociais são *modulares*. Podem ser formadas por qualquer número de pessoas, desde as três ou quatro interessadas em trocar imagens de obscuras séries de ficção científica até os milhões de seguidores de uma celebridade ou influenciadora. Um grupo não pode crescer indefinidamente sob o risco de perder suas características; uma rede, ao contrário, comporta qualquer número de pessoas. Isso acontece porque não há necessidade de grande proximidade – o laço entre elas, como explicou Granovetter, é *fraco*.

Na prática, isso significa que não preciso ter uma ligação maior com as outras pessoas em uma rede: sabemos quais são nossos objetivos e podemos, em alguns momentos, trocar informações ou até mesmo nos ajudar mutuamente (quando, por exemplo, você pede uma informação em um grupo), mas não precisamos ir além disso.

Não é coincidência que redes sociais tenham se tornado um dos principais tipos de vínculo contemporâneo. A superficialidade dos relacionamentos em rede se adapta perfeitamente a uma época pautada pela velocidade, na qual estamos sem tempo para nada – e relacionamentos mais profundos demandam tempo. Redes sociais não exigem que você conheça outras pessoas para além de um nível imediato, o que torna a participação em uma delas muito fácil em termos de intensidade afetiva. Você pode, em geral, entrar e sair de uma rede sem o menor problema.

Nada impede, na prática, de transformar os vínculos de rede em algo mais profundo – mas aí já estamos falando de outro tipo de sociabilidade que, às vezes, confundimos com redes: o *grupo*.

As relações de grupo

Você já ouviu a expressão "o todo é a soma das partes"? Em termos matemáticos, essa afirmação está correta, sem problema nenhum. Um *smartphone* é o conjunto de cada um dos seus componentes, desde a tela, passando pelo processador, a memória e a bateria. Não tem como ser de outra maneira, e estamos quase namorando o óbvio aqui.

Talvez.

Desde o início do século XX, pesquisadoras e pesquisadores de várias áreas começaram a propor uma revisão ousada nessa afirmação, desafiando a ideia comum e afirmando algo em outro sentido: o todo é *maior* do que a soma das partes. A diferença não está nos componentes individuais, mas depende de sua *organização*, isto é, da maneira como a *relação* entre eles é organizada. Posso juntar todas os componentes de um *smartphone* sobre uma superfície, e tudo o que terei é um monte de peças jogadas em cima da mesa.

Para isso se transformar em um aparelho altamente especializado, é necessário juntar esses elementos de uma maneira específica, dar a eles uma *forma* – esse é o fator invisível para transformar o todo em algo diferente da simples soma das partes. "Forma" ou "organização", aqui, se refere ao modo como os componentes de alguma coisa são organizados, e a disposição dos elementos muda o resultado final – daí a ideia de que o todo é diferente da soma das partes.

Em uma primeira definição, um grupo é um todo organizado segundo uma forma específica, responsável por regular a relação entre seus componentes. Uma sala de aula é um grupo, não uma rede, porque existe um tipo de relação organizada e definida entre as pessoas naquele espaço. Isso, aliás, começa com a divisão física entre as carteiras e a frente da sala onde fica uma professora ou um professor.

A organização dos lugares, ou seja, a distribuição ordenada do espaço, é fundamental para criar ou desenvolver os laços de amizade – ligações de rede se formam em qualquer situação; vínculos mais profundos, em geral, apenas em grupos. Você viveu isso durante toda sua trajetória escolar: as pessoas sentadas ao seu redor, em boa medida, formavam seu círculo imediato de amizades e proximidade. Não por acaso, quando um professor queria diminuir a quantidade de conversas, ele mudava alguém de lugar, isto é, alterava a *forma* da sala – e, no vínculo de grupo, a organização e a forma são fundamentais. No limite, ao colocar alguém para fora da sala, fazia uma alteração mais radical no conjunto, desestabilizando o todo das relações.

Geralmente, e isso não é coincidência, movimentos desse tipo costumam ter um impacto muito maior no conjunto. Os sistemas sociais, como veremos no próximo capítulo, trabalham de uma maneira semelhante.

Do indivíduo ao social

Grupos são um espaço intermediário entre o indivíduo e a sociedade, e se apresentam como um tipo de laço mais forte e durável, marcado por uma intensidade maior das relações. Amizades, família e relações de trabalho estão entre os principais grupos pelos quais um ser humano passa ao longo de sua vida, e os vínculos formados nesses espaços costumam ter uma importância alta, às vezes decisiva, em suas atitudes e comportamentos. Por isso, vínculos de grupo são fundamentais no processo de socialização: a partir deles, o indivíduo encontra alguns de seus marcadores de identidade, reconhecendo-se como parte de algo maior, a partir do qual define, em parte, seu modo de ser.

Grupos e comunidades

Há um ponto fundamental na relação de grupos: a *reciprocidade* esperada entre seus participantes. Você me ajuda hoje, eu te ajudo amanhã, o todo ajuda um, um ajuda o todo. Romper com essa dinâmica cria sérios problemas: se um indivíduo quebra a expectativa do grupo, há uma chance de seu vínculo ser questionado e, no limite, sua participação ser cortada.

O vínculo de grupo está baseado na construção de algo em comum; uma *comunidade*.

Ao contrário da rede, na qual elementos diferentes podem se reunir em praticamente qualquer configuração, o grupo se caracteriza por interesses próprios, pela permanência e intensidade dos laços entre os participantes. O vínculo de comunidade vai além do interesse, em implica um compromisso de reciprocidade entre seus participantes no sentido de acionar, quando necessário, todos os recursos para manter o grupo funcionando.

Por isso, fazer parte de um grupo é identificar algo em comum pertencente a cada uma das pessoas, mas que só funciona quando organizado no todo. Uma pessoa andando por aí com a camiseta de sua banda preferida, mesmo se estiver sozinha, mostra seu vínculo de grupo; isolada, no entanto, sua importância tende a ser pequena. Mas, quando está com outros fãs da banda, a relação se transforma: é um espaço onde *compartilha* sua preferência com os outros, no qual todo mundo tem algo em comum.

Mas podemos ir mais a fundo no vínculo comunitário.

O centro da palavra *communis* é formado pelo que parece ser uma raiz ainda mais antiga: *múnus*. Essa palavra, sem uma tradução completamente exata, se refere ao elemento de reciprocidade existente entre as pessoas de um grupo. Poderíamos, para facilitar, entender esse *múnus* como o compromisso formado dentro de um grupo, a expectativa de auxílio e participação existente entre as pessoas. (Você conhece um uso contemporâneo dessa palavra: quando o vínculo de retribuição não é em amizade, mas em dinheiro, a pessoa foi *remunerada*, ou, pela raiz da palavra, "teve de volta seu múnus", a expectativa de reciprocidade).

A ligação com um grupo fortalece cada um dos indivíduos participantes: encontrar algo em comum significa perceber que não se está sozinho, há outras pessoas como você, com os mesmos interesses, problemas. Em termos mais teóricos, o poder de ação dos indivíduos, em grupos, é consideravelmente maior do que de qualquer pessoa sozinha.

Quando o indivíduo se reconhece como parte de um grupo, de um todo maior do que as partes, por exemplo, está aberto o espaço para a luta por direitos ou o reconhecimento de suas reivindicações. Não por acaso, uma das principais estratégias de manutenção do poder é a *atomização* das pessoas, diminuindo ou tentando eliminar a força dos vínculos de grupo e transformando a individualidade em individualismo.

Os grupos primários e o apoio para você ser você

O isolamento do indivíduo, por mais que possa ser glamourizado em alguns discursos sobre a capacidade ou inventividade, diminui sua possibilidade de agir e transformar situações. Quando você percebe que um problema não é só seu, mas de um grupo, há uma chance de parar de se sentir culpado ou culpada – e essa culpa autodefinida pode ser um poderoso elemento de controle social – e procurar outras causas, mais amplas, para essa situação.

O apoio dos chamados "grupos primários", expressão às vezes usada também em intercâmbio com "grupos de referência", são particularmente importantes para o indivíduo. Como o nome sugere, são os vínculos mais imediatos de alguém, onde a pessoa busca a troca de ideias e algumas das referências mais importantes para sua vida, de onde o nome.

"Primários", aqui, não no sentido de "simplicidade", mas por seres os mais próximos em termos sociais. Eles mudam ao longo da vida, assim como nossas referências e modos de ser. O grupo primário inicial de qualquer indivíduo tende a ser sua família, onde aprende as primeiras indicações sobre a realidade e a vida social; a escola, bem cedo, provê um segundo grupo primário, formado por professoras e professores, bem como por amizades e colegas; as amizades, aliás, ganham cada vez mais espaço a partir do final da infância, quando o indivíduo estabelece vínculos com outros grupos. Enquanto lugares de socialização, eles se apresentam como pontos de referência para o indivíduo entender quem é – mais do que "quem sou eu", compreender o "quem somos nós".

Mas parece existir um vínculo mais amplo, fluido como uma rede social e com traços de grupo, mas muito diluídos e atenuados. É uma categoria que ocupou algumas décadas de debates sociológicos: a massa.

O conceito de massa: um antigo fantasma sociológico

Durante quase um século, a ideia de "massa" assombrou os estudos sociológicos, assim como áreas próximas, como as pesquisas em comunicação. Ela aparece, no final do século XIX, como um desafio à então recém-criada Sociologia. Inicialmente essa palavra era usada de maneira intercambiável com "multidão", e descrevia os enormes agrupamentos de pessoas existentes nas cidades, cada vez maiores como resultado da expansão industrial. O século 19 assistiu petrificado a tomada cotidiana das ruas por milhares de pessoas se deslocando para trabalhar, em uma velocidade sem precedentes e em uma quantidade além de toda expectativa.

A resposta sociológica não foi das mais simpáticas.

Um dos livros de maior repercussão naquele momento foi *A Psicologia das Multidões*, do francês Gustave LeBon, no qual estabelece algumas de suas características – negativas, vale lembrar. Embora o trabalho tenha sido, posteriormente, alvo de várias críticas, sua influência parece ter sido duradoura no pensamento sociológico e, em particular, da Sociologia da Comunicação.

Em uma primeira definição, seria possível entender a massa como um conjunto de pessoas atomizadas, ligadas entre si pelo mais frágil dos elos e destituídas de sua individualidade. Para pesquisadores na linha de LeBon, massas tendem a se caracterizar por um comportamento irracional e incontrolável, que pode ser manipulado em certas condições e direcionado para algum objetivo. Nessa concepção, em uma situação de massa, mesmo o indivíduo mais racional e quieto pode assumir um comportamento agressivo e descontrolado, levado a agir de maneiras totalmente diferentes de suas atitudes comuns.

A massa, ao contrário do grupo, se caracteriza pelo anonimato de seus membros e pelo vínculo rápido e simples que os liga: estar em uma situação de massa, por exemplo, em um estádio de futebol lotado, significa ter pouco em comum com as pessoas ao lado, mas, ao mesmo tempo, compartilhar algo com elas. Daí que, com o estímulo certo, a massa age como se fosse um todo homogêneo – o grito de "Gol!" não escolhe classe social, gênero, etnia ou faixa etária: na massa essa especificidade desaparece, e o que sobre é uma cópia pálida do que o indivíduo seria em outra situação.

Embora atualmente o conceito de massa seja submetido a um exame bastante crítico, e essa visão até certo ponto sombria tenha sido nuançada por outras, ele foi bastante sedutor, até um passado recente, por sua capacidade de capturar alguns aspectos do comportamento coletivo. A dificuldade, no entanto, é caracterizar os elementos presentes na massa e, principalmente, explicar por que um indivíduo se comportaria de outra maneira nessa situação.

O lugar das organizações

Podemos terminar com uma provocação: se a ideia de massa se refere a um indivíduo ligado a milhares de outros, mas anônimo e isolado, até que ponto as redes sociais, no ambiente das mídias digitais, não criam uma situação semelhante? Ao mesmo tempo, a história política a partir da década de 2010 vem mostrando uma importância crescente das redes digitais para a formação de vínculos de grupo no qual pessoas, até então isoladas, se percebem como parte de algo maior, e se organizam na reivindicação de direitos e reconhecimento.

Mas o cenário não é apenas de céu azul, e essas relações podem assumir formas bastante marcadas por relações de poder, nas quais o indivíduo e o coletivo podem desaparecer diante da organização – os *sistemas sociais*.

É o tema do próximo capítulo.

CAPÍTULO 12
A sociedade como sistema
Se a culpa não é do sistema, de quem é?

> *Todo sistema tende*
> *A um grau crescente de desordem*
> *Onde depositar*
> *O lixo cósmico?*
> *Informação é matéria-prima*
> *A paciência é elástica*
> *Inflar bem lento e explodir*
> *Como no Big Bang*
>
> Sebastião Uchoa Leite, *Poesia Completa*, p. 243

Uma das tentativas mais ousadas de propor uma teoria da sociedade foi feita pelo sociólogo alemão Niklas Luhmann, em uma vasta obra – dezenas de livros, mais de 300 artigos – na qual investigou os mais diferentes assuntos, do Direito à Política, da Religião à Comunicação. Um aspecto presente, de certo modo, em todos esses temas é sua abordagem: a concepção de *sistemas sociais*. Em linhas bastante gerais, poderíamos dizer que Luhmann entende a sociedade como um complexo conjunto de sistemas, todos eles relacionados entre si e compostos, por sua vez, de sistemas menores.

Mas o que, exatamente, é um "sistema"?

Na linguagem cotidiana, essa expressão geralmente se refere a sistemas digitais, ligados a algum tipo de tecnologia, responsável pela execução de alguma tarefa – por exemplo, o gerenciamento de operações bancárias ou o atendimento ao consumidor. Na maior parte dos tempos, esses sistemas operam normalmente, de maneira quase invisível para nós: só percebemos seu funcionamento, paradoxalmente, quando algo de errado acontece (frases como "o sistema caiu" ou "estamos sem sistema" resumem essa questão, além de nos deixar em pânico conforme a situação).

No entanto, a ideia de "sistemas" vai bem além disso. Ao longo da obra de Luhmann é possível encontrar várias referências e pistas, mas uma das exposições principais está no livro intitulado *Sistemas Sociais*, publicado em 1984, de onde vem parte das definições deste texto.

A definição de sistema

Em uma primeira aproximação, um sistema pode ser definido como um conjunto organizado de elementos voltado para a realização de alguma atividade específica. Na biologia, por exemplo, falamos em "sistema nervoso" para designar um tipo de células, os neurônios, responsáveis pela transmissão de informações em um organismo. Na política, um "sistema eleitoral" representa um grupo de órgãos públicos, partidos políticos e procedimentos voltados para a realização de eleições. Um sistema, portanto, é composto de elementos que, organizados de uma determinada maneira, *processam* informações com o objetivo de conseguir resultados.

Apenas a título de exemplo, no sistema eleitoral brasileiro, o Tribunal Superior Eleitoral, pautado na Constituição e nas leis aprovadas pelo Legislativo, define as regras de realização de uma eleição, como a data, os prazos de inscrição de candidaturas e o início do Horário de Propaganda Eleitoral Gratuita. Ao mesmo tempo, os partidos políticos definem quem serão as candidatas e candidatos, quais serão as estratégias de campanha e os objetivos. Finalmente, as Zonas Eleitorais, onde as votações acontecem, são preparadas para receber eleitoras e eleitores: são definidas as atividades (mesários, auxiliares, fiscais) e os equipamentos, como as urnas eletrônicas. O cenário é bem mais complexo, mas, para o exemplo, podemos ficar por aqui.

Cada um desses componentes (TSE, partidos políticos, Zonas Eleitorais) recebe continuamente informações uns dos outros, e definem o que fazer a partir disso – esse "decidir o que fazer" é justamente o *processamento* da informação. Um sistema atua corretamente quando todos os seus componentes fornecem e processam as informações necessárias para que todo o conjunto funcione como deve, chegando ao resultado esperado – para fechar o exemplo, a realização de eleições.

Sistemas e relações

Mas sistemas não existem de maneira isolada. Ao contrário, cada sistema está em relação com outros e, mais ainda, com o *ambiente* que o cerca. Partidos políticos, por exemplo, são um componente do sistema eleitoral, mas também do sistema político. E, durante uma eleição, recebem informações constantes sobre o público, produzidas por institutos de pesquisa. Esses dados, no conjunto, são processados pelos partidos que, a partir disso, tomam suas decisões – por exemplo, mudar o foco de uma campanha, investir mais ou menos em um tipo de propaganda, fazer ou romper alianças.

Por isso, uma palavra importante para entender a noção de sistema é *relação*: os componentes de um sistema estão sempre em relação uns com os outros, trocando dados, e dependem da qualidade e da quantidade dessas informações para definir quais serão suas ações. Quando as relações em um sistema falham, isto é, quando informações não são passadas corretamente ou seu processamento não acontece como deveria, todo o conjunto entra em colapso.

A *interdependência* entre as partes de um sistema é outra palavra-chave para entender – por isso que não é qualquer conjunto aleatório de coisas que forma um sistema; eles só existem por conta da dependência mútua entre seus componentes. Por isso, quando um ponto vai mal, quase sempre todo o resto também tem problemas. No limite, a falha em um único elemento pode gerar um efeito em cadeia que compromete todo o funcionamento de algo. Uma brecha na segurança de alguns computadores em uma empresa, por exemplo, pode ser suficiente para comprometer milhares, talvez milhões, de dados relacionados a esse sistema; do mesmo modo, se o sistema "cai", por exemplo, o problema pode ter sido em um componente só, mas os efeitos se espalham rapidamente.

Sistemas sociais

Embora não tenha criado a ideia de "sistemas", um dos méritos de Luhmann foi trazer aspectos bastante originais dessa noção para a análise da sociedade. Um dos fundamentos dessa ideia é destacar o aspecto comunicacional presente em qualquer sistema: as partes só podem interagir mediante algum tipo de *comunicação* entre elas, seja de uma simples troca de mensagens até as complexas interações em redes.

Essa comunicação existente, no entanto, não é aleatória: ela está vinculada às exigências de operação de cada sistema, e tem limites precisos em relação ao que pode ser ou não incluído. Uma característica desse tipo de aplicação da noção de sistemas é sua versatilidade: ela pode ajudar a entender desde a interação entre duas pessoas até um jogo de computador em rede com centenas de participantes.

Entrada, processamento e saída

Os princípios são os mesmos: há uma entrada de informações (*input*), um *processamento*, uma *ação* e uma resposta *feedback*. Vale entender cada um desses componentes. Podemos ver como essas noções se manifestam em uma situação comum. Digamos, uma lanchonete.

Enquanto parte de uma sociedade, ela é, em si, um sistema organizado que tem como objetivo a produção e venda de comidas, bebidas e, eventualmente, alguns outros produtos relacionados. Para isso, conta com uma estrutura física (balcões, corredores, cozinha, chapa, armários) e uma equipe dividida de acordo com a especialidade (chapeiros, balconista, caixa). Para funcionar, cada parte desse sistema precisa trocar rapidamente informações com os outros e cada um deve, por sua vez, processar corretamente o que recebe. Isso vale tanto para a relação entre as pessoas (por exemplo, quando o atendente informa o chapeiro para fazer um sanduíche) quanto entre seres humanos e máquinas (a geladeira informa o congelamento, o forno precisa ser ajustado em uma temperatura específica).

Quando você entra e faz um pedido, está acrescentando um dado a esse sistema: dados novos, que chegam, são chamados de "*input*", a "entrada". Por exemplo, ao pedir um café com leite e um pão com manteiga na chapa para o atendente, ele anota essa informação e imediatamente a transmite para outra parte do sistema – o balconista, para fazer o café, e o chapeiro, para preparar o pão com manteiga. Se o sistema estiver operando corretamente, em poucos minutos haverá uma informação no sentido contrário, avisando que o pedido está pronto. O atendente traz o que você pediu – aqueles dados verbais do seu *input* são transformados no produto, o *output* ou saída.

O circuito *input* => processamento => *output* está na base de todo sistema e, de certo modo, poderíamos ampliar esse exemplo da lanchonete para vários outros setores da vida social. Em uma escola, por exemplo, o sistema é movimento em uma velocidade bastante alta, com os *inputs* de professoras e professores sendo rapidamente processados por alunas e alunos. Os *outputs* podem ser tanto as perguntas quanto, mais tarde, provas e trabalhos. Em uma escala maior ainda, o objetivo desse sistema é a formação crítica de cidadãs e cidadãos. Uma empresa recebe os *inputs* de seus públicos, processa em sua área de especialidade e apresenta uma saída de dados, um *output* para seus clientes. Os exemplos poderiam se multiplicar.

Mas, você pode dizer, na prática as coisas não funcionam de maneira simples e linear. É verdade: informações podem ser mal transmitidas, compreendidas de maneira errada, respondidas de forma diferente do esperado. Sistemas estão o tempo todo sujeito a falhas. Por isso, uma das características de um sistema é a capacidade de incluir, o tempo todo, um olhar sobre seu conjunto para saber até que ponto está cumprindo seus objetivos. Esse olhar é chamado de "resposta" ou, como é mais conhecido, *feedback*. O *feedback*, às vezes traduzido também como "retroalimentação", é uma informação produzida sobre o conjunto do sistema.

No exemplo da lanchonete, ao receber seu pedido você pode, imediatamente, fazer um comentário – "nossa, parece delicioso!" ou "céus, você chama isto de café?!" – que, de certa maneira, mostram se o sistema operou ou não como devia.

Nos casos negativos, o *feedback* serve para uma correção de rota (literalmente: os primeiros sistemas de *feedback*, desenvolvidos nos anos 1940, tinham como objetivo corrigir, durante o voo, a trajetória de foguetes). Ele permite mostrar qual ponto do sistema está desalinhado com os outros e corrigi-lo, reorientando o conjunto para o objetivo. Dessa maneira, em um sistema, o *feedback* não é apenas uma resposta, mas aponta para a necessidade de *modificação* em relação a algum tipo de procedimento.

A comunicação no sistema

Um aspecto fundamental é o lugar central da comunicação como aspecto para a operação de um sistema: sem ela, o circuito todo rapidamente entra em colapso. Luhmann entende a comunicação não como sinônimo de transmissão de ideias, como mídia ou tecnologia. Para ele, comunicação é a base de todos os processos e sistemas sociais na medida em que estabelece um tipo especial de relação entre as pessoas, voltada para a *dinâmica* do próprio sistema social.

Isso pode parecer um pouco árido à primeira vista, mas está mais próximo do cotidiano do que podemos imaginar.

Em seu livro *Amor como paixão*, Luhmann mostra como até as relações amorosas podem ser entendidas como sistemas dinâmicos, pautados em uma relação de comunicação na qual a troca de informações, o entendimento e a resposta são componentes fundamentais.

Uma relação amorosa depende, em muitos aspectos, de uma interação *mútua* e frequente: o que significa "frequente" pode variar de acordo com cada relacionamento, mas talvez não seja muito errado supor que um casal que fica seis meses sem se falar deve estar com algum problema.

Em um relacionamento amoroso, a qualidade e o estado das interações estão ligados diretamente à *mutualidade* das trocas comunicacionais, isto é, na capacidade de uma comunicação de conseguir uma resposta.

Quando duas pessoas estão interessadas uma na outra e vão conversar, seja ao vivo, seja na troca de mensagens por mídias digitais, não só a frequência de mensagens tende a ser alta, mas há uma preocupação mútua em não deixar a conversa acabar, procurando ganchos para prolongar um assunto, como retomar uma mensagem anterior da pessoa e fazer algum comentário a respeito.

Comunicação gera comunicação

Em termos mais abstratos, na perspectiva de Luhmann, comunicação gera comunicação. Em um sistema, cada comunicação ("como você está?") produz outra ("tudo certo, e você?"), responsável por gerar uma terceira ("tudo certo também") e assim por diante. A comunicação gera uma resposta – uma nova comunicação, portanto – que mantém o funcionamento. É como se a comunicação produzisse uma nova comunicação até um eventual esgotamento ou finalização.

Para além da redundância, isso é um dos pontos principais das concepções de Luhmann: a comunicação é *autopoiética*. A ideia de "poiética", aqui, não se refere ao sentido de "poesia" como forma ou gênero literário, mas está próxima de um de seus aspectos originais, no grego antigo, da palavra "poiesis", como "produção"; "auto", por sua vez, é algo que depende apenas de si mesmo. Dizer que a comunicação é autopoiética significa lembrar que, em uma relação, cada afirmação feita por uma pessoa gera outra e assim por diante, até que uma delas finalmente encerre a operação ("obrigado, até logo").

Ao mesmo tempo, cada elemento comunicado define o rumo imediato de uma relação de comunicação. Para Luhmann, trata-se de um fenômeno responsável por definir, a cada momento, os termos de uma interação. Ou, em seus termos, uma redução da *dupla contingência*.

Dupla contingência

Luhmann usa a ideia de "contingência" como algo próximo de "possibilidade".

Se podemos seguir com o exemplo da lanchonete, quando você está olhando o cardápio e o atendente aguarda para anotar o pedido, cada um é um oceano de possibilidades diante do outro: você pode ser um cliente que demora horas para escolher, que faz um pedido complicado ou cheio de detalhes e alterações; pode ser simpático ou rude, dizer o que quer ou fazer perguntas sobre algum prato; o atendente pode anotar o pedido completo de uma vez; pode ter que perguntar de novo, ou simplesmente conferir algum detalhe e assim por diante. À medida em que vocês conversam, essas possibilidades diminuem – o comportamento de ambos deixa de ser contingente para ser real.

Em termos mais técnicos, *contingência* é algo que *pode ser*, em contraste com a necessidade, algo que *precisa ser*. O comportamento humano, para Luhmann, é altamente contingente: ele *pode ser* muitas coisas, assumir muitas formas. "Dupla" por se tratar da interação entre duas pessoas. Para uma interação social acontecer, precisamos reduzir progressivamente essa contingência. À medida em que conversam, essa contingência tende a diminuir, transformando-se em comportamentos reais.

O entendimento, na comunicação, depende em boa parte, para Luhmann, do reconhecimento dessa dupla contingência e dos mal-entendidos que ela pode gerar, seja em termos da falta de alguma informação, seja na repetição e redundância.

Ao conversar pela primeira vez com alguém, geralmente vocês sabem pouco um do outro. O comportamento de ambos é *contingente*, ou seja, como vimos, pode ser qualquer coisa.

Quando você diz "bom dia" para alguém, iniciando uma interação social simples, há um conjunto praticamente infinito de possibilidades abertas. A outra pessoa pode responder um "bom dia!" ensolarado, acompanhado de um sorriso, mas pode responder falando em voz baixa e soturna um congelante "bom dia", com a ênfase de um morto-vivo entediado em uma quinta-feira de chuva. No caminho dos extremos, milhares de possibilidades abertas.

Entre o seu "bom dia" e a resposta decorrem alguns instantes de expectativa: de todas as respostas possíveis, qual será a escolhida? A dúvida se desfaz quando ela responde – e escolhe, digamos, algo próximo da primeira opção, um bom dia animado. Essa resposta também abre milhares de possibilidades, desta vez em você: é possível ir direto ao assunto ou fazer um rápido desvio de percurso, gastando mais um instante em alguma trivialidade ("também está feliz hoje?" ou "dia bonito, não?"). Sua resposta vai eliminar possibilidades e mostrar o rumo da conversa.

Essa cena, embora simples, mostra algo importante na operação de um sistema: cada nova informação reduz o conjunto de possibilidades e aponta as direções a seguir. Em uma conversa, as falas se alternam mostrando qual é o caminho indicado pelo interlocutor. Diante de várias escolhas, a pessoa se decidiu por uma; sua resposta a essa decisão, por sua vez, também tem inúmeras possibilidades, que vou reduzir ao escolher, da mesma maneira, uma só.

As partes e o todo: a organização de um sistema

Um dos pontos mais interessantes para observar em qualquer sistema é a relação entre seus componentes. A maneira como as partes de um sistema se relacionam define sua *forma* e, como consequência, suas *ações*. Isso significa que, nos sistemas, não é apenas a reunião dos componentes que interessa, mas a maneira como eles estão organizados com vistas a um objetivo. Em um sistema, a relação entre os componentes interessa tanto, ou até mais, do que os componentes em si.

Por isso, os objetivos de um sistema são atingidos de maneira mais ou menos satisfatória de acordo com essa organização. Essa organização define o sucesso – ou fracasso – de um sistema. Dois sistemas podem ter os mesmos componentes, mas, se a organização for diferente, eles podem atuar de maneiras muito diversas.

Imagine duas empresas da mesma Área. Ambas têm praticamente o mesmo número de funcionários e, em linhas gerais, nos mesmos cargos – vendedores, gerentes, coordenadoras, diretoras, presidência.

Em uma delas, as relações estão bem definidas e organizadas: cada pessoa sabe com quem falar sobre cada assunto, há reuniões periódicas, todas e todos podem participar e expor suas ideias, críticas e sugestões, encaminhadas, por sua vez, para os respectivos departamentos. As relações são diretas e a organização do sistema é fácil de entender. Isso pode oferecer um grau significativo de autonomia para cada participante, aumentando a chance do sistema alcançar seus objetivos.

Na outra, ao contrário, a organização é bem mais nebulosa. Ninguém sabe ao certo a quem se reportar, as decisões de uma pessoa são desautorizadas por outra, as atividades aprovadas em uma instância são barradas em outra – muitas ordens e contraordens, e ninguém sabe exatamente de onde vêm as informações.

Não há transparência no sistema, e raramente há espaço para qualquer ideia nova. Dificilmente se chegará a algum objetivo dessa maneira – o sistema se auto-emperra em sua lentidão.

Os dois lugares podem ter, em linhas gerais, as mesmas pessoas – o segundo, aliás, pode ter uma equipe até mais qualificada do que a primeira empresa. No entanto, como a relação entre elas é menos organizada, o resultado tende a ser pouco efetivo.

Isso explica, por exemplo, porque nem sempre as organizações com mais talentos individuais têm os melhores resultados: em um sistema, a relação entre eles é mais importante – daí a ideia dessa relação.

Ao contrário dos grupos, que vimos em outro capítulo, sistemas tendem a ser mais rígidos no que diz respeito a essa relação entre as partes e o todo, exatamente no sentido de buscarem cumprir melhor seus objetivos.

Quando o sistema domina

O filme *Matrix*, lançado em 1999, é um dos muitos exemplos do cinema que mostra uma sociedade futurista e distópica, completamente controlada por um sistema de máquinas inteligentes, a Matrix, que mantém os seres humanos em uma situação de inconsciência, vivendo em uma ilusão compartilhada. O ano no qual se passa a história é incerto: sabe-se apenas que, após uma devastadora guerra entre as máquinas e os humanos, as pessoas estão imersas em uma espécie de sono profundo. Suas mentes são conectadas à Matrix, que as alimenta com a impressão de estarem vivendo em uma realidade semelhante à do final do século 20, exatamente a época de lançamento do filme.

Essa sociedade, à primeira vista, parece absolutamente normal. Somente algumas poucas pessoas têm a capacidade de perceber que algo estranho está acontecendo – o sistema, criado e controlado por inteligências artificiais, é absolutamente perfeito, e consegue reproduzir até mesmo os problemas e angústias do ser humano. E, quando algo sai da linha, a Matrix corrige imediatamente, ainda que, para isso, precise eliminar as pessoas envolvidas. Sistemas podem ser perfeitos, mas nem sempre são humanos.

Críticas e limites

Nas Ciências Sociais, a perspectiva da Teoria dos Sistemas ganhou um espaço considerável, sobretudo a partir da segunda metade do século 20. Estudos sobre empresas, instituições e organizações podem ser compreendidos com relativa facilidade nessa perspectiva, que oferece um modelo de interpretação para entender seus componentes, relações e objetivos.

Ao mesmo tempo, não deixa de ser objeto de várias críticas.

Uma das mais importantes se refere ao fato de, em alguns casos, essa perspectiva pode deixar de lado um fato simples: seres humanos não se organizam de maneira lógica e organizada o tempo todo. Às vezes, em momento nenhum. Pode existir, na Teoria dos Sistemas, uma perspectiva mecanicista, que, no limite, pode reduzir o ser humano, em toda sua complexidade, a uma simples peça. No limite, a frase "ninguém é insubstituível" é um lembrete, talvez meio macabro, de que, em um sistema, a organização está acima dos componentes individuais. E, quando chamamos seres humanos de "componentes individuais", talvez seja hora de repensar e problematizar alguns aspectos de uma teoria.

Ao mesmo tempo, a noção pode facilmente cair em uma concepção mecânica, sobretudo se a interpretação for um pouco mais apressada, no sentido de colocar toda a responsabilidade sobre um sistema e deixar de lado o fato de que se trata, em última instância, de algo produzido e operado por seres humanos.

PARTE V
IDENTIDADE SOCIAL

PART V

IDENTIDADE SOCIAL

CAPÍTULO 13
Identidade, Corpo, Diferença
O significado de ser uma pessoa "normal"

> *Não quero pegar os pedaços*
> *E montar outras figuras*
> *Quero me recriar*
> *Neste lugar estrangeiro*
> *Longe de tudo*
>
> Roxana Landívar, *Fratura Primária*, p. 31

Imagine que você está na sala de aula e a professora pede que cada pessoa da turma escreva um breve perfil de si mesma. Um pequeno texto contando quem você é, destacando os pontos mais importantes de sua personalidade. Se quiser, pode acrescentar algum fato ou vivência marcante do passado.

Como você começaria?

Por seu nome?

Pode ser: nomes próprios são geralmente a primeira identificação de um indivíduo na sociedade. Ter um nome é ser reconhecido como uma individualidade, diferente de todas as outras.

Isso, aliás, já diz alguma coisa sobre você. Sua idade, por exemplo: nomes entram e saem de moda, e toda geração tem os nomes mais populares – por isso, às vezes, em uma sala de aula existem várias pessoas com o mesmo nome (meu recorde foi encontrar salas com cinco pessoas chamadas "Vitória" e outras cinco "Giovanna").

Mas também mostra algo sobre sua classe social: uma das maneiras de demarcação das fronteiras de classe, uma forma de poder simbólico, é a escolha de nomes. Não existe uma regra, mas uma intenção de *distinção* que se manifesta das mais variadas formas – inclusive como resistência ao poder de nomear. Aliás, uma forma relativamente comum de violência simbólica é o desprezo pelo nome outra pessoa, atribuindo características negativas – e todo um conjunto de discriminação – a ele.

Seu nome mostra um pedaço da história de sua família: ele não foi escolhido aleatoriamente, e certamente tinha algum significado importante para seus pais ou para quem deu esse nome a você. Pode ter sido uma homenagem a uma amiga, a uma pessoa que admirava, ou simplesmente gostou da sonoridade – você já nasce inscrita na *história* de sua família; em termos mais amplos, também de seu grupo social e da sociedade.

Seu sobrenome vincula você a essa história. Ele reúne algo além de mães, pais e crianças, mas também todo o emaranhado de relações próximas, consanguíneas ou não. A noção de "família", aliás, ultrapassa qualquer vínculo de sobrenome: as transformações pelas quais esse conceito vem passando nas últimas décadas retirou muito da importância disso, mas segue como um indicador.

Tudo isso porque você escreveu seu nome.

Os vínculos sociais da identidade

Mas você pode começar de outra maneira, por exemplo, identificando seu time de futebol ("Aqui é Corinthians!" ou "Sou um rubro-negro feliz"). Torcer para um time cria um laço de grupo, conectando você com outras pessoas e se identificando com algo além de uma equipe: a história do time passa a ser, em alguma medida, a *sua* história; cada torcedora, cada torcedor, é um pedaço vivo dessa trajetória – por exemplo, quando você diz "a gente tem dois mundiais" para se referir a um título que, evidentemente, foi conquista do time, não sua.

Religião? Pode ser também. Você começa identificando sua crença principal ou seu lugar dentro de uma narrativa religiosa – por exemplo, mostrando logo na primeira linha qual é sua filiação. Assim como no caso do esporte, é também um vínculo de grupo, mas de natureza completamente diferente. Além de uma história, você compartilha com as pessoas da mesma religião um conjunto de crenças, doutrinas e visões de mundo. E, em muitos casos, a perspectiva de um tipo de conduta esperada.

Se estiver se sentindo em um momento particularmente romântico, de repente, você pode ser apresentar como o namorado ou namorada de alguém. Muito mais pessoal do que o time ou a religião, esse aspecto também é um vínculo importante para definir quem se é: se apresentar como "namorado de alguém" mostra, por exemplo, que vocês toparam algo, digamos, "sério" – relacionamentos mais fluidos nem sempre merecem a distinção de ser apresentados ("oi, esse é meu ficante de hoje").

As opções poderiam seguir, e você poderia se apresentar destacando sua etnia, gênero ou qualquer outra condição. Esse primeiro ponto, longe de ser aleatório, diz algo sobre como você *escolheu* se apresentar, o traço com o qual você mais se identifica: estamos falando, aqui, da *identidade*.

O conceito de identidade

Em linhas bastante gerais, identidade é o conjunto de características que definem uma pessoa. Ao escrever seu texto falando de si mesma, você seleciona os traços mais significativos, as partes mais importantes e que, a seu ver, *precisam* ser mostradas – sem elas você não se reconheceria diante do espelho.

Ao falar, por exemplo, qual é sua religião, você está mostrando quais características são importantes para se reconhecer enquanto pessoa. Você pode começar afirmando uma identidade cultural a partir da qual deriva outros traços ("Sou uma mulher negra de..."; "sou um homem trans que...").

Seria muito estranho começar uma redação falando do tamanho de suas meias ou seu sabor preferido de pizza, exceto por alguma razão muito – muito – específica. Nossa identidade é a combinação das características que nos tornam alguém diferente das outras oito bilhões de pessoas da Terra – e, em outro nível, paradoxalmente semelhante a cada uma delas.

Se a professora pedir para você ler seu texto em voz alta, você leria?

Nem sempre é fácil dizer quem você é para todas as outras pessoas.

A identidade vista de fora

Mas imagine que o exercício seguiu por outro caminho. Depois que todo mundo terminou, a professora pede para a turma se dividir em duplas. Pode ser qualquer um da sala. Ela pede para as pessoas sentarem de frente uma para a outra; e então, nessa troca mútua de olhares, vem a segunda parte da tarefa: você vai fazer um breve perfil da *outra* pessoa, enquanto ela faz o seu.

O que vai sair disso? Quantas amizades vão restar no final do exercício?

Algumas talvez saiam muito mais fortes ("nossa, você me conhece muito bem"), enquanto outras podem enfrentar alguns problemas ("sério que você pensa isso de mim?"). A perspectiva fica bem mais complexa e arriscada: você está sendo vista pelos olhos de outra pessoa, sendo escrita em um texto que não é seu, por alguém distante de suas vivências e experiências – nem sua melhor amiga viveu todas as situações decisivas de sua vida com você.

Em seu próprio texto, você pode ter descrito a si mesma como uma pessoa que gosta muito de ler, torcedora do Sport, fã de séries de ficção científica e de música sul-coreana; sua amiga te apresenta como alguém em quem se pode mesmo confiar (bom), muito divertida (ah, pára com isso), amiga de verdade para horas difíceis (obrigada, linda), mas que tem dedo ruim para namorados (ei, não era para contar isso), meio metida a *nerd* (eu só escrevo fanfic, amiga) e que não para de falar daquelas bandas coreanas (nunca mais fale comigo, herege).

A pessoa que emerge de cada texto pode ser bem diferente, mesmo quando escrito por uma pessoa bem próxima. E seria mais difícil ainda se você caísse com uma colega com a qual não tem quase contato: seria quase impossível ir além e alguma impressão superficial, e não haveria quase nada a dizer fora alguns elogios mais comuns.

A identidade social

Isso nos lembra de algo importante: *a identidade é relacional*.

Cada pessoa entende a si mesma *com* os outros e *a partir* dos outros. Esse seja talvez o principal paradoxo quando falamos de identidade: ela é, ao mesmo tempo, uma característica individual e singular, mas também nos conecta com grupos e com a sociedade. Esse jogo não é dos mais fáceis, porque nem sempre sabemos exatamente qual é nosso lugar no mundo – seja porque não encontramos um, seja porque nos disseram que ele não existe. Todas e todos nós somos constituídos a partir de relações: ninguém passa por nossas vidas sem deixar algum tipo de traço, e esses elementos passam a fazer parte de nós, mesmo contra nossa vontade.

Quando um relacionamento termina, por exemplo, você pode querer "se livrar" da outra pessoa – apaga fotos, bloqueia nas redes sociais, joga fora qualquer coisa que a faça lembrar. Você pode fazer isso em alguns minutos. Mas talvez leve um tempo bem mais longo para você perder alguns traços, mesmo imperceptíveis, que a pessoa deixou em você.

Isso vale para todo tipo de vínculo. Nossa identidade é constituída desde a infância, e trazemos inscritos em nós traços de nossa história familiar, das vivências da escola, das amigas e amigos. Se você já fez alguma coisa e pensou espantada, logo em seguida, "nossa, minha mãe fala assim", vai entender mais facilmente a situação.

Nossa identidade nasce da relação com os outros, seja com nossas famílias, amigas e amigos, seja com grupos sociais mais amplos (time de futebol, religião, grupo étnico, gênero e assim por diante). Aprendemos um pouco sobre nós a partir da relação com essas pessoas e grupos; eles nos ajudam a nos *sentir parte* de alguma coisa – e descobrir que você não está sozinha, em geral, te deixa mais forte, confiante e segura de si, primeiro passo para mudar qualquer situação.

(Não por acaso, uma das formas mais evidentes de violência simbólica é levar um indivíduo a romper seus vínculos de identidade, obrigando a pessoa a deixar os referenciais a partir dos quais se define ou se compreende enquanto alguém no mundo. Separar alguém de seus referenciais, obrigá-la a adotar os de outra pessoa, grupo ou nação, é separar a pessoa de si mesma. Isso acontece desde as experiências do exílio até a sensação de se sentir ameaçada na rua por sua cor ou seu gênero; para alguns grupos, andar pela rua é um ato de desafio e resistência).

O fato de nossa identidade ser constituída na relação com os outros não elimina, de modo algum, a singularidade de cada pessoa. Ao contrário, cada uma e cada um de nós filtra as impressões recebidas.

Voltando ao exemplo da redação, sua amiga pode ter escrito horrores sobre seu gosto por música sul-coreana, mas isso não vai fazer você deixar de ser fã. Talvez a parte sobre "dedo ruim" para relacionamentos possa fazer você pensar um pouco mais; e saber o quanto ela gosta de sua amizade pode ser um afago em sua disposição.

A impressão dos outros é importante, mas temos algum grau de controle a respeito do que vamos ou não aceitar como verdade para nós. Raramente é um controle racional – por isso nos sentimos tristes ou humilhados quando ouvimos certas coisas, mesmo quando, racionalmente, sabemos que aquilo não é verdade.

Eu, você e todas as outras pessoas

O que nos leva a outro ponto: *a identidade é reflexiva*. Você pode se definir com os outros e a partir dos outros, sem dúvida, mas isso não tira seu poder de construir sua própria autorrepresentação. Dito de outra maneira, podemos, a qualquer momento, perguntar novamente quem somos, se estamos certos de nossas escolhas, o quanto a imagem dos outros a nosso respeito nos representa – e se nos reconhecemos diante do espelho.

Em geral, no entanto, só nos fazemos esse tipo de pergunta quando algo *já deu errado* e os marcadores de nossa identidade estão começando a se partir. Por exemplo, se um relacionamento termina, a pessoa não pode mais se entender, e se apresentar para os outros, como "namorado de alguém"; ela precisa se separar da identidade "pessoa-que-namora" e assumir a atual, "pessoa-que-está-solteira".

Quando perdemos alguém próximo, deixamos também um pedaço de nossa identidade ir embora, e precisamos aprender a viver sem ela – sem nós. Isso vale, em outra medida, para qualquer mudança, mesmo quando isso significa uma transformação para melhor (embora, sem dúvida, seja muito mais fácil de se acostumar neste último caso).

Em todos esses casos, há uma espécie de *separação* entre quem éramos, no passado, e quem somos agora: essa separação, como vimos, não é só de um emprego, um cargo ou de outra pessoa; estamos nos separando de nós mesmos e reaprendendo quem somos nessa nova circunstância. A ideia de uma "crise de identidade" geralmente se refere a esses períodos de perda e reconstrução de si, até o momento em que sua identidade volte a ser aceitável para você mesma.

O problema é que esse processo pode demorar.

Às vezes, leva uma vida inteira.

O contexto da identidade

Mas não precisamos esperar momentos de crise para pensar na identidade. Podemos, em várias situações, perceber outra de suas características: *a identidade é contextual*. Nossa identidade se manifesta de vários modos de acordo com o contexto onde estamos – e você decide, com base em suas experiências e convicções, qual aspecto de sua identidade deve ser apresentado como principal em cada situação.

De certo modo, a identidade está ligada ao exercício de si mesmo em várias situações. Dependendo da situação, você destaca alguns aspectos de sua identidade, reforça e demonstra certas características, deixando outras em segundo plano. Isso não quer dizer que você seja uma pessoa diferente em cada situação ou, menos ainda, que o contexto determina quem você é. Trata-se de um jogo complexo de negociações, quase sempre feitas de maneira muito rápida, entre você e o contexto imediato – por exemplo, as pessoas com quem está falando.

Em *O Império Contra-Ataca*, filme da franquia *Star Wars*, o jovem Luke Skywalker vai ao planeta Dagobah encontrar Yoda, um mestre para instruí-lo nas artes jedi. Ao chegar lá, encontra uma pequena criatura verde, que, no começo, mexe em suas coisas, bagunça seu acampamento improvisado e parece testar os limites de sua paciência. Nesse momento, Luke se mostra bastante irritado, a um passo de explodir. Até que, algum tempo depois, fica sabendo que se trata do próprio Yoda – exatamente o contrário do grande guerreiro esperado pelo jovem. As identidades se invertem imediatamente: o ser pequeno e verde é o mestre Jedi; Skywalker, até então seguro de si, não é mais do que um candidato a aprendiz.

Mas não precisamos ir até uma galáxia muito, muito distante para ver isso.

O lugar da identidade

Para começar com um exemplo simples, podemos pensar em como vivemos nossa identidade em relação à origem geográfica. A pergunta "de onde você é?" é bem mais complicada do que parece: só podemos responder corretamente de acordo com o contexto onde estamos.

Se você pergunta isso para uma amiga e ela diz "sou da Terra", evidentemente ela está brincando (não vamos considerar outras possibilidades). Mas, daqui um século ou dois, talvez essa resposta deixe de ser absurda como parece para se tornar corriqueira – imaginando, digamos, que outros planetas sejam habitados e pessoas possam nascer lá.

Entre brasileiros, a resposta "sou do Brasil" também não teria muito sentido. Já em um curso de intercâmbio no exterior, junto com outros estudantes, essa é a primeira resposta – dizer o nome da cidade ou do estado pode não fazer muito sentido para pessoas de outros países, especialmente se você não mora na capital ou em algum lugar muito conhecido.

Aliás, é relativamente comum que, no exterior, quando você encontra outra pessoa do Brasil a identificação imediata seja como "brasileiros", enquanto dentro do país o aspecto principal talvez fosse o estado ou a cidade de origem. No entanto, no exterior, vocês compartilham a situação de "estrangeiros", reforçando, nesse momento, a identidade nacional.

Por quê? Porque no contexto de outro país, vocês são unidos por uma identidade, ser brasileiro, diante de uma *diferença* compartilhada, o fato de serem estrangeiros. A categoria "estrangeiro" não se opõe à "catarinense" ou "sergipano", mas à "brasileiro"; do mesmo modo, se identificar como morador de Moinhos, bairro de Porto Alegre, só faz sentido em relação aos outros bairros e regiões da mesma cidade; a diferença não pode ser com Funcionários, em Belo Horizonte.

Identidade e diferença no social

A identidade só faz sentido em relação à diferença.

Seria possível dizer que a diferença é um dos principais elementos de identidade: você só define quem é quando também consegue, por exclusão, decidir quem *não* é você. Em uma aproximação inicial, isso pode parecer relativamente simples: você cruzeirense porque não torce para o Náutico ou outro time, é umbandista porque não é evangélica, católica, espírita ou budista e assim por diante. Cada afirmação de uma identidade significa marcar uma diferença com todas as outras possibilidades.

Esses marcadores de diferença e identidade não são absolutos, mas eles se revestem de uma especial importância no mundo social: é a partir da diferença que as identidades se tornam *legíveis*, isto é, podem ser compreendidas em suas principais características. Onde não há diferenciação, não há identidade. Por isso, historicamente, uma das maneiras mais utilizadas para eliminar a identidade de um povo, ou mesmo de uma nação, é apagar as diferenças existentes, tratando a diversidade como se fosse um todo, passando por cima das nuances e delineamentos intermediários. O apagamento das diferenças é um caminho para eliminar também a identidade – e isso, em geral, abre caminho para a neutralização de direitos e atividades civis, quando não para a diluição de sua própria história.

Sem História, sem identidade.

Ngũgĩ wa Thiong'o argumenta sobre como as diferenças nacionais, e mesmo regionais, dos países da África foram sistematicamente apagadas: durante muito tempo, em alguns círculos, não se falou, por exemplo, em uma literatura do Quênia ou do Marrocos, mas de "literatura africana", como se toda a densa variedade de culturas, da África do Sul à Argélia, coubesse em uma única categoria. Isso ocorre porque, na identidade imposta pelas nações colonizadoras, as identidades africanas foram reduzidas ao nome de "colonizados" – a única categoria a ser reconhecida até que grupos, povos e nações começam a afirmar sua própria identidade a partir dos anos 1960.

Há exemplos deste lado do Atlântico que ajudam a entender isso. Apenas desde meados dos anos 2010 começou a ser questionado, em círculos mais amplos, o nome "índio", dado aos povos originários do Brasil na chegada dos portugueses. Os grupos aqui existentes se compreendiam a partir de diversos outros nomes, menos "índios" – designação, diga-se de passagem, construída a partir de um erro: quando Cristóvão Colombo, em 1492, acreditou ter chegado à Índia, imaginou que os habitantes seriam os "índios". O nome genérico apaga as diferenças entre os povos, reduzindo-os a uma única condição.

A ausência de uma história, eliminada a partir de séculos de movimentos contrários, também elimina diferenças, apagando também alguns traços de identidade. As populações da diáspora africana, em alguns casos, raramente conseguem traçar com precisão seus locais de origem, exceto em linhas gerais.

Quem define sua identidade?

É importante perguntar também *qual* é o aspecto utilizado para definir os critérios em relação à identidade – e *quem* definiu isso. Em termos mais acadêmicos, falar de identidade significa também fazer uma *genealogia das diferenças*, e perguntar de onde apareceram as categorias usadas para separar as pessoas em grupos.

Quem começou? A diferença foi marcada pelas pessoas envolvidas, a partir de sua própria afirmação, ou foram definidas de fora, por outro grupo? Qual é, ou quais foram, os critérios utilizados? Algum marcador biológico, por exemplo? Ou foi alguma questão cultural? A justificativa foi histórica? Mas a história de quem? Escrita a partir de onde? Todas essas perguntas nos recordam o quanto a identidade está ligada a toda uma trama de relações de poder: inventar uma identidade, afirmar a própria, atribuir a outros são movimentos para delinear os jogos de força existentes em uma sociedade.

A diferença "homem/mulher", por exemplo, foi fundada durante séculos em uma base estritamente biológica de exclusão mútua. *Ou* se era homem, *ou* se era mulher. Esse elemento biológico, no entanto, não era o único, e era sustentado por toda uma série de prática, ações e comportamentos definidos como "de homem" e "de mulher", e essa divisão binária se espalha praticamente por toda a sociedade.

Os marcadores dessa diferença seguem, desde os aspectos aparentemente mais simples ("isso é brinquedo de menino", "isso é brincadeira de menina"), até a expectativa de práticas e comportamentos ("seja homem!", "isso não é jeito de uma moça se comportar"), passando pelas roupas e pelas profissões ("de homem" ou "de mulher"). A exclusão mútua, no caso de categorias apresentadas como binárias, como este tipo de divisão, atua no sentido de eliminar qualquer elemento intermediário capaz de questionar a rigidez desses pontos fixos.

Diferença e desigualdade

Aqui aparecem algumas armadilhas. Em geral, demarcações de diferença impostas de fora são responsáveis por instaurar e reproduzir *desigualdades*.

Quem define o outro, em geral, aplica suas próprias categorias para estabelecer uma relação. E, quase sempre, se coloca na posição superior. Daí uma diferença importante, em termos de identidade, a respeito de *quem* elabora as categorias a serem aplicadas; dito de outra maneira, quem faz as categorias identitárias.

Uma divisão binária homem/mulher, em uma sociedade machista, evidentemente tende a privilegiar homens – quem faz a divisão reserva o melhor para si. Poderíamos pensar, de maneira semelhante, na divisão entre "brancos/não-brancos", originalmente feita pelos Europeus, igualmente coloca um problema de origem – a categoria "não-brancos" já coloca uma expectativa: a palavra "brancos" aparece duas vezes, uma como padrão, a outra para definir quem está fora, o "não" designando todas as outras pessoas; a oposição jovem/velho (diferente de "jovem/velha") em uma sociedade na qual o novo é um dos principais valores, descarta "velho" como categoria desigual; a existência de corpos definidos como "magros/gordos" (novamente, veja a diferença de representação de "gorda/magra") tende a beneficiar um dos lados, e poderíamos seguir com os exemplos.

Esse é um ponto particularmente importante para a discussão: "identidade" não é "igualdade", no sentido de padronização e imposição dos mesmos modos de ser, mas um processo no qual cada pessoa e grupo busca, na afirmação do valor de suas características próprias, atingir uma condição de igualdade em relação às características e qualidades dos outros grupos. Por isso, a afirmação das diferenças costuma ser um passo para a redução das desigualdades, procurando questionar tanto suas origens históricas quanto suas condições atuais.

A diferença, como categoria sociológica, tem o poder de abrir espaço para aspectos de afirmação de si por pessoas e grupos; quando, no entanto, esses marcadores reforçam assimetrias históricas, ou se apresentam como categorias fixas, eles podem, com a mesma força, estabelecer desigualdades.

Os marcadores culturais da identidade

Nossos marcadores de diferença, em geral, se desenvolvem em termos mais amplos, nossa *identidade cultural*.

Por isso, enquanto elementos de identidade, podemos falar em termos de "cultura nerd", "cultura jovem" ou "cultura negra" – mas tendo em mente o quanto essas denominações, quando não surgem do próprio grupo ou são por eles apropriadas, podem ser também instrumentos de manutenção de situações de desigualdade.

A noção de identidade cultural entende como "cultura" toda a produção simbólica de uma pessoa, grupo ou mesmo de toda a sociedade. A alimentação e a maneira de se vestir de uma sociedade é parte de sua identidade cultural tanto quanto sua música ou sua literatura; moda e gastronomia são produtos simbólicos de um povo, assim como suas histórias e mitos.

A identidade cultural é o conjunto de *práticas culturais* de um grupo; elas criam vínculos entre seus componentes. De certo modo, fazer parte do grupo significa não apenas adotá-las, mas também compreender seus elementos, decifrar seus significados e entendê-la como parte da *sua* história. A identidade cultural de um grupo é formada por um complexo de símbolos que pode incluir, entre outras coisas, os modos de falar, as maneiras de se vestir, os lugares onde se vai, as músicas que se ouve e assim por diante – toda uma forma de viver, um estilo de vida que não pode ser reduzido a um único aspecto.

Dessa maneira, por exemplo, a cultura *gamer* não significa apenas "jogar jogos eletrônicos", assim como a cultura do surf não se resume a ficar sobre uma prancha em cima de uma onda; há todo um grupo de outras práticas culturais que, no conjunto, definem os aspectos gerais do grupo.

Ao mesmo tempo, a identidade cultural também costuma definir as fronteiras da diferença, mostrando quais são os aspectos que delimitam o pertencimento a um determinado grupo ou comunidade. Nem toda identidade cultural exclui outra: você pode ser gótica e torcedora do Inter de Porto Alegre sem grandes dificuldades, ou ouvir música sertaneja e Mozart; no entanto, quando se fala do mesmo campo de identidade, em alguns casos a situação tende a ficar mais complicada – sua identidade cultural religiosa, por exemplo, nem sempre é compatível com sua identidade de gênero, e é possível que conflitos pessoais bastante sérios possam emergir a partir disso.

A identidade como narrativa

Identidade e diferença são conceitos móveis: eles existem dentro de uma história, e conhecer essa história geralmente auxilia a entender como se chegou ao momento atual – quais foram as relações e as condições para tanto. E, nesse ponto, vale retomar a pergunta, agora com outras palavras: quem conta sua história? Quais são as suas *narrativas de identidade*?

Na definição de identidades nacionais, por exemplo, os mitos fundadores geralmente fazem a ligação entre o povo atual e algum tipo de passado do qual se orgulhar – como descendentes, por exemplo, de deuses ou heróis; isso, em geral, serve também de projeção para suas identidades futuras: uma nação criada por divindades só pode ter um caminho glorioso pela frente.

Ao falar de sua vida, como vimos no começo do capítulo, você escolhe *o que* e *como* contar. Ao narrar, atribuímos existência social a um fato – por isso, em termos sociais, o que não é narrado não existe. Um grupo só ganha visibilidade, no mundo social, a partir do momento em que fala de si, conta suas próprias histórias, reconhece a si mesmo como uma comunidade e passa a reivindicar esse mesmo reconhecimento de outras partes da sociedade. A identidade de um grupo, entre outros fatores, está na existência de uma narrativa comum, aceita e compartilhada pelos seus participantes.

Por isso, uma das maneiras de tentar manter um determinado grupo, ou mesmo povos inteiros, em uma situação dominada é eliminar suas narrativas, impedi-los de conta sua própria versão da história e apresentar uma única narrativa.

A escritora nigeriana Chimamanda Ngozi Adichie, em seu livro *O perigo de uma história única*, mostra a força das narrativas na criação de representações e identificações, sobretudo no risco de apresentar apenas uma história a respeito de um determinado fato – um de seus exemplos é a narrativa europeia do Natal, com neve, muita comida, trenós e roupas pesadas de lã: a autora recorda como essa história, a única que chegava até ela, contrastava com as celebrações e o clima em seu país.

A autoria da identidade

Há uma diferença fundamental, neste aspecto, entre *narrar* e *ser narrado*: quando você conta sua história, faz isso utilizando suas próprias categorias e pontos de vista, escolhendo as palavras que julga mais adequadas, selecionando os episódios importantes e dando o *seu* sentido para a narrativa; no entanto, quando outra pessoa narra sua vida, ela fará isso a partir de suas próprias concepções e interpretações – que podem não ser as suas. No exemplo do início deste capítulo, fizemos um exercício mental desse tipo, pensando na diferença de narrativas entre você e uma colega sobre sua personalidade.

Imagine, então, o tamanho do problema quando um país se coloca na posição de contar a história de outro, ou quando um grupo toma para si a tarefa de falar sobre outro. E, no entanto, historicamente, essa é a prática mais comum: quem vence conta a história. A versão principal de qualquer narrativa e, portanto, a atribuição de identidades, tem sido, historicamente, um produto de quem está no comando no momento. Aos olhos de um grupo dominante, todos os outros serão "alternativos", "exóticos", "minorias".

Assim como o valor das práticas culturais é, ao menos em parte, definido pela sociedade, as identidades, historicamente, receberam valores diferentes: povos historicamente subalternizados, por exemplo, viram sistematicamente sua cultura – e sua identidade cultural – ser definida como "pobre" ou "periférica", quando não "primitiva" e "não-civilizada".

Reforçavam-se, no aspecto cultural, as assimetrias e desigualdades sociais. Isso começa, aliás, em alguns dos nomes utilizados no cotidiano para definir as práticas culturais de alguns grupos: a comida ou a roupa de um país geograficamente distante é "exótica"; a música produzida fora do circuito principal é "alternativa"; o modo de vestir e os acessórios de um grupo são "rebeldes" e assim por diante, em uma constante atribuição de valor à identidade cultural.

As políticas de identidade têm procurado, historicamente, questionar esse tipo de classificação afirmando as qualidades e características de cada modo de ser, procurando o reconhecimento de seu próprio valor frente a outros padrões culturais.

Identidade começa no corpo?

Uma das principais afirmações contemporâneas de identidade está no corpo. Esquecido por boa parte da História, ao menos no Ocidente, o corpo foi historicamente um dos grandes objetos, se não o maior, de controle e sujeição. Uma das faces mais visíveis da identidade, o corpo é a origem da maior parte das questões imediatas referentes ao modo como uma pessoa entende a si mesma – e como é vista pelas outras.

O corpo é o suporte de boa parte das características responsáveis por definir a identidade de um indivíduo. É nosso primeiro e principal elemento de interação social. E não apenas pela presença física: há um corpo também envolvido na elaboração de *posts* e trocas de mensagens: há dedos digitando, olhos percorrendo uma tela, expressões faciais reagindo ao que se vê, um cérebro funcionando a todo vapor para dar conta dos milhares, milhões de dados vindo na força da luminosidade.

É o corpo que revela, imediatamente, o quanto você está próxima ou distante dos padrões definidos pela sociedade como "corretos", e sua visibilidade pode ser tanto um fator de afirmação de um lugar na sociedade quanto de embaraço e constrangimento. Essa visibilidade é de tal modo forte que desenvolvemos, como sociedade, um bom número de tecnologias para cuidar dele e deixá-lo o mais próximo possível – e nem sempre é possível – do que é considerado "certo".

Aprendemos, desde cedo, qual é nosso lugar na escala de beleza e estética da sociedade a partir do que ouvimos a respeito de nosso corpo e o que dizem sobre outros. Somos apresentados a rostos e corpos ouvindo expressões que mostram seu posicionamento, desde o elogio ("olha que lindo", "nossa, a cor desse olho!") até a crítica ("gente, como ela engordou", "ele é muito magro, deve estar doente"). Por sua visibilidade, o corpo é um dos primeiros itens a ser colocado dentro de categorias de interpretação a respeito da identidade de alguém.

Para além da biologia, o corpo é o suporte para a vida social. É no corpo que vão as marcações de sua história pessoal, bem como de sua trajetória; sua condição social e econômica está inscrita nas marcas e formas de seu corpo – o fato de você seguir em frente mostra cada um desses aspectos como sinais de sua resistência em relação a uma realidade que talvez tenha buscado, em algum momento, eliminar esse corpo apenas por julgar que ele não tinha o mesmo direito de outros.

No cotidiano, por exemplo, a visibilidade do corpo é um dos primeiros elementos para a atribuição de gênero, origem e raça. Espera-se, ao ver uma pessoa, que seu corpo – e os elementos relacionados a ele, como roupas e adereços – mostre imediatamente se é um homem *ou* uma mulher; ocidental *ou* oriental, negro *ou* branco. O corpo, uma vez visto, precisa imediatamente ser encaixado dentro de um *discurso sobre o corpo*, no qual estão essas divisões.

Quando algum elemento foge a essa classificação imediata, navegando por espaços intermediários, parece que o alarme da sociedade toca, e busca-se imediatamente classificar esse corpo indefinido e indefinível com as únicas categorias que restam diante da incompreensão: "estranho", "esquisito", "que é isso?". Eliminado o vínculo de identidade, o corpo se torna o suporte dos estereótipos projetados sobre ele.

Por isso, em muitos casos, a retomada e afirmação de uma identidade passa pelo reconhecimento do próprio corpo, em aliança com outros semelhantes, como uma característica a ser mostrada, valorizada e apresentada como digna do mesmo respeito que qualquer outro. Historicamente, grupos inteiros foram obrigados a esconder seus corpos, sendo levados a um desaparecimento de boa parte das representações – seu corpo, "errado", não poderia ser mostrado ao lado do padrão exceto para efeito de contraste. A invisibilidade do corpo se ligava com o desaparecimento de vidas e de modos de viver.

Não por acaso, boa parte dos movimentos contemporâneos de afirmação de identidade tem como ponto de partida a reivindicação de visibilidade para modelos de corpos que não só desafiam qualquer redução a polaridades excludentes, mas também se recusam a ocupar um lugar que não escolheram.

Rumo à complexidade

Identidade e diferença, como categorias sociais, estão revestidas de uma ampla força política, e sua compreensão certamente passa por mais de uma disciplina – e só um olhar sociológico treinado pode resistir à tentação de reduzir a diversidade a um conjunto de categorias, mas busca questionar a maneira de classificar usada pela sociedade. E talvez, assim, consiga um dia encontrar, com a identidade, apenas a diferença, não a desigualdade.

Para definir nossa identidade, a presença dos outros é fundamental – ao que parece, mais do que um "eu", existe um "nós". Você nota isso, por exemplo, ao se inspirar no que outra pessoa está vestindo para definir como vai sair na rua daqui em diante.

Esse, aliás, é o começo do que vamos ver no próximo capítulo.

CAPÍTULO 14
As articulações da identidade
Pensar a diferença para além dos dualismos

> *Tem eu demais no que eu escrevo*
> *Aqui mesmo já tem dois.*
>
> Mariana Rossi, *Líquida*, p. 111

Questões de identidade na vida diária não são sempre fáceis de notar. Vale, por isso, mostrar os caminhos de sua construção, indicando os critérios, condições históricas e contradições responsáveis definir algo – ou alguém. Trazer para o centro o que estava na margem ajuda a perceber o quanto algumas oposições, como margem/centro ou identidade/alteridade, não dizem muito quando interrogadas fora das relações de poder onde estão. Ao desmontar essas oposições, pode-se notar como esses sentidos são construídos. Esse movimento, chamado de "desconstrução", foi criado nos anos 1960 pelo filósofo Jacques Derrida e seguido por pesquisadoras e pesquisadores ligados ao chamado "pós-estruturalismo".

A atividade de desconstrução não é apenas uma forma de análise, mas se delineia a partir da desnaturalização das questões tomadas como naturais – no cotidiano. Isso vale, sobretudo, na medida em que estão ligadas à linguagem, ao discurso e à escrita, como mostra Derrida em várias de suas obras.

Questionar faz parte da desconstrução, mas isso implica também em desconstruir a própria pergunta em busca de um sentido – mesmo tendo consciência de que esse sentido é fluido. Ou, na explicação da filósofa indiana Gayatry Chakravorty Spivak, no artigo "Acting bits / Identity Talk": "nós chamamos 'cultura' (...) um sistema de representações desconhecidas que permitem criar uma autorrepresentação que se acredita ser verdadeira".

A desconstrução das oposições binárias

Aos acostumados com a impessoalidade do texto acadêmico, a escrita de Spivak pode se apresentar estranhamente perturbadora. Ela escreve em primeira pessoa, desafiando a oposição binária entre o objetivo e subjetivo em um fluxo de contínuo, alternando a leitura do objeto e a análise dessa mesma leitura. O texto de Spivak é altamente circular e autodesconstrutivo, mostrando a todo momento os mecanismos de significação. A opção pela subjetividade objetiva elimina a ilusão do objetivo puro: não é o objeto quem fala, mas uma pessoa, mulher, indiana, professora, Gayatri Chacravorty Spivak, constituído desde que nasceu em torno de discursos, territórios e deslocamentos.

Até hoje, explica, estivemos mergulhados na ilusão de que o sentido de um texto pode ser objetivo e autoevidente só porque não exibe marcadores de autoria – "eu acho", "eu penso". Além da questão estilística, esse discurso oculta a trama de poderes e autoridades subjacentes a qualquer texto. A leitura desconstrutiva de um texto começa pelo questionamento dessa própria leitura – o que significa um texto pode ser explicado de acordo com o lugar de onde está aquele que atribui esse significado.

Na relação entre linguagem e realidade, não basta perguntar como as palavras se relacionam com os objetos em uma ligação, mas observar o lugar de produção do discurso como um centro de gravidade que atrai e distorce essa formação. As relações entre representação e objeto representado dependem de um terceiro fator: o poder.

Assim, na análise de produtos culturais a questão é observar o texto como um momento específico no fluxo social de significações, produção de sentidos e significados no qual esse texto está inserido, mas, ao mesmo tempo, apresenta-se como peça autônoma, limitada, dotada de fronteiras dentro das quais existe – ou se presume existir – algum tipo de sentido.

A desconstrução de um texto, indica Spivak, não significa procurar seus significados *fora* do texto, como se resposta estivesse no estudo das estruturas sociais ao redor do autor e da época, mas questionar as forças discursivas dentro do texto, como se constrói este ou aquele sentido e colocar em perspectiva contínua o próprio trabalho de desconstrução, exatamente para não se cair na mesma armadilha do sentido pré-construído que o texto oferece, sedutoramente, a quem lê – ilusão de que um texto pode chegar com o sentido pronto, acabado, sem a exigência do trabalho interpretativo que existe a cada leitura.

Um dos objetivos de Spivak é questionar a disposição canônica das fronteiras e margens a partir das quais o ocidente estrutura suas relações com a realidade. De que maneira, questiona, estabelecer fronteiras no espaço de um mundo contínuo? Como determinar o que é margem ou centro? A questão é olhar para a diferença perguntando como ela se relaciona com os significados e relações de poder em uma sociedade. Essas fronteiras só podem ser estipuladas de maneira artificial, fruto de relações de poder, linhas de força que delimitam os espaços e transformam as pessoas, coisas e lugares em definições políticas do que "é" e do que "não é". Evidentemente isso não se aplica apenas aos espaços geográficos, mas igualmente – e talvez com mais força – aos territórios da cultura.

Ao definir um texto como "literário" em oposição a um "sociológico" ou "científico"; ao definir quais temas são de caráter "público" e quais pertencem ao mundo "particular"; na especificação do que vem a ser "masculino" ou "feminino" dentro de uma sociedade; na apropriação das práticas de um determinado grupo social pelo discurso de outro, ou mesmo a imposição de um discurso para definir a realidade de uma comunidade à qual esse grupo não pertence; essas oposições binárias construídas sobre fronteiras de demarcação nem sempre evidentes, mas sempre ativas, são o objeto de estudos de Spivak em várias situações – na literatura, em primeiro lugar, mas também na vida cotidiana.

Não se trata, explica Spivak, de inverter essas oposições, mas acabar com elas – não com a diferença, mas com a *naturalização* que apaga ou invisibiliza a diferença. Não basta trazer para o centro o que o discurso da periferia ajustando-o ao discurso, aos interesses e às políticas do centro. Isso não desconstrói as oposições binárias centro/margem, mas legitima ainda mais a divisão de superioridade na medida em que as práticas marginais são apropriadas como parte das políticas do centro para manter sua dominação a partir da domesticação dos discursos e práticas marginais dentro de suas próprias estruturas e cânones como centro.

Nessa perspectiva, seria possível questionar até que ponto o próprio rótulo "margem" – como quando se pensa o termo como adjetivo de práticas culturais, como em "cinema marginal", "literatura" ou "poesia" – não legitima o ponto de vista do centro. Afinal, alguma coisa é "marginal" em relação a um eixo centralizador, e, portanto, ao definir algo como "marginal", mesmo pelos produtores, é dar voz de poder aos elementos autodefinidos, sustentados e legitimados como sendo os ocupantes de posições centrais. Mas é possível, igualmente, transformar o sentido dessa classificação, transformando os sentidos atribuídos à ideia de margem, por exemplo, em relação a um centro.

O que significa para Spivak "ler" um texto? Não se trata apenas de identificar temas, personagens, diálogos e propostas, mas verificar como elas são construídas, a partir de quais cânones elas existem, como elas se relacionam entre si nas proposições de um texto relacionado consigo mesmo. De que maneira essas narrativas explicam suas personagens?

Apenas a título de exemplo, quando se pensa nas figuras de Aurélia, Capitu, Maria Moura ou Macabéa, quais são os universos discursivos de onde elas aparecem e no qual se desenvolvem? De que modo é possível pensá-las como construções propriamente femininas? Quando se leva em consideração que as duas primeiras foram criadas por homens – José de Alencar em *Senhora*, Machado de Assis em *Dom Casmurro* – e outras por mulheres, Rachel de Queiroz em *Memorial de Maria Moura* e Clarice Lispector em *A hora da estrela*, como se poderia falar em uma centralidade do discurso?

E se, para complicar a questão, lembramos que tanto em *Dom Casmurro* quanto em *A hora da estrela* há um narrador masculino em primeira pessoa, Bentinho, em Machado de Assis, e Rodrigo S. M., em Clarice? Desse modo, o estudo do texto torna-se um desafio às categorias de construção desse texto, a como os discursos perpassam as identidades e como a escrita se transforma em um discurso.

Essa proposição central na atividade de leitura de Spivak dos textos culturais a leva a desconfiar de seu próprio texto na medida em que se enquadra nos cânones que ela pretende questionar. Ao escrever um texto acadêmico, de qual se está falando? E qual é o efeito de valorização desse texto em relação aos outros, que garante sua proeminência como representante legítimo de uma verdade científica, enquanto os outros estariam vinculados diretamente aos territórios da imaginação?

Não por acaso, a escrita de Spivak torna-se o próprio exercício de desconstrução; é no autoquestionamento de sua prática que a força das estruturas de organização cognitiva se demonstra com mais evidência. Inclusive algumas das divisões mais familiares.

O problema da representação

No clássico *Branca de Neve*, produzido pelos estúdios Disney em 1938, a protagonista é uma personagem feminina dependente de seus coadjuvantes homens. Suas atribuições se dividem entre agradar aos sete anões e ser salva pelo Príncipe Encantado. Oitenta anos depois, a Princesa Fiona não hesita em utilizar golpes de kung-fu para livrar seu marido de bandidos na abertura de *Shrek 2*, e, ao invés de ser salva por um príncipe, se recusa a casar com um. Apesar das diferenças, Fiona e Branca tem algo em comum: cada uma a seu modo, são portadoras de um discurso sobre o feminino.

Seria possível perguntar, à primeira vista, se não há algum exagero em ver discursos a respeito da condição feminina em filmes de entretenimento como *Branca de Neve* e *Shrek*. Para Yvone Tasker e Diane Negra, organizadoras de *Interrogating Post Feminism*, não: ao contrário, os discursos do entretenimento e da mídia são espaços de construção das imagens da mulher na atualidade tanto quanto a literatura, em especial os romances, tem sido desde um passado recente[1].

As representações da mídia, argumentam Negra e Tasker, é um local de conflito, no qual novas identidades podem ser criadas ao mesmo tempo em que as antigas podem ser repensadas – ou mesmo voltam com força. Toda representação é um espaço de ação política, e pensar a maneira como uma identidade

---

1   TASKER, Y. e NEGRA, D. *Interrogating Postfeminism*. Durham, Duke University Press, 2007.

é representada é também um modo de observar o que se pensa a respeito de um grupo.

A perspectiva de gênero

Se as relações de identidade geralmente se estruturam nas delimitações entre as imagens do "eu" e do "outro" com as quais o indivíduo desenvolve seus esquemas de percepção da realidade, é possível questionar o que acontece quando esse "outro" é o gênero com o qual se convive. É a transformação operada a partir do século 20 e que, de alguma forma, orientou também uma pergunta: o que significam, por exemplo, as divisões de gênero? Para além do biológico, mas sem deixá-lo de lado, como a ideia de gênero é construída no pensamento e no discurso? Neste trecho, a abordagem será a partir das ideias de Judith Butler em *Problemas de Gênero,* tomando as produções *Sex and the City* e *O diário de Bridget Jones* como ilustrações.

Dos estilhaços desse discurso nascem, por exemplo, personagens como Carrie Bradshaw da série de TV *Sex and the City* (EUA, 1998-2006) ou, em outro registro, Bridget Jones do livro, depois filme, *O diário de Bridget Jones* (EUA, 2001). Não há mais um discurso único a respeito do que a mulher deve ser ou não.

Essa instabilidade do discurso sobre o feminino, observado a partir da psicanálise, da literatura e da sociologia em suas relações com questões de classe social em um mundo completamente interconectado no fluxo de comunicações é a intersecção onde trabalha *Problemas de Gênero*, de Judith Butler, escrito em 1990.

Gênero é uma formação discursiva dentro da qual nos localizamos, e a relação do gênero com o dado biológico de ter nascido com cromossomos xx ou xy é um complexo processo de apreensão, construção, afirmação e conflito – um discurso produzido na sociedade. As definições estáveis, congeladas, simples de "homem" e "mulher", na visão de Butler, são tentativas de eliminar os inúmeros pontos de flutuação existentes dentro das questões de gênero a partir de uma série de práticas estabelecidas como "coisa de homem" ou "coisa de mulher".

Um dos objetivos de *Problemas de Gênero* é questionar como as práticas sociais e o discurso estabelecem esses pontos de estabilidade, isto é, os lugares onde cada pessoa consegue se estabelecer como "homem", "mulher", "heterossexual", "homossexual" outras modalidades dentro de um universo de possibilidades quase infinitas. A proposta de Butler é desestabilizar noções fixas e mostrar a pluralidade das condições de gênero – segundo ela, as categorias usadas para definir o gênero de um indivíduo simplesmente não dão mais conta de explicar a realidade das relações sociais entre as pessoas.

As divisões práticas

Dois exemplos talvez possam deixar isso claro. Em um passado recente, os anos 1980, havia uma divisão clara no estabelecimento do que era uma prática "masculina" em contraposição à "feminina" em vários espaços sociais. Nas escolas, por exemplo, as aulas de educação física contrapunham o futebol como esporte para "meninos" e vôlei para meninas. Tentativas de cruzamento de fronteiras não enfrentavam apenas a proibição explícita dos professores, autoridade visível, mas também a forma invisível de um discurso de segregação pelos colegas.

Essa ambivalência, em *Sex and the City* e de *O diário de Bridget Jones* está na indefinição do que é o feminino. Ao mesmo tempo em que são profissionais bem-sucedidas, ganham seu próprio dinheiro e, por conta disso, estão livres de qualquer dependência financeira masculina (embora seja possível questionar até que ponto essa adesão sem questionamentos profundos a uma sociedade capitalista não é uma forma de dependência), mantém um vínculo emocional e afetivo com os homens. No caso de Carrie Bradshaw e suas amigas, existe a procura de um ideal de homem que elas mesmas não sabem exatamente qual é. Se por um lado enfrentam novos desafios e problemas em espaços sociais, culturais e econômicos interditados às mulheres de algumas décadas antes, por outro lado, seguem em um jogo de atração e conquista não muito distante dos romances de Jane Austen, no século 18.

No entanto, vale não levar essa comparação muito mais longe nos limites desta análise: se podemos pensar nas personagens Dorothea Brooke, de Eliott, Elizabeth Bennet, de Austen, ou mesmos Jane Eyre, de Emile Brontë, chega-se à Bridget Jones e Carrie Bradshaw revestida de uma complexidade social muito diferente. À primeira vista, o contraste com Bridget Jones ou Carrie Bradshaw seria óbvio no modo como conduzem seus relacionamentos. No entanto, suas dúvidas e, em certa medida, seu constante jogo na procura de relacionamentos sugerem que novos espaços não significam, da noite para o dia, a solução de alguns problemas.

Gênero e discurso

Butler mostra como aquilo que é considerado a própria essência do gênero é "manufaturado a partir de uma série de atos" criados a partir de uma estandarização do próprio corpo, definido por conta do que se considera próprio de cada gênero. É por conta disso, inclusive, que ela prefere tratar de "gêneros" mais do que de "sexualidades", na medida em que a está na intersecção desses dois elementos.

A relação entre "gênero" e "sexualidade" não é mecânica, explica, e também não se trata de uma comparação estável no que seria a equação "gênero = construção cultural" e "sexualidade = a definição biológica"; em suas palavras, "gênero é o meio discursivo/cultural pelo qual a 'natureza sexuada' ou o 'sexo' [como dado natural] é construído como pré-discursivo, particularmente neutro". Os dados biológicos e os elementos culturais estão envolvidos em uma espiral de produção de discursos na qual não existem, para Butler, definições claras e seguras, exceto aquelas estabelecidas nas políticas de definição dos espaços de gênero criadas justamente para deixar de lado as questões latentes.

É nesse sentido que Butler dedica uma boa parte de *Problemas de Gênero a* uma discussão sobre como a linguagem delimita nossa representação do mundo ao lançar no imaginário definições fixas a respeito da realidade à nossa volta. E, paradoxalmente, a própria objetividade das definições tende a deixar opacos alguns dos problemas que parecem estar atrás dessas ideias. "O que a 'transparência' mantém obscuro?", pergunta Butler.

Ao definir claramente o que é um "homem" ou uma "mulher", a linguagem e o discurso escondem as questões latentes, as contradições, as indefinições e os jogos de identidade que essas palavras contêm. Catherine Balsey, na página 4 de seu livro *A prática crítica, lembra que* "a transparência da linguagem é uma ilusão".

E seria possível endereçar a mesma pergunta às práticas: ao definir algo como "coisa de homem" se está deixando para trás o levantamento das condições em que algo se torna "coisa de homem" – e as práticas ligadas à concepção de "homem" ou "mulher" se estabelecem como definições claras justamente para *eliminar a pergunta.*

Um esforço de *Problema de gênero* é lançar essas questões à superfície das definições consideradas claras e completas. Daí o "problema de gênero" do título: se o gênero é uma categoria fixa e definida, o que acontece quando essas categorias são colocadas diante de novas realidades na relação entre as pessoas? Em segundo lugar, até que ponto a dissolução das categorias de gênero podem ajudar a pensar as condições de identidade? A estratégia é desmontar a construção do discurso para entrar no manancial das questões de "gênero", um espaço fluido onde não existem categorias fixas, mas pontos de flutuação.

Isso é explorado, igualmente, nos livros de bell hooks.

Articulando discursos de identidade

Um dos primeiros elementos que chama a atenção na obra de bell hooks é a maneira como assina seus textos. Assim mesmo, em minúsculas, criando um efeito de estranhamento – as línguas ocidentais, em sua maioria, requerem o nome com iniciais maiúsculas. E nomes, você lembra, são uma das construções normativas fundamentais da sociedade. Autora de dezenas de livros, sua obra também geralmente deixa de lado o estilo acadêmico em troca de um contato mais direto com seu público leitor.

Alguns de seus argumentos vão no sentido de criticar uma visão restrita do que é "libertação". Dois dos pontos levantados por ela são a questão racial e os aspectos da luta de classes como temas relevantes em seus cruzamentos com questões de gênero.

Desde a primeira leitura de hooks você pode notar duas características: o caráter lírico do texto e a preocupação em combater todas as formas de opressão. Uma de suas preocupações é escrever de maneira a ser entendida, incluindo na leitura mesmo quem não domine um vocabulário acadêmico mais complexo. Isso está ligado ao segundo ponto: um olhar atento para as maneiras como as diversas formas de opressão, exclusão e discriminação podem se manifestar na sociedade – uma escrita intencionalmente difícil, de certa maneira, parece dizer "você não tem capacidade" para quem não domina um assunto.

A experiência de vida de bell hooks está marcada ao longo de toda sua obra. Mulher negra, nascida no sul dos Estados Unidos em 1952, passou sua infância e juventude uma época de profundas transformações, reivindicações sociais e conquistas de direitos, mas também de retrocessos, críticas e permanência de várias formas de discriminação. Na vida universitária, enfrentou diversos tipos de preconceito, dos mais diretos aos mais velados. Em seus livros, hooks mostra como foi, aos poucos, tomando consciência do significado mais profundo dos acontecimentos de sua vida. E como questões de gênero, classe, raça e faixa etária formavam um todo complexo e dinâmico nas formas sociais de opressão.

Leitora do educador brasileiro Paulo Freire, hooks parece compartilhar com ele que as transformações não nascem da substituição de um opressor por outro, mas da compreensão das maneiras de eliminar a opressão em si. E, para isso, é necessário ir além do senso comum e entender seus meandros e nuances.

Em vários lugares

A preocupação de bell hooks se estende por um amplo espectro de questões, trabalhando com os movimentos antirracista, feminista, marxista e psicanalítico ao longo do século 20, um legado com o qual, hoje em dia, é necessário lidar. Uma mulher preocupada com a conquista de um espaço igual ao masculino no mercado de trabalho, de alguma maneira, estaria legitimando uma ordem capitalista? Sua luta pela igualdade não seria, nesse sentido, uma luta pelo direito de ingressar em um sistema baseado em situações hierárquicas como o patriarcado?

Por outro lado, alguém preocupado com questões de classe, engajado em diminuir as desigualdades, não estaria igualmente deixando de lado que, em vários momentos, esses propósitos deixaram de lado questões raciais ou de gênero importantes, diretamente relacionadas com suas ideias?

À princípio, no pensamento de hooks, não parece haver espaço para discussões parciais ou uma libertação singular: a desconstrução dos discursos de controle exige uma ação em várias frentes.

Os trabalhos de hooks se orientam no sentido não apenas de apontar para a existência das formas de opressão, mas também se pergunta de onde surgiram, como se cristalizaram na sociedade e, mais importante, como é possível transformá-las. O primeiro passo é desnaturalizar as formas de domínio, violência e opressão como se fossem fatos naturais, inevitáveis, e questionar as condições responsáveis por criar uma desigualdade que resulta em opressão. Para isso, hooks examina diversos aspectos da vida social, mostrando como pequenos elementos às vezes podem ser pontos chave para entender grandes processos sociais.

Ao longo de sua obra, hooks ensina a prestar atenção a situações que poderiam passar despercebidas a olhos não muito atentos – mas que atingem em cheio quem as sente na pele. Por exemplo, formas veladas de discriminação ou desvalorização da produção intelectual de alguém por sua identidade, seja na crítica aberta, seja em uma condescendência paternalista.

Depois do fim do mundo

Ralph Burton é um homem negro, engenheiro de minas subterrâneas. Logo no início do filme acontece um acidente, e ele fica soterrado por cinco dias. Ele consegue escapar, com dificuldade, cavando uma saída. Lá fora, encontra um mundo deserto. Aos poucos, com informações esparsas, sabemos que um país – não é nomeado – lançou um veneno atômico na atmosfera, eliminando praticamente toda a vida humana. Durante alguns dias, Ralph caminha pelas ruas abandonadas de Nova York tentando encontrar formas de sobreviver. Aciona equipamentos abandonados, consegue obter abrigo e comida e, aos poucos, procura se adaptar ao fato de ser o único ser humano restante no planeta.

Ou pelo menos é o que ele imagina.

Sarah Crandall, uma jovem branca de cerca de vinte anos, subitamente se revela diante de Ralph. Ela também tinha sobrevivido, mas não tinha tido coragem de aparecer até então. Como será a convivência entre eles?

Esse é o argumento de *O diabo, a carne e o mundo*, filme estadunidense de 1959, que ajuda a entender – de maneira bastante direta – alguns desses aspectos. Certamente o número de exemplos reais poderia ser trazido, mas o tom do filme ajuda a sublinhar alguns aspectos do que hooks trabalha em suas obras.

A relação entre Ralph e Sarah cria, imediatamente, uma questão: até aquele momento, Ralph era um homem; diante de uma mulher branca, ele é um homem negro – e, nos Estados Unidos de 1959, o significado era ainda mais forte: o início das lutas por direitos civis e pelo fim da segregação institucional eram recentes. Essa tensão permanece ao longo do filme, assim como uma questão: até depois do fim do mundo a presença de outra pessoa gera discriminação e sistemas de opressão. Mas é possível fazer outra pergunta: ela aguardou alguns dias, sem coragem de se apresentar como sobrevivente, por que se tratava de um homem? Ou por se tratar de um homem negro? Mesmo em um filme pós-apocalíptico, as questões de gênero e raça se cruzam, e só não há um fator de classe porque, naquele momento, o dinheiro como conhecemos não tem valor algum.

As representações da mídia

Em seu livro *Cultura fora da lei*, bell hooks observa como a cultura pop em alguns casos mesmo quando produzida com o propósito explícito de ter um engajamento político em questões raciais ou de gênero, podem trazer em si contradições e paradoxos.

Identificar o alcance dos produtos de comunicação é apenas o primeiro passo necessário para desmontá-los. E, nesse sentido, observar como as diversas variáveis se entrelaçam na construção do discurso e como mesmo alguns discursos aparentemente na contracorrente podem, por outro lado, conservar em si elementos vinculados à sua origem histórica e social – classe, gênero e etnia, entrelaçados, podem eventualmente se encobrirem mutuamente, deixando questões em aberto.

Articulando cultura da mídia a representações de gênero, classe e raça, hooks constrói um discurso particular de questionamento da dominação a partir de ações e dos discursos, lembrando o quanto a linguagem – e o texto, de maneira geral – contribuem para a disseminação de identidades. Nesse ponto, hooks se aproxima de alguns questionamentos de Spivak e Butler no sentido de dirigir questões ao próprio discurso de resistência, observando as possibilidades de transformações, de emancipação e resistência – e fechar, como em várias de suas fotos, com um sorriso.

CAPÍTULO 15
Imitar, interpretar, transformar
O que é mesmo uma pessoa na moda?

> *Deixamos de experimentar identidades*
> *Porque experimentamos sempre os mesmos sabores*
> *Basta entender que nem sempre há paralelismos*
> *E mesmo assim, concorda*
>
> Isabelle Scalambrini, A cor dos meus versos, p. 9

Você já notou como o seu guarda-roupa é parecido com o de outras pessoas?

Por mais exclusivas que sejam suas roupas, milhares de outras peças iguais estão em circulação por aí. Mesmo se você tiver condições de criar um guarda-roupas exclusivo, a equipe contratada precisará se basear em alguma coisa, em modelos que já existem, sobretudo pensando nos ambientes que frequenta – um terno ou um *tailleur* para o trabalho, algo esportivo para situações informais, um conjunto para academia, pijamas e assim por diante. Vai ser difícil, por mais extravagante que seja seu gosto, ir a uma reunião corporativa vestida à maneira do século XVIII, com roupas iguais às da rainha da França, Maria Antonieta.

Mas não precisamos ficar apenas no topo da escala social para notar isso.

Você pode considerar seu estilo altamente bastante pessoal e exclusivo, em uma perspectiva de e posicionamento ("é assim que eu me visto"; "esse é meu estilo" ou "não ligo para o que os outros pensam"). Mostrar independência pode ser bastante eficaz para afirmar a si mesmo – quando não é uma autoilusão, onde a aparente indiferença sobre a opinião dos outros traduz um desejo enorme de ser notado.

A má notícia é que seu estilo exclusivo e pessoal é muito semelhante ao de milhares de outras pessoas, e existe a chance de cada uma delas achar suas escolhas diferentes de todo o resto – e às vezes pagando bem caro o privilégio dessa ilusão de diferença.

De onde você tirou seu estilo exclusivo? Certo, ele é individual, e você tirou essas ideias de sua cabeça. Mas como elas entraram lá? Podemos arriscar um palpite: você *viu* outras pessoas vestidas daquela maneira, com um determinado jeito de falar, um modo de usar maquiagem, de fazer ou não tatuagens, de cumprimentar umas às outras.

A partir daí, você fez igual para ficar exclusiva. Você imitou alguém.

A imitação como origem das práticas sociais

"A imitação é de tal maneira a alma elementar da vida social que, na pessoa civilizada, a aptidão e a capacidade de imitar crescem ainda mais rapidamente do que o número e a complexidade das invenções". A sociedade funciona a partir da imitação. É assim, de maneira quase abrupta, que o francês Gabriel Tarde, um dos pioneiros da Sociologia, define a dinâmica social na página 187 de seu livro *As leis da imitação*.

Publicado inicialmente em 1890, o livro era fruto de um esforço de Tarde para entender quais seriam as leis principais que regem o funcionamento da sociedade – como vimos em outro capítulo, a então recém-criada Sociologia tinha como um de seus objetivos descobrir "leis" sociais no mesmo sentido das leis da Física, da Química ou de outras ciências naturais. É possível, portanto, entender o esforço de Tarde para descobrir os princípios de ação das pessoas em sociedade – e a resposta, oferecida no livro, é a ideia de imitação.

Embora atualmente ninguém talvez fale mais em "lei", no sentido de algo fixo ou rígido, a ideia de Tarde ajuda a entender diversos aspectos da vida social. Em particular, como as novidades se propagam, como as ideias circulam e, principalmente, a tensão entre novidade e conformismo existente na sociedade. Na prática, a ideia de imitação está ligada a vários fenômenos sociais, desde a moda até a circulação de expressões, dos estilos de vida ao consumo de produtos e frequência a lugares.

Imitar sem perceber

Esse processo, vale lembrar, nem sempre é consciente: você nem sempre copia alguém pensando nisso, mas porque achou legal, porque se identificou com o estilo ou alguma coisa ali mexeu com seus gostos naquele momento. A imitação não acontece necessariamente de maneira direta: você pode simplesmente ter notado como um determinado grupo se vestia ou falava e, para fazer parte dele, foi necessário adotar esses modos de ser e agir. Nem sempre existe uma intenção deliberada de imitar outras pessoas: boa parte das vezes isso passa despercebido para nós.

Não pensamos "ok, estou com 40 anos, vou ver quais sapatos pessoas de 40 anos usam e comprar igual". Seria ingênuo entender imitação, no sentido proposto por Tarde, como uma simples cópia. O processo é mais sutil, ligado ao nosso envolvimento com a situação ("bonito aquele sapato, deve ficar bem em mim"). A imitação social está baseada em um processo contínuo de observação, a partir da qual é possível tomar a decisão de seguir o fluxo das outras pessoas – não por coerção ou, pior ainda, porque "a sociedade impõe", mas a partir da percepção do quanto isso poderia ser interessante para mim.

Você pode ver uma peça em outra pessoa e gostar ("nossa, que chapéu lindo"), mas imediatamente pensar em como adaptá-lo para seu próprio gosto e estilo ("não dessa cor").

Entre imitação e inovação

A ideia de imitação, entretanto, pode ser provocadora e até um pouco contraintuitiva, sobretudo em uma sociedade na qual a inovação, a criatividade e o individualismo estão entre os valores mais celebrados. Como falar de imitação quando uma das características mais esperada das pessoas é justamente a criatividade? Ou quando o mercado profissional destaca, como condição de ingresso em qualquer emprego, a capacidade de inovar e fazer diferente, "pensar fora da caixa", como dizem?

Podemos começar a ver as ideias de Tarde em ação nesse exemplo: não é estranho quando *todo mundo* fale as mesmas coisas sobre inovação e criatividade?

Não deixa de ter algo de paradoxal encontrar um mesmo discurso nos mais diversos lugares, como se um estivesse imitando o outro. É o mesmo princípio do exemplo sobre a moda: quanto mais exclusivo você tenta ser, mais parecido com as outras pessoas você fica exatamente por tentar se diferenciar (por frequentar a mesma "loja exclusiva", comprar as mesmas roupas "diferentes" ou usar um vocabulário específico).

O paradoxo se resolve quando pensamos na ideia de imitação como o princípio motor das relações sociais e mergulhamos um pouco mais fundo nessa perspectiva.

Imitação e relações sociais

Em primeiro lugar, a imitação, para Tarde, não é um sinônimo de cópia.

"Imitar" vem de uma palavra do grego antigo, *mimesis* (de onde nossa palavra "mímica"). A *mimesis*, naquela época, estava ligada à ideia de arte e representação. Aristóteles, por exemplo, usa essa noção para explicar o teatro em sua obra *A Arte Poética*: para ele, o que vemos no palco é uma representação da realidade, uma *imitação*, mas elaborada a partir de seus próprios princípios e critérios artísticos – por isso ela nos emociona, nos atinge e ajuda a ver o que não conseguimos em outra situação.

Dito de outra maneira, a *mimesis* não é uma simples cópia, mas – o paradoxo é inevitável – uma imitação criativa.

Podemos entender um pouco melhor as ideias de Tarde lembrando desse aspecto: nenhuma imitação é uma cópia idêntica. Cada versão traz seus próprios traços, suas próprias marcas. Você pode imitar a roupa de outra pessoa, mas vai adicionar suas próprias ideias – um adereço a mais aqui, outra cor; algo "não fica bem" e você muda.

A imitação traz, nas pequenas mudanças, a possibilidade de inovação. A marca pessoal está nas pequenas transformações; a *diferença* nasce como uma decorrência do processo de imitação. Uma roupa ou um jeito de falar pode ser parecido com o de outras pessoas, mas será sempre a *sua* versão disso; não podemos saber, na vida social, quem vai ver a sua mudança, gostar, imitar e, a partir disso, produzir um pequeno desvio no modelo no qual você se baseou, dando origem a novas trilhas dentro do mesmo cenário. A diferença e a imitação, na vida social, caminham juntas.

Os detalhes do cotidiano

Por isso, Tarde presta muita atenção aos pequenos movimentos do cotidiano, às mudanças mínimas, às transformações aparentemente sem importância: nada é insignificante no mundo social, sobretudo porque é impossível saber exatamente qual é o alcance de uma simples mudança, de uma breve alteração em alguma coisa. A realidade é feita de um número quase infinito de elementos imponderáveis, a partir dos quais mudanças maiores podem acontecer. A imitação não exclui a diferença, e ocorre sempre em um grande universo de possibilidades, no qual o acaso pode ser um fator com a mesma importância das regularidades da sociedade.

Pense, por exemplo, como teria sido seu dia caso seu ônibus quebrasse no caminho do trabalho, de casa ou da faculdade. Uma pequena peça solta ou gasta é o suficiente para alterar a realidade de trinta ou quarenta pessoas, e, a partir de cada uma, vários outros grupos – imagine, digamos, que duas delas sejam professoras e não vão conseguir chegar na primeira aula: são mais sessenta, cem alunas e alunos sem aula; outro é um balconista e vai se atrasar, assim como você, independentemente de onde ia, chegará depois do horário esperado.

O insignificante, nesse caso, é qualquer coisa *menos* insignificante, e mesmo as pequenas mudanças podem ter impactos consideravelmente grandes a partir do momento em que outras pessoas passam a ver a mudança como algo a ser prolongado na imitação. Em termos mais teóricos, "o real só pode ser explicado quando ligado à imensidão do possível, ou seja, do condicionalmente necessário, onde flutua como uma estrela no espaço infinito", diz Tarde na página 17 de *As leis da imitação*.

Imitações e mudanças na sociedade

A ideia de imitação permite entender melhor qual é o tamanho do impacto de uma inovação na sociedade. Em linhas gerais, algo novo só revoluciona o cotidiano quando está espalhado, via imitação, pelo conjunto da sociedade. Para adaptar um exemplo do próprio Tarde, se alguém hoje de manhã inventou o teletransporte, incrível, excelente. Só não vai mudar nada no planeta até que uma grande parte das pessoas possam ter um em casa e, a partir daí, realmente transformarem seu modo de ir de um lugar para outro.

Mais próximo do que a ficção, temos dois exemplos na história recente.

A Internet foi desenvolvida ainda nos anos 1970, mas seu impacto no cotidiano não teve muito mais destaque enquanto esteve restrita aos meios militares e acadêmicos. Foi a partir de 1994, no Brasil, que se começou a falar de Internet como uma novidade, mas ainda cara e acessível a um número muito reduzido de pessoas. A diminuição dos custos está ligada ao crescimento da quantidade de pessoas que começaram a ter acesso – pensando nas ideias de Tarde, em um processo de imitar quem já tinha conexão, com todos os seus problemas e benefícios. Todo um vocabulário específico passou a fazer parte do cotidiano ("site", "mouse", "conexão", "rede") a partir da imitação do jeito de falar de quem estava ligado à Internet.

Outro exemplo são os celulares e *smartphones*. Embora sua tecnologia exista há décadas, apenas a partir dos anos 2000 seu custo permitiu um acesso de parcelas maiores da população. Mas o preço, pensando com Tarde, não seria o suficiente para levar todo mundo a comprar – palitos de fósforo são relativamente baratos, mas não parece existir um movimento para sua aquisição e uso frequente. Ao ver a comodidade e a praticidade da comunicação móvel, ao notar como o celular poderia facilitar a vida de uma pessoa, outras começam a *imitá-la* no sentido de tentar comprar um também.

Nos dois casos, enquanto o custo era alto, evidentemente as possibilidades de imitação eram menores. Já havia algo em cena: o desejo de fazer igual. Esse ponto é importante no sentido de buscar as condições para imitar outra pessoa, direcionando esforços para isso – ter um *smartphone* com acesso à Internet, aplicativos e redes sociais requer um investimento financeiro alto, e sua popularização não significa que lidar com esses custos seja fácil.

Os caminhos da imitação

A imitação, para Tarde, pode ocorrer em vários sentidos.

Nos casos do *smartphone* e da Internet, por exemplo, a imitação, ao menos no começo, foi bastante vertical e hierarquizada por conta dos altos custos envolvidos. Ter um celular ou um plano de acesso à Internet era, no início, um símbolo de *status* e destaque – usar um celular no ônibus, no início dos anos 2000, podia ser até um pouco malvisto, entendido como um esnobismo fora de lugar. Imitar algo nesse sentido era fazer parte de um seleto grupo de pessoas. A popularização decorre, evidentemente, de uma redução no custo, como condição, mas também como desejo de ser igual a essas parcelas da sociedade.

A imitação hierárquica, aliás, é relativamente conhecida em alguns campos, como o da moda e da alta costura: o lançamento de novas coleções e modelos costuma acontecer em espaços bastante restritos, associadas às grandes grifes e nomes, quando não a eventos. Nesses lugares, a circulação costuma ser limitada e, durante um tempo, as peças tendem a ser exclusivas – e o valor de cada uma garante essa exclusividade.

Até que um dia elas estão nas grandes redes de varejo. Não, é verdade, as mesmas peças, mas algo semelhante, parecido o bastante para lembrar sua origem dentro de outro espaço. Uma imitação, não no sentido simples da palavra, mas enquanto reelaboração de algo feito anteriormente. E não precisamos pensar apenas na indústria da moda: a imitação, no âmbito das roupas, pode acontecer de muitas outras maneiras.

Em 10 de dezembro de 2022, o jornal Extra, do Rio de Janeiro, publicou uma reportagem de Vittoria Alves intitulada "Estilo Kate Middleton: como se vestir como uma princesa, mas com orçamento de plebeia", com dicas para encontrar roupas semelhantes à Princesa de Gales dentro das possibilidades de quem ganha um salário em reais e não vai herdar a coroa britânica. É possível ver nessa notícia, pensando a partir de Tarde, tanto a questão da imitação ("se vestir como uma princesa") quanto das condições específicas que tendem a levar à alguma diferença ("orçamento de plebeia").

Exemplos assim mostram como a imitação está próxima de nossas atividades cotidianas na definição de um estilo compatível com nossas expectativas – no caso, uma figura política, mas poderíamos encontrar milhares de outros falando a respeito de como se vestir como esta ou aquela celebridade. Se estilo é uma questão de imitação, ser imitado, na lógica dos influenciadores, seria como lançar uma onda sonora que vai reverberar de inúmeras maneiras na sociedade – a comparação com a Física é do próprio Tarde, pensando no contexto de sua época.

Imitação por hierarquia

A imitação hierárquica pode ocorrer também de maneira voluntária e pensada, quando um estilo, uma prática ou uma maneira de agir é arbitrariamente imposta sobre outra pessoa. A obrigação de manter uma postura uniforme, de realizar determinadas tarefas no mesmo horário ou ao mesmo tempo, a exigência de unidade e similaridade são aspectos bastante fortes no sentido de obrigar quem está nas partes mais baixas de uma escala a imitar quem está no topo.

Isso acontece, sobretudo, no âmbito institucional, como escolas ou empresas, mas também a partir da utilização de discursos formulados nas partes mais altas da sociedade e imitados por pessoas fora desse circuito de poder.

Imitação por contato

A imitação pode ocorrer também em termos horizontais, e essa parece ser a maneira mais frequente. Nossa vida social acontece, na prática, em poucos ambientes – trabalho, família, igreja, redes sociais. Bem antes de alguém falar em algoritmos ou bolhas, já vivíamos relativamente fechados em nossos próprios grupos de relações sociais, e, na perspectiva de Tarde, esse tipo de associação significa, em alguma medida, imitação.

Uma boa parte de nossas atitudes vem de uma educação informal, obtida a partir da observação e imitação de nossas mães e pais, ou por quem nos criou; em seguida, também de professoras, professores e colegas de escola. Imitamos as atitudes uns dos outros com uma intensidade e uma frequência que desafia qualquer interpretação redutora. Mais tarde, imitamos as pessoas dos grupos com os quais nos identificamos ou queremos nos identificar, com esse processo resultando em novas formas de nos entendermos como pessoa.

Nas redes sociais, vemos pessoas com um estilo que consideramos bom para nós, perto daquilo que somos ou queremos ser.

O estilo conversa conosco, e decidimos seguir a pessoa, imitar algumas de suas atitudes, fazer desse momento um marco para entender a nós mesmos. A lógica dos influenciadores digitais pode ser entendida dentro dessa perspectiva de imitação: ao que tudo indica, não há influência sem essa predisposição à imitação, mas quando os dois processos se encontram o resultado é uma ampla difusão de estilos, ideias, palavras e maneiras de ser.

"Maneiras de ser": a palavra "moda", originalmente, vem do latim e deriva de *modus*, uma referência ao "modo de ser" de alguém ou alguma coisa. Não é por acaso que Tarde inclui uma menção à moda em *As leis da imitação*: não se trata apenas de pensar moda em seu sentido estrito, ligado ao universo das roupas, mas à propagação de *modos de ser* a partir da imitação – daí, por exemplo, que indicamos esse fato para nos referir a qualquer prática em pleno crescimento de imitação ("está na moda viajar para o exterior"; "está na moda criticar filmes de super-heróis") em suas diversas formas.

Quando a imitação se torna uma categoria

Todo esse circuito de identificações se encaminha para a ideia de imitação, sendo essa, segundo Tarde, a principal regularidade que se pode encontrar na vida social. E ajuda a entender alguns paradoxos da sociedade, como a tensão entre coisas novas e antigas, assim como entre a conformidade e a transformação, tendo em mente como a escala micro pode ser decisiva na propagação de ideias. A partir daí, não sem algo de paradoxal, é possível encontrar na própria imitação uma perspectiva de mudança.

PARTE VI
AS DINÂMICAS DA SOCIEDADE

CAPÍTULO 16
Rituais e performances: a vida como drama
Por que comemoramos aniversários?

> *Porque eu sei que o tempo é sempre tempo*
> *E o lugar é sempre e somente lugar*
> *E o que é de fato é fato apenas em seu tempo*
> *E somente em seu lugar*
>
> T. S. Eliot, Quarta-feira de cinzas, p. 179.

A esta altura do livro, tenho boas razões para imaginar que você ande regularmente de transporte público. Explico: pensando no público-alvo, formado por estudantes, professoras e professores universitários, é relativamente comum imaginar, como seu meio principal de locomoção, o ônibus, trem ou metrô de sua cidade.

De certa maneira, é uma espécie de microcosmos das relações sociais, e permitem não só observar, mas também questionar vários aspectos da interação entre as pessoas.

Sobretudo, e esse é o foco do capítulo, como esse espaço está permeado de *rituais*.

Para entender o que há de ritual em uma viagem de ônibus ou metrô, precisamos passar por algumas definições, e, em seguida, voltamos ao exemplo.

A definição de ritual

Mas o que é, exatamente, um ritual?

Em uma primeira definição, rituais são ações simbólicas que representam uma mudança de condição. A palavra, originalmente ligada aos estudos de religião, inicialmente se referia a algum tipo de ação que necessariamente precisava ser feita na execução de alguma cerimônia – por exemplo, a troca de alianças em um casamento, ou recitar uma determinada oração em momentos particulares, geralmente acompanhada de gestos ou movimentos específicos.

A definição de ritual, na sociologia contemporânea, não está muito longe dessa noção original.

O ritual como passagem de um estado a outro

Outra característica, decorrente dessa, é sua ligação como o *tempo*: ela pode ser cronológica, como na celebração de feriados, ou ligada a momentos específicos da vida, como o nascimento ou a formatura. Alguns exemplos podem ajudar aqui.

Começando pela origem, os rituais religiosos: quando um católico, por exemplo, entra em uma igreja e faz o sinal da cruz, esse gesto é o ritual que marca a passagem do mundo *profano*, representado pela rua, e o *sagrado*, pelo espaço que ocupa; no início de uma sessão espírita, a prece inicial tem exatamente o mesmo aspecto ritual, marcar a mudança de uma situação laica para uma sagrada. O aspecto ritual representa uma mudança de estado da pessoa, que pode ser passageira (por exemplo, depois de assistir uma cerimônia na Umbanda o indivíduo retorna às atividades cotidianas) ou mais duradoura, como um casamento ou o batizado. Evidentemente não está em discussão aqui nenhum valor religioso. Até porque rituais estão espalhados ao longo de várias práticas e atividades sociais.

Sua formatura na faculdade é um ritual: ela marca uma mudança de sua condição de "estudante" para "formada". Mesmo se você continuar no mesmo trabalho, fazendo exatamente a mesma coisa, há uma diferença *simbólica* importante: não se trata mais de uma estagiária ou *trainee*, mas de uma profissional formada.

Antes de se formar, a banca de seu trabalho final – o Trabalho de Conclusão de Curso (TCC), Trabalho Final de Graduação (TFG) ou algum nome semelhante – também é altamente ritualizada: você vai mudar de condição e será considerada apta a se formar pelas pessoas que, por sua importância, conduzem o ritual (se o trabalho for aprovado, é bom lembrar).

A quebra entre o comum e o especial

Por estarem ligados à passagem, rituais também marcam algum tipo de *quebra*, mais ou menos forte, nos ritmos do cotidiano. Isso, em alguns casos, reveste qualquer ritual de uma aura de importância: não fazemos aquilo todos os dias, ou a todo momento, mas para definir o início de algo *especial*. Mas é bom não ter muitas expectativas em relação ao "especial", aqui: rituais não marcam apenas grandes momentos, como um casamento ou a entrada em uma faculdade, mas também a passagem entre diversas situações cotidianas.

Rituais só alcançam seus objetivos por conta do *valor* dado a ele por quem está participando: aos olhos de alguém de fora, que não compartilha a mesma *crença* dos outros a respeito de sua eficácia, ele pode parecer apenas um conjunto de gestos e fórmulas vazias.

O ritual como prática simbólica

Olhando de longe, um ritual não tem nenhuma finalidade prática. Mas é exatamente daí que vem sua força: ele opera no nível do *simbólico*, atribuindo um sentido especial a determinadas ações. Você pode dizer, por exemplo, que comemorar seu aniversário ou o Dia das Mães é "apenas um ritual", como se isso diminuísse a importância simbólica desses momentos; no entanto, deixar de celebrar esses rituais pode ser altamente desgastante: há uma espécie de expectativa em relação ao aspecto *social* desse tipo de celebração. Isso nos diz algo a mais a respeito dos rituais: eles são, por excelência, *sociais*.

Certamente você tem seus rituais particulares, como se vestir em uma determinada ordem ou só começar mesmo o dia depois de fazer uma oração ou tomar um café; no entanto, a força dessas práticas, se não for compartilhada com outras pessoas, tende a ser bem pequena. Rituais são práticas simbólicas fundamentais na relação com os outros – e para nos recordar de toda a dinâmica da trama social.

A extensão dos rituais do cotidiano

Quando você está no ponto de ônibus, esperando, há uma curiosa expectativa compartilhada pelas pessoas. Em geral, trata-se de um momento no qual as interações são raras, exceto para quem já está falando com alguma pessoa conhecida. Dependendo do número de linhas que passa por lá, nota-se o olhar das pessoas convergindo quando um ônibus desponta em algum lugar da rua. Isso provoca, em geral, uma dupla movimentação: quem vai subir faz sinal e, em poucos instantes, se prepara – ajeita a bolsa, verifica a carteira, respira fundo; os outros demonstram, a partir de sua expressão facial e corporal, o fato de terem que continuar esperando.

O corpo, nesse momento, é responsável pela maior parte da comunicação entre as pessoas. O movimento "meu-ônibus-não-chegou" é compartilhado por todas e todos nessa situação: trata-se de um certo relaxamento dos ombros e uma volta de cabeça, quase um "não", seja de desilusão ou impaciência. Olhar no relógio, para quem não está com os olhos fixos na tela de um *smartphone*, ressalta essa situação. Quando o ônibus demora muito, pode ser acrescentado a isso uma respiração mais forte, já próximo da indignação. É possível, nesse momento, algum tipo de interação, seja um questionamento ("faz tempo que o ônibus x passou?") ou compartilhando o sentimento negativo ("nossa, como demora isso!").

Finalmente, quando seu ônibus chega, é a hora de dar o sinal. Aqui as interações rituais começam a ficar mais visíveis: é comum que, mesmo uma pessoa já tendo sinalizado para o ônibus, as demais interessadas também façam isso. Hábito? Medo de que o motorista não tenha visto? Vontade de reforçar o pedido? Ação inconsciente de tentar ter a última palavra?

Dar o sinal já é um ritual? Em termos estritos, talvez não: ele tem uma finalidade muito prática de sinalizar para quem está dirigindo o ônibus nosso interesse em embarcar, e está plenamente inserido no fluxo das práticas cotidianas. Seu aspecto é mais no sentido de *indicar* algo do que propriamente de *simbolizar* uma situação (não faço sinal para o ônibus para representar as contradições da existência humana, mas porque quero subir).

Espera-se, a partir daí, que o ônibus encoste e o motorista abra a porta.

Mas o mundo social não é tão simples.

Às vezes acontece de um ônibus parar um pouco distante do ponto, seja porque já existem outros veículos na frente, seja porque algum automóvel particular está ocupando o espaço. Isso provoca um breve mas perturbador dilema coletivo: vamos até o ônibus ou esperamos ele chegar mais perto? Nem sempre temos tempo de avaliar corretamente os sinais, sobretudo se o motorista abre a porta ainda fora do ponto. Corremos até lá? Esperamos? E se esperamos e o ônibus vai embora? É possível tentar coordenar suas ações a partir da observação de quem está ao redor: se todo mundo for na direção do ônibus, a probabilidade de uma porta ser aberta e as pessoas embarcarem é relativamente alta. Esse momento de breve descoordenação do social mostra algo da fragilidade das normas existentes no social: bastam alguns metros de distância e toda uma série de expectativas se transformam em probabilidades – está em jogo perder o ônibus e esperar o próximo, um luxo para poucos.

Diante da porta, em alguns casos, há um momento de ação do todo social: quando alguém mais velho, ou com necessidades especiais, vai desembarcar em um sentido contrário ao fluxo de pessoas subindo. Em casos assim há uma expectativa mútua de respeito: é um momento de ver o social em ação, com o todo dos indivíduos controlando a parte, cada pessoa diante da porta. Qualquer tentativa de ruptura, por exemplo, não esperar uma senhora de idade terminar de descer e já tentar subir, implica o risco de alguma manifestação para recompor a situação ("espera a senhora descer!"). Situação social, mostra não apenas os limites de tolerância do todo mas também uma certa coordenação.

Um ritual, no entanto, vem em seguida, quando você cumprimenta o motorista. Dizer "bom dia" não significa necessariamente uma genuína preocupação com as condições de felicidade da pessoa, mas representa um ritual de entrada em uma situação nova, a viagem de ônibus. A motorista, responsável pela direção, é saudada em termos dessa passagem do microcosmos da rua, ou melhor, da calçada, território dos pedestres, para o ônibus, espaço voltado para o viário. Esse ritual vai um pouco mais além: em sociedades altamente hierarquizadas, marcadas por fortes desigualdades, esse gesto indica algum nível de respeito e reconhecimento pela pessoa que está fazendo seu trabalho. Não se trata, como em séculos de relações senhoriais, de diminuir ou apagar o indivíduo pelo cargo que ocupa, mas reconhecer, a partir do ritual de saudação, a dignidade da pessoa.

As formas de poder do ritual

"Tudo isso em um 'bom dia'?", você pode perguntar. "Não está querendo ver demais?"

Pode ser, e a autorreflexividade nunca escapa do horizonte sociológico: sempre podemos estar errados. Vale lembrar, no entanto, que o poder simbólico geralmente age de maneira sutil e pouco visível. Um dos principais marcadores de desigualdade e poder, na sociedade, está escondido na lógica dos rituais de saudação, responsáveis por demarcar simbolicamente o momento do "não estou te vendo" para "estamos em interação". Você não ignora uma diretora da empresa ao passar por ela em um corredor, embora a recíproca possa ser verdadeira; mas pessoas responsáveis por tarefas consideradas menos importantes nem sempre são alvos da mesma deferência, como se a dignidade de uma estivesse atrelada ao seu cargo ou emprego. Dito de outra maneira, nas práticas sociais nem todo mundo recebe um "bom dia", e isso significa mais do que uma questão de educação.

O ponto seguinte é regular a proximidade dos corpos.

Um ponto antes de continuar: a seriedade desse aspecto não pode ser deixada de lado, sobretudo como lição a aprender para nós, homens: há toda uma história de violência contra mulheres no transporte público, e reconhecê-las é um passo fundamental para qualquer transformação. E, nesse caso, diante do crime, não estamos mais nos domínios da Sociologia, mas do Direito. Mesmo sem nos aprofundarmos nisso, seria leviano não mencionar.

O ritual como ponto de partida das relações sociais

Há uma artificialidade em relação ao posicionamento das pessoas. É o que o sociólogo canadense Erving Goffman chama de território de si: trata-se daquele ponto fundamental da geografia cotidiana onde a pessoa pode estar, ou se movimentar, sem tocar em outras. Isso é completamente transformado quando o ônibus está cheio.

Algo semelhante acontece em elevadores ou qualquer situação parecida: estamos em uma situação de proximidade *física* que não tem nada a ver com a existência de qualquer outra coisa em comum. Trata-se quase de um laço forçado, responsável por constranger os limites de si ao máximo.

A passagem física, nesses casos, costuma ser antecedida de um micro-ritual, endereçado por um segundo à alguma outra pessoa: "com licença". Por que esse ritual é importante? Para mostrar que não estamos em uma situação normal. Uma passagem desse tipo, com as pessoas perto uma das outras, está fora das práticas cotidianas consagradas, e precisa ser marcado ritualisticamente até em termos de uma justificação de uma proximidade incompatível com as normas de distância da sociedade em outras situações.

Em última instância, no ônibus, o marcador é fechado com uma expressão ritual capaz de encerrar qualquer dúvida: a expressão "vai descer!" se mostra, aqui, como o encerramento da passagem ritual. É interessante notar a utilização da terceira pessoa para falar de si mesma: a *impessoalidade* do ritual, neste caso, é amplamente marcada: espera-se o respeito por qualquer um ou qualquer uma naquela condição, não como um privilégio pessoal, mas como prática social.

A situação é um pouco diferente quando você tem a sorte de encontrar um lugar para sentar.

Há, em geral, uma regra não escrita de que, havendo dois assentos vazios, a primeira pessoa a chegar deve ficar próximo à janela. Há uma razão prática nisso, facilitar a vida de quem for se sentar depois – a pessoa não precisaria se deslocar para permitir a passagem da outra. Mas sentar ao lado de alguém requer um breve, mas importante ritual: a perspectiva de uma proximidade física precisa ser precedida de um gesto ritual de solicitação, com a respectiva permissão, para estabelecer esse tipo de vínculo, por mais frágil que seja. Trata-se, na prática, de dizer "com licença" antes de se sentar, elemento complementado, às vezes, por um gesto de cabeça na direção do assento, indicando o local.

É interessante que raramente a expressão "com licença" é dita de maneira completa, em voz alta e em bom som. Em geral, trata-se de algo dito rápido, quase como um assobio. (Anos atrás um professor britânico, em visita ao Brasil, me perguntou porque as pessoas faziam um "som sibilante" ao sentar ao lado de outras no ônibus; demorei um pouco para entender que ele se referia ao som que "com licença" faz quando pronunciado de maneira muito rápida e em voz baixa: algo como "ssença", dirigido brevemente à outra pessoa).

Esse ritual pode durar menos de um segundo, mas é importante como uma solicitação de permissão para o estabelecimento da proximidade: você está prestes a entrar em um espaço que, em outra situação, não seria pensado: nenhuma norma social pode ser rompida sem a execução de um ritual – se você vai ocupar involuntariamente o espaço de outra pessoa, o ritual de permissão é fundamental.

Esse jogo de movimentos, falas e ações pode parecer um pouco estranho aos olhos de quem não estiver familiarizado com os sentidos do ritual. Aliás, jogando com as palavras, pode parecer exatamente algo *sem sentido* – e esse desconhecimento pode ser uma das fontes de alguns dos problemas e dificuldades de se conhecer qualquer outra cultura: o ritual só tem plenamente sentido para quem está diretamente ligado a ele; dito de outra maneira, quem participa de sua *performance*.

A dramaturgia do social

A palavra "performance" está ligada ao teatro, e é utilizada, às vezes, como sinônimo de "representação". Na Sociologia, seu sentido não está muito distante dessa ideia, mas com uma diferença fundamental: não estamos, evidentemente, falando de uma atuação no palco, com uma plateia assistindo, mas de uma representação que acontece na interação com os outros. Ou, se você preferir, de uma *teatralidade da vida social*.

A noção básica de performance parte do princípio de que, nas situações cotidianas, existem papeis a serem representados pelos participantes. Por exemplo, para o atendente de uma lanchonete, você é a cliente a ser atendida; para suas amigas e amigos, você é uma pessoa em quem se pode confiar (assim esperamos); em casa, você é a filha, o pai ou o irmão, assim como no trabalho você ocupa um cargo ou outro. Em todos esses casos existe a expectativa de se agir conforme a situação espera – é a *persona* a ser representada.

A palavra "persona", do latim, designava as máscaras usadas nas representações teatrais. Elas tinham uma abertura no lugar da boca por onde a voz da pessoa soava – em latim, era um lugar "para a voz soar" (*per sonare*). Com o tempo a expressão passou a designar não só a máscara, mas a parte representada pelo ator – seu *personagem*. Na vida social, existem inúmeras *personas* a serem representadas por quem estiver em uma ou outra situação.

As situações de interação

Isso acontece porque as interações sociais, em sua maior parte, são regidas de acordo com uma espécie de roteiro, um *script*, previamente definido pela própria sociedade, em suas interações anteriores. Ele é responsável, em certa medida, por indicar não apenas qual é a situação, mas também quais são as ações possíveis, permitidas ou esperadas para cada personagem. Assim como lembra Goffman, no livro *Comportamento em lugares públicos*, não é a relação entre as pessoas que define uma situação; ao contrário, é a situação que define qual será a relação entre as pessoas.

Como quase sempre acontece, só percebemos isso quando algo sai errado ou, em termos da dramaturgia cotidiana, fica *fora do roteiro*. Imagine que você está com seu namorado e encontra uma pessoa importante de seu trabalho. A situação definida até então como "namoro" não pode continuar exatamente a mesma: é necessário fazer uma *modulação*, ainda que breve, para um certo grau maior de formalidade. Afinal, a presença da outra pessoa – "importante", lembre-se – transforma tudo. Haverá provavelmente alguma apresentação mais formal ("este é meu namorado") e qualquer manifestação de intimidade deve cessar imediatamente, esperando para ser retomada quando a outra pessoa for embora. Termo criado por Goffman, a "modulação" indica, em linhas gerais, essa passagem de situação para dar conta de um acontecimento novo.

No entanto, se alguma coisa sair do roteiro, imediatamente há uma grande chance de uma situação constrangedora se instalar. Por exemplo, se a pessoa de seu trabalho não tiver noção de que precisa ir embora logo para deixar vocês à vontade ou, mais grave ainda, puxar um assunto de trabalho ("aproveitando que te encontrei, posso te perguntar sobre..."). Do mesmo modo, se a situação de intimidade se prolongar inesperadamente, certamente haverá outro tipo de constrangimento – por exemplo, se seu namorado deixar escapar um apelido carinhoso ("Ah, o mozão sempre fala de você"). Por que a sensação de embaraço? Porque houve uma quebra inesperada de roteiro, levando a uma indefinição de qual é o papel esperado, ou correto, a assumir naquele momento – não é mais a situação "namoro", mas também não é "trabalho".

Um rito de instituição

No filme *Vingadores: Guerra Infinita*, há uma curta, mas representativa cena que pode ajudar a compreender a importância dos rituais, por menores e mais rápidos que sejam. Em um momento particularmente tenso da história, três dos heróis, Homem de Ferro, Homem-Aranha e Doutor Estranho estão em uma nave espacial prestes a ser destruída. No filme, o Homem-Aranha é bem mais jovem do que os outros protagonistas, e está apenas descobrindo a extensão de seus poderes. Embora trabalhe com os Vingadores, não é oficialmente um deles. Na cena da nave, quando ele hesita em agir por conta disso, Tony Stark bate com a mão espalmada, imitando o que seria uma espada, em seu ombro direito e, logo depois, no esquerdo, acompanhando com as palavras "Agora você é um dos Vingadores".

Stark estava reproduzindo, de maneira estilizada e irônica, o que é entendido como um antigo ritual de sagração de novos cavaleiros na Idade Média (ou pelo menos na Idade Média inventada por Hollywood): um rei, ou autoridade, batia com uma espada alternadamente nos ombros de uma pessoa, dizendo, enquanto isso, "eu nomeio você cavaleiro". No filme, apesar do tom, a cena é semelhante: depois desse breve ritual, o Homem-Aranha faz parte dos Vingadores – e nada de *spoilers* além disso.

A performance das cenas no social

As performances sociais, assim como qualquer outra, são compostas de vários elementos, e o sucesso de uma interação pode depender de cada um deles. Em primeiro lugar, o cenário onde a cena vai se desenrolar – uma sala de aula ou o Pronto Atendimento de um hospital. Essa definição inicial garante a presença de *objetos de cena* sem os quais a performance seria muito difícil – carteiras, cadeiras e um quadro, na classe; guichês, salas de triagem e consulta, em outro. Do mesmo modo, há um *figurino* esperado para essa situação: uniformes para alunas e alunos, para enfermeiros e auxiliares de enfermagem, jalecos para os médicos – para professoras e professores nem sempre há um traje específico, o que também é parte da *persona* a ser adotada.

Mas não termina por aí: cada uma dessas situações é dotada de um *roteiro*, quase automático, com as falas possíveis e esperadas de cada pessoa. E, assim como em um enredo teatral, há uma expectativa relacionada aos momentos da interação – ela deve ter uma *trama*, bem como um começo, meio e fim bem definidos. Retomando o exemplo do ônibus, a interação "Pedir informações para o motorista" tem todos esses elementos: um objetivo (obter informações), a abertura da cena ("bom dia"), a trama principal ("Passa no Mercado Central?" / "Só na volta") e o encerramento ("Obrigado").

"Mas eu não posso falar o que eu quiser?", é possível perguntar.

Poder, pode. Mas a situação nem sempre permite: uma das características das performances do cotidiano é a existência de uma expectativa recíproca de comportamentos.

É preciso tomar um certo cuidado para não levar a ideia de performance muito longe a ponto de cair no determinismo: as pessoas, em qualquer situação, sempre conservam sua potência de agir, e a capacidade de agenciamento dos sujeitos, até onde se sabe, nunca é totalmente definida ou determinada – existe sempre espaço para mudanças, para a criatividade e para a transformação.

Expectativas e rupturas

Por que, então, essas performances existem? Em um primeiro nível, devido a boa parte de seu caráter ritual: elas são responsáveis por cumprir determinadas expectativas e, em alguma medida, suavizar os processos de interação social a partir de um ponto de vista mais prático. Segundo, vale lembrar, essas performances podem contribuir para naturalizar situações de desigualdade e mesmo de opressão. Um terceiro ponto é contrário, em certa medida, ao anterior: conhecer o roteiro de uma performance na dramaturgia do cotidiano pode ser um ponto de partida para questioná-lo.

Por isso, a rigor, você pode falar o que quiser em qualquer situação, mas é importante pensar em quais condições isso pode acontecer. A ruptura com os roteiros, nas performances da vida social, raramente é simples.

Você não vai chegar na consulta com uma médica, no Pronto Atendimento, e falar de qualquer outro assunto que não seja sua emergência. Espera-se que logo após uma saudação inicial mínima (um rápido "bom dia" ou "boa noite"), você já entre no assunto. Afinal, a cena é um lugar marcado por um alto grau de concentração e risco, e qualquer trivialidade está fora de questão.

Em situações mais sossegadas, ao contrário, é esperada alguma interação inicial falando de trivialidades ("que chuva, hein?", "nossa, o trânsito!") antes de se começar a falar do assunto principal. Esse momento pode, aliás, ser demarcado verbalmente com alguma expressão, em outro tom de voz, indicando a mudança ("bom, queria falar com você sobre...").

Isso acontece porque todas e todos os participantes conhecem previamente o roteiro, e uma quebra, se não for justificada, leva a um estranhamento. Por exemplo, se uma das pessoas prolonga muito a interação inicial e resolve falar sobre amenidades, digamos, algo sobre a vida amorosa das anêmonas do Mar do Norte, em algum momento você vai interromper, de maneira mais ou menos polida ("olha, desculpe, precisaríamos falar sobre..."; "escuta, podemos ir direto ao ponto?"). No limite, pode significar a interrupção da cena para algum tipo de rearranjo – chamar a segurança, por exemplo, ou finalizar a interação.

Prestar atenção nessas micro performances ajuda a delinear melhor as relações de poder em circulação na sociedade.

Para voltar ao exemplo, se uma pessoa se estende muito falando de trivialidades antes de uma conversa séria, a outra pode interromper.

No entanto, imagine que uma delas está em uma situação considerada historicamente subalternizada diante da outra. Além disso, poder afetar sua autorrepresentação – a *persona* não é um aspecto separado de ninguém – e a consideração que tem por si mesma, muitas vezes pode fazer com que a pessoa *se sinta* inferiorizada naquela cena. O resultado é uma assimetria: a pessoa na posição mais privilegiada poderá estender sua conversa indefinidamente sem que a outra a interrompa. E, mesmo se isso acontecer, existem rápidos instrumentos de correção de rota, dos aparentemente mais suaves ("já estou terminando") até às demonstrações ostensivas de poder ("Eu estou falando, pare de me interromper").

A teatralidade do cotidiano

As performances sociais estão ligadas ao momento em que acontecem, a *cena*, na qual se espera não apenas um conjunto de participantes, as pessoas, mas também todos os detalhes envolvidos para caracterizar uma interação qualquer.

A ideia de analisar a sociedade de um ponto de vista dramatúrgico foi desenvolvida por várias pesquisadoras e pesquisadores, dentre os quais se destacam, entre outras e outros, Erving Goffman, Victor Turner e Jean Longdon, assim como, na antropologia, Mariza Peirano. Apesar da diferença entre essas autoras e autores, parece existir um ponto comum: a perspectiva de entender as interações sociais a partir da noção de performance, isto é, de uma certa teatralidade existente em todas as ações em sociedade.

Mas é importante deixar algo bem marcado: a ideia de "representação", aqui, não significa de maneira nenhum fingimento ou, menos ainda, algum tipo de falsidade. Ao contrário, representar um papel na vida social *faz parte da identidade* de cada pessoa.

Evidentemente não existe necessariamente nenhum ajuste perfeito entre quem você é e alguns dos papeis que representa nas interações sociais. Ao mesmo tempo, é impossível separar completamente cada uma das facetas que você representa para outras pessoas. O resultado nem sempre é bom: é possível passar a vida inteira atuando com *personas* muito distantes de quem se é ou gostaria de ser, em um nível de performance que leva a um esgotamento de si.

Mas aí nós já saímos da ideia de ritual, performance e dramaturgia e entramos em outro campo de estudos da Sociologia: a ideia de entender o lugar das emoções, que segue nas próximas páginas.

CAPÍTULO 17
Os usos sociais da emoção
Como aprendemos a sentir a coisa certa na hora certa

> *Tenta me entender*
> *Apenas sentimos, sem saber.*
> *A gente sente. Sim, e assim sentimos.*
> *E seguimos, tenta me entender.*
>
> Paula Valéria Andrade, Universo de nós [2] dois, p. 15

A ideia de um estudo sociológico das emoções talvez seja meio contraintuitiva. Afinal, se emoções e sentimentos são manifestações individuais, como é possível pensar em alguma característica social? A pergunta pode ser mais direta: o que a sociedade tem a ver com o que você sente ou deixa de sentir? Altamente pessoais, as emoções parecem escapar de qualquer aspecto social. Até você começar a perceber como suas emoções são, na verdade, particularmente dependentes do contexto e da sociedade onde se vive.

Três exemplos, ou melhor, três cenas, podem ajudar a entender.

Cena 01: Uma lanchonete em qualquer capital brasileira, final de tarde. Na parede, uma televisão ligada em um programa de TV onde o destaque é para crimes, problemas sociais e tragédias. O apresentador, ao contar a história, usa uma série de recursos, como gestos, olhares, expressões faciais, mudanças rápidas no tom de voz para mostrar os afetos envolvidos no caso. Se você prestar atenção às pessoas ao seu lado, talvez tenha a sorte de ver, no semblante de algumas delas, as emoções esperadas naquele momento – raiva, indignação, pena da vítima, desejo de justiça, quando não de vingança.

Cena 02: Um *shopping center*, entre meados de abril e início de maio. Por todos os lados, telas digitais, cartazes e *banners* lembram o quanto sua mãe se sacrificou por você, que amor de mãe não tem igual, ou como é importante valorizar aquela que sempre te apoiou nos momentos difíceis – estou, é claro, reproduzindo alguns dos discursos comuns da época do Dia das Mães. A única emoção em vista é o amor, temperado com traços de gratidão e reconhecimento. Talvez até algumas indicações de culpa caso você *não* compre um presente para ela.

Cena 03: Noite de sábado, casamento em um templo religioso. Famílias, amigas e amigos reunidos para testemunhar o momento, no qual a parte principal, espera-se, é o amor entre os noivos. Mas também existe alguma tensão no ar: será que vai dar tudo certo? Os detalhes estão bem arrumados? A música vai começar na hora exata? Será que a noiva vai vir? A gente ouve várias histórias de casamentos desmanchados, do noivo que sumiu ou a noiva que não apareceu – ou um dos dois "fugiu com alguém". Será é hoje? Em menor escala, há também um certo sentimento de perda: algo está ficando para trás, seja um membro da casa, seja uma vida de solteira.

Essas três cenas, em diferentes momentos e lugares, são indicadores de como as emoções estão espalhadas pelo tecido da sociedade. Em cada cena há uma emoção dominante, compartilhada por todas as pessoas presentes: raiva, medo e indignação, na primeira; amor filial, e talvez uma dose de culpa, na segunda; amor entre um casal, na terceira. Nos três casos, não há exatamente um único protagonista para *sentir* essas emoções – certamente existem pontos focais, mas o forte desses momentos é o fato de todo mundo, em uma situação assim, compartilhar a mesma emoção.

É verdade que uma ou outra pessoa pode, individualmente, sentir algo totalmente diferente – nada impede alguém de estar distraído na lanchonete, não ligar a mínima para o Dia das Mães ou estar mais entediado do que uma anêmona durante um casamento. Mas a expectativa é outra: espera-se uma agitação coletiva na direção das emoções propostas em cada momento, com o mesmo sentimento compartilhado e amplificado por todas as pessoas presentes. Naquele momento, o vínculo de comunidade parece ficar mais forte do que nunca.

E com razão: as ligações afetivas são poderosos laços sociais.

Aquilo que move você

O que estamos chamando, aliás, de "emoção"? Definir do que se está falando pode ajudar um pouco a seguir com a ideia e, neste caso, desmontar o nome pode ser um caminho para entender seu sentido.

A palavra "emoção" vem do latim *ex-movere*, algo como "mover em qualquer direção" ou "mover para fora de onde está". *Ex-*, em latim, significa "algo que está fora e não deve voltar nunca mais". O significado inicial de emoção, portanto, está ligado ao movimento. Em termos quase literais, à agitação que você sente quando é tomada por algum tipo de emoção; isso pode variar, mas, em geral, os sinais do corpo são bem diretos: o coração bate mais rápido, a respiração acelera, pernas e pés querem sair correndo, geralmente em direções opostas, as mãos tremem – daí a ideia de "movimento" ligada à emoção.

Nas línguas inglesa e no francês, a palavra *emotion* guarda essa raiz: *motion* é "movimento". Por isso, a título de exemplo, quando alguém é colocado em um cargo mais a pessoa é *promovida*, "movida para frente"; no contrário, ela é *demovida* de uma ideia; quando sinto algo parecido com o que outras pessoas sentem, ficamos "movidos juntos", ou *comovidos*.

Emoção, pathos e paixão

Dito de outra maneira, emoção é o que te movimenta, tira você do estado normal. Em um sentido próximo, embora não literal, os antigos gregos tinham a palavra *pathos*, utilizada para definir uma sensação intensa e profunda, que nos tirava do normal – a palavra "patologia" ainda reflete essa ideia de que "algo não está bem". Quando os romanos foram traduzir *pathos*, escolheram *passio*, significando "dor" ou "sofrimento", na raiz da palavra moderna "paixão". Por isso, estar apaixonado é, literalmente, estar fora de lugar.

Acontece algo semelhante com as emoções. Sejam quais forem elas, sua principal característica é mexer conosco, nos mover na direção de algo ou alguém. Daí sua importância para a Sociologia: emoções nos movem também na direção de outras pessoas, no sentido de formar ou quebrar vínculos, agir de uma maneira ou de outra. Quando a emoção entra em cena, nem sempre pensamos de maneira fria e racional em cada um de nossos atos.

O estudo sociológico das emoções

Durante muito tempo, o estudo das emoções esteve ligado à Filosofia. As perguntas básicas se referiam à definição do que seria uma "emoção" – aliás, nem a palavra era muito utilizada: expressões como "sentimentos" e "paixões" eram usadas em um sentido próximo do que hoje entenderíamos como "emoção". No século 16, o filósofo francês René Descartes, por exemplo, escreveu um livro chamado *As paixões da alma*, onde investiga a origem de nossas emoções; algumas décadas depois, o escocês Adam Smith, em seu livro *Teoria dos Sentimentos Morais*, estuda a manifestação social dos afetos – nesse livro ele apresenta o conceito de "empatia" como um sentimento importante para a manutenção da vida social.

Foi só no século 19 que a então nascente Psicologia se dedicou a entender os sentimentos e as manifestações emocionais. Afetos e emoções estariam primariamente no terreno das sensações pessoais, o que as colocaria no campo da Psicologia. Vistas como um componente básico do comportamento, as emoções eram estudadas do ponto de vista do indivíduo, mesmo quando isso o levava a interagir com outras pessoas.

A Sociologia, no entanto, sempre se dedicou ao estudo das emoções, de maneira direta ou indireta. Desde os primeiros estudos sociológicos, o problema dos afetos relacionados aos vínculos sociais apareceu como um problema de pesquisa, sobretudo por conta de seu poder e importância na criação dos laços sociais.

Não existe, por exemplo, ritual sem afeto ou emoção; pertencer a um campo profissional significa estabelecer, ainda que em um nível básico, alguma relação de afeto com suas práticas; nossa identidade é fundamentada, em boa parte, no que sentimos em relação ao mundo social.

Embora a Sociologia das Emoções seja relativamente recente, datando dos anos 1980/1990, os principais estudos sociológicos nunca deixaram totalmente de lado o lugar ocupado pelos sentimentos nas ações humanas, mesmo nas interpretações mais racionalistas. A percepção de que emoções são também fenômenos sociais, responsáveis por definir algumas das dinâmicas da sociedade, estava presente desde os primeiros trabalhos da Sociologia, e sua importância nunca deixou de ser lembrada.

Emoções são uma das matérias-primas da vida em sociedade, responsáveis por boa parte dos vínculos sociais mais fortes entre os indivíduos. O estudo das emoções é um campo vasto, onde dialogam várias correntes e escolas, cada uma com sua visão específica não só do que pode ser chamado de "emoção", mas também em quais condições elas se manifestam. Sem entrar nos detalhes, podemos dizer que existem, basicamente, duas grandes linhas, ou posições, no estudo das emoções.

Existem emoções universais?

A primeira linha de pensamento sobre as emoções costuma ser chamada de visão *essencialista* ou universalista. Como o nome sugere, pesquisadoras e pesquisadores dessa tendência entender que emoções tem uma origem biológica, e estão inscritas diretamente na mente, antes mesmo da razão: ao que tudo indica, as emoções aparecem bem antes de qualquer tipo de consciência, e são um dos aspectos mais importantes da evolução.

Mas, antes de seguir, queria fazer uma pergunta.

Você tem algum bicho em casa? Não conte para ninguém, mas, só aqui entre nós: você conversa com seu gato? Ou com sua cachorrinha? Você já notou que eles parecem perceber rapidamente quando você está triste ou está feliz? É como se eles notassem o que você está sentindo e entendessem perfeitamente cada uma de suas emoções. Afinal, eles também têm emoções e sentimentos. Às vezes parece que eles entendem você até *melhor* do que outros seres humanos.

(Enquanto escrevo estas linhas, ao meu lado, aqui na parede, tem um quadro com a foto de um cachorro e a legenda: "Se meu cachorro pudesse falar, me daria os melhores conselhos do mundo". Provavelmente).

O fato de animais também terem emoções, até certo ponto, muito parecidas com as dos seres humanos não é o único ponto a considerar. A posição essencialista se baseia em outro grupo de evidências: seres humanos, independentemente da cultura onde estão, parecem sentir basicamente as *mesmas* emoções. As palavras podem ser diferentes, e a intensidade com a qual se sente também, mas, ao que tudo indica, existe um grupo básico de emoções que podem ser sentidas, e identificadas, por qualquer ser humano. Trata-se de uma linguagem não-verbal, manifestada sobretudo a partir das manifestações do corpo. Conseguimos, por exemplo, distinguir quando uma pessoa ficou "vermelha de vergonha" ou quando seu olhar é ameaçador; a expressão de medo, por sua vez, parece ser absolutamente idêntica em todos os seres humanos.

As condições sociais da emoção

Por outro lado, a expressão das emoções também parece ser altamente condicionada por fatores sociais. Essa segunda postura, igualmente defendida por vários e várias especialistas, entende a emoção como um fenômeno *cultural*. Em linhas simples, neste segundo ponto de vista, não existem emoções universais, e sua base biológica não é suficiente para comprovar isso; ao contrário, as emoções e sentimentos são expressões de algo aprendido socialmente, na relação com outras pessoas e dentro de um contexto particular – há todo um *aprendizado* das emoções.

Até que ponto, de fato, pessoas originárias de culturas diferentes conseguem sentir exatamente a *mesma* emoção? Talvez em algum aspecto muito básico, mas insuficiente para definir as emoções como algo "universal" ou parte de uma suposta "essência" humana – existe alguma coisa chamada "natureza humana"? As diferenças de linguagem são uma poderosa evidência de que não, não sentimos as mesmas emoções.

Em francês, por exemplo, não existe uma palavra para "gostar": o verbo utilizado é *"aimer"*, "amar", algo com sentido muito diferente da língua portuguesa. Aqui, "gostar" e "amar" estão ligados à mesma raiz afetiva, mas com uma importante diferença de intensidade: dizer "eu gosto de você" é muito diferente de dizer "eu te amo" – os usos de cada uma dessas expressões, aliás, está ligado a situações bastante específicas. Nas redes sociais, o verbo "curtir", bastante usado, é uma tradução do inglês *"to like"*, mas que significa "gostar" – e há uma diferença entre "curtir" e "gostar" em termos de formalidade e ocasião de uso.

O fato de termos sentimentos em comum com outros animais e com outros grupos humanos, não é necessariamente uma prova de estarmos sentindo exatamente a mesma coisa, e é importante demarcar o quanto as diferenças culturais e sociais são importantes para definir o que, quando onde e como podemos – ou *devemos* – sentir uma determinada emoção.

O lugar das emoções na sociedade

Do ponto de vista sociológico, a pergunta é um pouco diferente.

Não é tanto a origem das emoções, embora essa discussão seja importante, mas os *usos sociais da emoção*, isto é, qual o seu lugar nas interações humanas, na relação entre pessoas e grupos e, em termos mais amplos, das próprias sociedades. As situações descritas no começo do capítulo indicam a existência de algum direcionamento social a respeito de quais emoções podem ou não ser sentidas em cada momento, mesmo levando-se em conta as exceções individuais.

É preciso, de saída, tomar cuidado para não cair em uma visão simplista do assunto.

Ao falar dos usos sociais da emoção, o ponto não é afirmar que a sociedade define ou impõe qual sentimento devemos ter nesta ou naquela ocasião; a questão é entender por que, de fato, *sentimos* determinadas emoções em algumas situações e não em outras.

Acreditar em uma relação simples entre as situações vividas e o que sentimos seria equivalente a negar qualquer emoção autêntica: ao chorar em um velório você estaria apenas obedecendo a uma convenção da sociedade – e sabemos que não é assim. Você realmente fica triste ou alegre em algumas situações, orgulhosa ou com raiva em outras, e a pergunta é tentar entender quais razões, ou condições, levam a isso.

O aprendizado social das emoções

Uma explicação pode começar lembrando algo importante: emoções podem ser um fato biológico e natural; mas saber *o que*, *quando* e com *qual intensidade* sentir alguma coisa, ao que tudo indica, é um fenômeno *social*. Nascemos com a capacidade de sentir emoções, mas *aprendemos*, em alguma medida, como devemos usá-las na interação com outras pessoas.

Desde crianças aprendemos quais emoções sentir em um determinado momento. Esse aprendizado raramente é formal, mas faz parte de nosso processo de *socialização*, isto é, a maneira como aprendemos a viver com outras pessoas.

Você aprende bem cedo, por exemplo, a controlar a raiva que sente de outras pessoas: se você terminou sua comida primeiro, tentou pegar a do seu irmão mais novo e um adulto impediu, há alguma chance de você experimentar uma sensação de raiva; o impulso inicial, talvez, fosse tentar pegar à força; quando alguém mais velho intervém, você reclama, grita, faz uma expressão facial negativa, atira qualquer objeto ao alcance das mãos. Mas você perdeu, e precisa lidar, por si mesma, com sua raiva – agora junto com a tristeza de não conseguir o objeto. (Se você substituir algumas coisas nessa cena, talvez entenda o comportamento social de muitos adultos quando não conseguem o que querem).

Ao longo do tempo, nem toda raiva é ruim ou contida. Seu pai, digamos, ofende todo mundo no trânsito enquanto dirige ("Lerdo! Esse cara não sabe aonde vai!") e ninguém fala nada; sua mãe fica brava com alguém do trabalho dela, fala horrores da pessoa em casa, e não ouve nada a respeito disso; nos filmes e séries de TV, a raiva da heroína ou do herói pode ser usada para combater o mal, desde que utilizada na dose correta.

Aos poucos, no processo de socialização, você nota quando e onde a raiva pode ser mais ou menos bem-vista. Certamente essa emoção pode surgir em você a qualquer momento; não estamos falando disso, mas da possibilidade de demonstrar socialmente o que você está sentindo. Em uma reunião de trabalho, ao ouvir algo desagradável, você não pode simplesmente arremessar objetos longe: a raiva está lá, mas anos de aprendizado social do uso das emoções diz como você deve direcioná-la – e certamente não é pela via da agressividade. As consequências, em um ambiente desses, seriam muito negativas.

Isso também se refere aos aspectos positivos.

A sociedade está repleta de estímulos e incentivos ao amor, provavelmente a emoção mais celebrada, retratada e cantada ao longo da História. A música romântica de uma sociedade, por exemplo, pode nos dizer muito sobre quais são as formas aceitas de amor, o lugar de cada pessoa em um relacionamento ou os sentimentos próximos a ele – ciúme, alegria, abandono e assim por diante. Além disso, mostra qual é a intensidade esperada da manifestação desse sentimento: conforme a época, o estilo e o gênero musical, uma canção pode falar do amor de maneiras muito diferentes.

Uma música romântica dos anos 1950 mostra uma perspectiva de relacionamento muito diferente de outra, escrita em 2020. O tema pode ser o mesmo, o amor, mas o contexto provavelmente deve ser outro. Uma imagem de uma mulher submissa, aceitando e perdoando as traições do marido, talvez fosse aceita em uma canção dos 1950 ou 1960, mas provocaria uma enorme discussão na atualidade – uma canção dessas, naquele momento, talvez despertasse tristeza e compaixão nos ouvintes; hoje, talvez levante reservas e críticas a partir de perspectivas de gênero – a emoção dominante, eventualmente, seria a indignação com o fato.

No controle das emoções?

No filme *Divertidamente*, um dos desafios de Riley, a protagonista, é aprender a lidar com suas emoções em um momento crítico de mudança da infância para a vida adulta. Embora o filme trate essa questão do ponto de vista psicológico, é na relação com os outros que isso precisa ser demonstrado. As condições não poderiam ser mais complicadas: ela está chegando em uma cidade nova, deixou todas as suas amigas e amigos para trás, teve que abandonar de uma hora para outra sua atividade como jogadora de hóquei e, para fechar, a mudança da família se perdeu no caminho.

Em seu primeiro dia de aula na nova escola, exatamente quando deveria mostrar todo seu autocontrole e confiança para a turma, esses problemas vêm à tona e ela começa a chorar. A classe se entreolha, sem saber muito bem o que fazer diante dessa demonstração, aparentemente fora de hora, das emoções. A professora rapidamente pede para Riley se sentar e a situação termina de forma imediata, mas constrangedora.

Do ponto de vista de uma sociologia das emoções, há dois pontos a pensar.

Na cena, por um lado, há um deslocamento entre a emoção esperada e a demonstração. Nenhum problema em uma pessoa, em uma escola nova, demonstrar certa timidez nos contatos iniciais com a turma. Riley, no entanto, ultrapassa o que poderia ser entendido como uma fronteira do socialmente aceitável e chora – uma emoção muito mais forte do que o esperado naquele ambiente.

Por outro lado, do ponto de vista do público, é esperado que se sinta algo parecido. Ou, pelo menos, que não se fique indiferente diante de uma situação daquelas: as emoções dos espectadores precisam, de alguma maneira, ecoar o que está aparecendo na tela.

As emoções no contexto social

As emoções não são apenas históricas, mas estão ligadas também à sociedade onde se manifestam. A exposição aberta do que estamos sentindo, por exemplo, pode ser normal e aceitável em uma sociedade, esperada e bem-vista em outra, motivo de embaraço e vergonha em uma terceira. Expressões de proximidade e consideração, pautadas na expectativa de uma amizade, têm valores bem diferentes conforme a sociedade onde se está

– por isso, por exemplo, o estereótipo de que alguns povos são mais "frios" e "distantes" do que outros.

O problema não é o que a pessoa está ou não sentindo, mas porque ela sente isso e como trabalha essas emoções na interação social.

Por que, por exemplo, algumas pessoas se sentem particularmente péssimas quando, na escola, não tiram uma boa nota? O sentimento de embaraço, às vezes de culpa, acompanhado de tristeza e raiva, não existem por acaso: aos três anos de idade isso talvez não fizesse a menor diferença. Por que faz, digamos, aos 10?

Porque, socialmente, não se trata apenas de uma nota, mas de situar você em uma *hierarquia*, na qual as pessoas em lugares mais altos são elogiadas, recebem algum tipo de recompensa e tem o direito de se sentirem felizes; no entanto, quanto mais se desce na escala, menores os benefícios – até cruzar uma linha onde entram em cena, eventualmente, broncas e castigos.

Uma pergunta, quase uma provocação: e se essas hierarquias não existissem? As emoções ainda seriam as mesmas? Se um sistema rígido de notas fosse deixado de lado e substituído por algum outro, no qual o aprendizado fosse pautado pela alegria da descoberta e avaliado a partir de outros critérios, não classificatórios, as emoções seriam outras?

Não há uma resposta definitiva, mas podemos imaginar que algo seria diferente – pessoas se sentiriam de outra maneira em relação à escola, para manter o exemplo. Em uma sociedade desigual e altamente competitiva, o sentimento de frustração é mais comum do que a alegria; um discurso sobre positividade, sucesso e superação de desafios pode ser pensado como inspirador, mas pode levar quem ouve a uma tristeza maior ainda por não ter conseguido. Quando as oportunidades são desiguais, o discurso "todo mundo consegue, você também" pode muito bem ser interpretado como "todo mundo consegue, menos eu", aumentando a sensação de desamparo do indivíduo diante de situações.

A felicidade obrigatória

A obrigação de sustentar apenas emoções positivas, demonstrando estar sempre alegre, feliz e entusiasmado é uma das formas mais sutis de violência simbólica, como vimos no capítulo sobre campo, *habitus* e poder simbólico. A Psicologia ensina o quanto pode ser complicado reprimir continuamente emoções: aparentar uma felicidade constante pode gerar sintomas bastante negativos para o indivíduo que, além de tudo, se sente isolado com seus problemas diante de um discurso de positividade constante – a ponto, em alguns casos, de tentar uma constante conversão do negativo em positivo ("crise é oportunidade"; "o fim de um ciclo é o começo de outro"; "sonhe e realize"). Algo parece muito estranho quando algumas das principais sensações de uma sociedade da felicidade são a ansiedade, depressão e *burnout*.

As emoções e as relações de poder na sociedade

O uso social das emoções, nesse sentido, parece estar diretamente ligado às desigualdades de poder em uma sociedade. O medo, por exemplo, é um forte ingrediente das relações sociais, e geralmente é o fundamento de qualquer relação violenta – dos pequenos tiranos domésticos até a ameaça constante a grupos sociais historicamente subalternizados. A retirada sistemática de condições mínimas de uma vida digna atrela à existência um conjunto de emoções negativas legitimadas, de maneira direta ou indireta, pela própria sociedade.

Sair à rua pode ser uma experiência pautada no medo quando a cor de sua pele, seu gênero ou sua faixa etária fazem de você um alvo fácil para qualquer investida. Manter alguém, ou um grupo, em um regime de medo e tristeza é trabalhar diretamente com um efeito das desigualdades sociais. Diante da força social de outras emoções, sobretudo do medo, da raiva e do sentimento constante de humilhação cotidiano, a alegria pode ser um ato de resistência.

Seria apressado dizer que, do outro lado da escala social, existem apenas emoções positivas; mas é mais fácil se sentir alegre em condições dignas de existência.

Vale lembrar uma diferença, neste caso, entre felicidade e bem-estar: você pode ter excelentes condições de vida e, mesmo assim, estar tremendamente triste – dinheiro nenhum protege de todos os problemas. No entanto, condições melhores podem evitar e resolver problemas, tirar você de situações complicadas e, no geral, diminuir um pouco o espaço das emoções negativas. O direito de se dar pequenas alegrias – digamos, um café com um pão de queijo depois de um dia complicado no trabalho – não existe quando você só tem o dinheiro contado da condução.

Longe de serem exclusivamente pessoais, as emoções parecem ter um forte componente social, seja no que diz respeito à sua origem, seja nos modos como você se sente no cotidiano. Um dos elementos básicos de qualquer vínculo social, as emoções nos conectam não apenas com outras pessoas, mas também com outros aspectos de nós mesmos. Elas são uma parte de cada uma e cada um de nós. E interferem poderosamente naquilo em que acreditamos.

CAPÍTULO 18
O valor social da crença: a dissonância cognitiva
Por que acreditamos em algumas coisas, não em outras

> *Difícil não ter ilusões num dia partido*
> *A hora das coisas replicadas*
>
> Ana Rüsche, *Sarabanda*, p. 38

Podemos começar este texto com uma definição: *dissonância cognitiva* é a incongruência, ou incompatibilidade, entre algo em que você acredita e uma informação nova, diretamente contrária seu pensamento anterior. Por exemplo, quando um *gamer* ouve falar de uma pesquisa, feita, digamos, pela Universidade de Harvard, sobre os efeitos negativos dos jogos digitais no desempenho escolar, ou quando você descobre que a pessoa com quem está saindo, e parecia incrível-linda-legal, posta conteúdo de ódio contra uma cantora em redes sociais.

Esse tipo de contradição tende a provocar uma imensa sensação de desconforto, com a qual precisamos lidar o mais rápido possível, seja tentando achar uma explicação que acomode as duas informações (mesmo que isso signifique justificar o injustificável) ou simplesmente negando o fato (quantas horas por semana você perde se autoiludindo?).

A ideia foi apresentada pela primeira vez pelo pesquisador estadunidense Leon Festinger em 1957, em um livro chamado, sintomaticamente, *Teoria da Dissonância Cognitiva*, e desenvolvido em estudos posteriores.

"Dissonância" é um termo da música, e se refere ao som estridente formado pela falta de combinação entre notas – em um piano, por exemplo, se você tocar duas teclas vizinhas, o som deve ser uma dissonância: as notas simplesmente não combinam, criando uma desagradável sensação de tensão e expectativa. Festinger utiliza essa palavra justamente para mostrar os efeitos negativos que a presença simultânea de duas informações contrastantes pode causar em uma pessoa.

Quanto mais uma informação estiver próxima daquilo em que você já acredita, maior a chance de considerá-la como uma *verdade*. Ao contrário, quando recebemos uma informação que contradiz diretamente alguma de nossas convicções, sentimos uma enorme sensação de desconforto, um incômodo gerado pela diferença irreconciliável entre duas informações apresentadas como "verdade" – a nossa, na qual acreditamos, e o dado novo.

O paradoxo da verdade

O fator principal da dissonância cognitiva é a *contradição* entre duas informações que consideramos como verdade, ou, pelo menos, próximas a isso. Estar em contradição consigo mesmo é um processo extenuante. Viver uma situação na qual duas afirmações se apresentam como verdade, *ao mesmo tempo*, pode ser tremendamente desgastante, tornando-se, no limite, uma fonte de sofrimento social – por exemplo, a obrigação de aparentar positividade e disposição em ambientes de convívio tóxico ou, digamos, negar as fissuras em uma relação para evitar o desgaste de terminar. Está ruim, você sabe que está ruim, mas, ao mesmo tempo, *quer* acreditar que está bom. E, mais ainda, finge para você e para as pessoas ao seu redor que está tudo bem.

Mas, importante: "fingir", aqui, não significa *mentir*. A ideia de dissonância cognitiva não se refere a nenhum tipo de hipocrisia – seria talvez mais fácil lidar com duas informações contrárias adotando uma postura cínica em relação a isso. Um ponto central da ideia é exatamente o fato de que a pessoa exposta a duas informações contrárias acredita, de boa-fé, em cada uma delas.

Lidar com duas verdades mutuamente excludentes, em geral, é muito difícil, sobretudo quando diz respeito a pessoas, objetos ou fatos com os quais nos relacionamentos diretamente. Diante de uma dissonância cognitiva, a tendência é tentar escapar, fazendo de tudo para eliminá-la ou, pelo menos, diminuir seu impacto. E, além disso, aprende a evitá-la, procurando dados, informações e situações com as quais você se sinta bem, reforçando suas crenças e convicções, mostrando um mundo como você imagine. A sensação de conforto diante da comprovação de suas certezas é a *consonância* cognitiva – mantendo a metáfora musical, é um acorde em perfeita harmonia.

Bem-estar consigo mesmo

Festinger, a partir de suas pesquisas, percebeu a tendência das pessoas não só em procurar informações consonantes com suas crenças anteriores, mas também, no sentido contrário, em evitar o contato com dados contrários.

Nas redes sociais, os algoritmos reforçam essa sensação apresentando às pessoas conteúdos responsáveis por aumentar essa sensação de conforto, trazendo postagens que reforçam suas crenças e opiniões; nos aplicativos de conversa, escolhemos grupos favoráveis às nossas tendências políticas, onde nossas convicções correm pouco risco de serem questionadas.

Em termos contemporâneos, procuramos evitar a dissonância cognitiva nos refugiando em grupos fechados, vendo conteúdos semelhantes, em situações nas quais não corremos o risco de sermos expostos a opiniões contrárias e ter de lidar com o contraditório. O ambiente das mídias digitais, nesse sentido, não poderia ser mais adequado à formação de comunidades desse tipo, onde apenas um tipo de opinião circula e é reforçado por todas e todos os participantes, diminuindo ao máximo a dissonância cognitiva – assim como os horizontes de cada pessoa.

Festinger e sua equipe, evidentemente, não imaginaram nada disso em 1957, quando o livro foi lançado (naquela época computadores ocupavam salas inteiras, e a ideia de *smartphones* ou redes sociais pareciam coisa de filmes de ficção científica).

E não se trata só de uma questão de preferências, mas de bem-estar: informações apoiando suas próprias ideias e comprovando suas convicções podem mexer com a autoestima da pessoa – é sempre bom estar certo, sobretudo diante de outras pessoas. Do mesmo modo, lidar com informações negativas, contrárias ou críticas é sempre complicado. E raramente nossa reação é apenas racional – a intensa polarização política, em escala mundial, vem mostrando isso nas últimas décadas.

Um exemplo pode ajudar a demonstrar isso.

Dados e opiniões

Em quem você votou nas últimas eleições? Não precisa lembrar de todo mundo, pense apenas na candidata ou no candidato ao cargo principal, digamos, Prefeitura, Governo do Estado ou Presidência da República. Lembrou? Agora, pense mais um minuto: quais motivos levaram a essa decisão? As qualidades da candidata? Seu histórico de trabalho em outros cargos públicos?

O partido ao qual pertence? A indicação de algum outro político? Outra pergunta: qual é o seu grau de engajamento com esse voto? É sua candidata de primeira hora, na qual você confia, ou é um voto conformado ("é a menos ruim")?

Isso nos leva à pergunta, talvez mais importante: o que levaria você a mudar de opinião política? O que faria você *não* votar na candidata que escolheu nas últimas eleições? Quais elementos fariam você mudar de ideia? A influência de uma pessoa próxima? Denúncias? Que tipo de denúncias, aliás? Você se sente mais indignada por problemas na administração pública, digamos, um escândalo de corrupção, ou na vida pessoal?

Essas perguntas dizem alguma coisa sobre seu grau de vinculação com a candidata, em particular, e com a política, de maneira geral. Seu comportamento eleitoral depende muito de seu engajamento com a política: para algumas pessoas, "política" é algo a se pensar a cada dois anos, ao votar ("na hora eu decido e voto no menos pior"), ou como um assunto vago, distante do cotidiano; outras pessoas, ao contrário, respiram política todos os dias, estão prontas para discutir o assunto, tem convicções bem definidas, apoiam alguns partidos e candidaturas com o mesmo interesse que criticam outros.

A decisão de votar nesta ou naquela pessoa varia de acordo com seu grau de engajamento. Todo mundo tem suas preferências, correto, mas seu interesse prévio pode ser um fator importante, ligado à ideia de dissonância cognitiva: quanto mais engajada ou engajado você é, menor a chance de você *mudar* de opinião – e, no jogo político, a conquista do voto dos indecisos é um dos pontos mais importantes.

A tomada de decisão política depende, em boa medida, das *informações* que você tem a respeito da conduta, das ideias e qualidades de uma candidata ou candidato. Mas não é suficiente saber algo sobre a pessoa: é necessário que esses dados estejam de acordo com suas *crenças*, perspectivas e expectativas anteriores. À medida em que as propostas da candidata se aproximam daquilo que você já acredita, maior a ligação que se sente com ela ("essa daí entende das coisas"). Há algo além disso: é provável que você se sinta bem diante de alguém que confirma suas ideias, talvez até expresse um pouco melhor ("até que enfim alguém falou o que eu penso!").

O controle da exposição à dissonância

Festinger mostrou que nossa *exposição* a um determinado dado depende muito de nossas tentativas de evitar a dissonância cognitiva. Buscamos, no cotidiano, informações que comprovem nossas convicções, e atribuímos a ela um caráter de verdade. Em geral, por exemplo, procuramos vídeos e postagens, nas mídias digitais, que confirmem nossas ideias, e passamos direto por qualquer material contrário – exceto se você estiver com uma disposição secreta de passar raiva.

Em geral, selecionamos notícias favoráveis aos nossos pontos de vista, deixando de lado qualquer outra com informações contrárias – daí a tendência ao fechamento para outras opiniões e o consequente fortalecimento de nossas próprias crenças. A questão é cumulativa: quanto mais você se cerca das mesmas opiniões, quanto mais ouve dados favoráveis ao que já acredita, maior a sensação de conforto por estar certo. E, talvez proporcionalmente, maior a dificuldade para lidar com informações contrárias.

Isso explica, por exemplo, a dificuldade de discutir qualquer coisa nas mídias sociais (mas não só lá). Em geral, no lugar de uma abertura para o pensamento do outro, o ponto de partida é evitar ao máximo qualquer dissonância cognitiva, e eliminá-la o quanto antes se isso ocorrer.

Vamos, por isso, seguir com o exemplo das eleições.

Diante das evidências contrárias: reforçar a ilusão

Certa de seu voto, você envia uma mensagem para seu grupo de familiares em um aplicativo. Sua candidata é a melhor, e todo mundo precisa saber disso. Você envia um vídeo de propaganda eleitoral, mas também algumas notícias – afinal, se está na mídia, tem credibilidade.

E então vem uma avalanche de mensagens contrárias. Vídeos de influenciadores criticando sua candidata, propaganda de outros partidos com críticas, notícias falando de denúncias de má administração das contas públicas em suas gestões anteriores, comentários sobre sua vida pessoal – uma notícia conta como ela não visita a mãe idosa há mais de dois anos.

Qual sua reação?

Talvez você ignore, cada um vota em quem quiser e pronto.

Mas, pensando em seu grau de engajamento, há uma chance de você experimentar uma série de emoções bastante fortes. Indignação diante de tantas mentiras sobre uma pessoa em quem você confia (porque, se estão falando mal de sua candidata, só pode ser mentira); surpresa diante da ingenuidade de seus parentes, que acreditam nesse tipo de coisa; decepção com quem parecia tão inteligente e agora vai votar em outra pessoa; raiva de quem inventou tudo isso e colocou em circulação – é a guerra virtual das informações falsas, só podem ser as chamadas *fake news*.

Você responde, enviando mais notícias e informações sobre sua candidata e discutindo o voto das outras pessoas ("E o seu candidato? Não viu o quanto ele roubou?").

Vale lembrar que, do outro lado da tela, as pessoas de sua família ou seu grupo de amizades talvez esteja sentindo as mesmas emoções: indignação, surpresa e decepção com suas escolhas. Como alguém inteligente como você vota em uma candidata dessas?

A discussão pode se prolongar indefinidamente, até algum dos lados cansar, você sair do grupo ou uma pessoa bloquear a outra. E não adianta um dos lados enviar informações para o outro: quanto mais notícias você mandava, mais acirrada ficava a disputa. Parece que a verdade factual, em vez de fazer a pessoa pensar, só levava cada um a se agarrar mais ainda no que já acreditava. É como se o critério de "falso" e "verdadeiro" não tivesse mais a ver com os fatos, mas com a crença: "verdade" é o que se adapta ao que eu já acredito; "falso" é o que contraria minha opinião formada.

O resultado da dissonância

O exemplo aqui foi uma eleição, mas podemos pensar o quanto a ideia de dissonância cognitiva não está presente em inúmeras outras situações de interação social. A escolha de uma roupa, por exemplo, depende muito de sua convicção a respeito do que está na moda, de um lado, e o que fica bem em você, de outro; descobrir que seu conceito de "bem vestido" é muito diferente da ideia das pessoas com quem se convive pode gerar uma ampla dissonância; ler uma notícia falando que sua comida preferida pode causar sérios problemas de saúde pode deixar você bastante incomodada, e disposta a ir buscar outras informações, compatíveis com o que se espera.

A dissonância cognitiva, segundo Festinger, não apenas é um fator comum, quase sempre presente em nossas ações cotidianas, mas também sua força para levar as pessoas a agir de uma maneira ou de outra no sentido de eliminá-la. E, escrevendo no final dos anos 1950, mostrou um fenômeno de sociabilidade que retornou com força nas mídias digitais – a busca pela confirmação das próprias ideias, e o desconforto, talvez quase físico, de lidar com quem pensa diferente.

Isso pode valer sobretudo quando se leva em consideração a circulação de ideias nas mídias sociais digitais, sobretudo as condições de crença em informações falsas. Estudos sobre a produção e circulação de ideias falsas sugerem que esse tipo de crença em dados deliberadamente errados decorre tanto das condições de sociabilidade nas quais elas circulam (o grupo de pessoas de confiança com as quais se compartilha o mesmo modo de pensar) quanto da própria vontade de acreditar. Dito de outra maneira, a origem das informações ou a consonância com crenças anteriores leva os sujeitos a tomarem algo como verdade, dispensando qualquer verificação posterior.

Em *Teoria da Dissonância Cognitiva* não aparecem as palavras "bolha", "algoritmo" e "polarização". Mas podem ajudar a entender alguma coisa da sociedade atual.

PARA ENCERRAR:
O olhar sociológico para além das ilusões

A Sociologia nasceu uns duzentos anos atrás para fazer do mundo um lugar melhor. Evidentemente alguma coisa não deu certo. Mas é preciso, imediatamente, evitar ir muito longe com essas afirmações: antes de dizer qualquer coisa sobre a Sociologia, mergulhamos um pouco mais em seus fundamentos. Essa é, em linhas gerais, a proposta das teorias sociológicas. E, de certo modo, a perspectiva deste livro.

Aprender uma teoria é encontrar outras maneiras de olhar para o mundo, descobrindo aspectos novos em cenários conhecidos, desbravando as fronteiras do nosso próprio conhecimento e tentando fazer algum sentido de todo esse conjunto. O conhecimento não é algo que se tem, ele não é uma propriedade; é algo que podemos viver em cada ação cotidiana. E aprender é também se deixar afetar pelo mundo, pelas pessoas ao nosso redor, e prestar atenção na maneira como isso acontece: o conhecimento é transformador não apenas pelos seus argumentos e sua lógica, mas pelo que pode provocar em nós.

Em seus mais de duzentos anos, a Sociologia pode não ter feito do mundo um lugar melhor no sentido comum do termo, mas nos ajuda a perceber fatos, acontecimentos e dinâmicas da relação entre as pessoas. E, a partir do que vemos, podemos tentar algo diferente, buscando o melhor.

Ao final destas páginas, percorrendo alguns caminhos da Teoria Sociológica, o que posso desejar não é que você tenha aprendido tudo de uma vez, sem nenhuma dúvida. Aliás, se você não tiver nenhuma dúvida, algo não funcionou: o conhecimento nasce das perguntas e, quando ficam algumas questões, estamos na trilha certa.

E seu caminho, então, está só começando.

PÓS-ESCRITO:
Por onde eu começo?

Às vezes, quando você começa a estudar um assunto, se depara com um monte de nomes, de pessoas e obras com as quais nunca teve contato. Isso pode acontecer tanto em um curso universitário quanto em um estudo por conta própria.

Se você teve aulas com professoras e professores que apresentaram um caminho tranquilo, com indicações de leituras e comentários sobre obras, excelente. No entanto, nem sempre isso acontece, e em alguns casos você precisa encontrar uma trilha – geralmente com o semestre andando, trabalhos a fazer e provas se aproximando.

Isso pode acontecer em todas as fases da vida acadêmica: mesmo depois de um doutorado, para entender um assunto novo você precisa voltar ao início. Vale, por isso, algumas rápidas dicas de como começar um estudo sociológico – e este aqui é *um* caminho, sem a pretensão de ser *o* caminho.

Do simples ao complexo

Um primeiro passo, quando você nunca teve contato com o assunto, é procurar obras introdutórias. Se você precisa, digamos, fazer um trabalho sobre moda e sociedade, o livro de Fréderic Godard, chamado justamente *Sociologia da Moda,* pode ser o ponto de partida. Obras com títulos desse tipo, em geral, apresentam abordagens panorâmicas, indicando as autoras e autores que desenvolveram mais cada um dos aspectos do tema – no caso, a sociologia da moda.

No caso de precisar se aprofundar na obra de uma autora ou autor, o caminho é parecido. Só para ilustrar, imagine que você terá uma disciplina sobre Pierre Bourdieu e precisa se inteirar de seu pensamento.

Aqui também o primeiro passo é começar com livros introdutórios. No caso, *10 Lições sobre Bourdieu*, de José Marciano Monteiro. O título, "10 lições", e o tamanho do livro, 136 páginas, dão uma ideia de sua proposta. De tamanho semelhante, mas um pouco maior e mais denso, *A Teoria de Pierre Bourdieu e seus usos sociológicos*, de Anne Jourdain e Sidonie Noulin, aprofunda um pouco mais os temas do autor.

Um segundo passo são os comentaristas, obras que ampliam alguns aspectos da obra de um autor. Não são trabalhos introdutórios, mas ajudam a aprofundar determinados pontos. Vale lembrar, nesses casos, que se trata de uma interpretação do pensamento de outra pessoa voltado para um assunto específico.

O contato com autoras e autores

Mas nada melhor do que entrar em contato diretamente com a obra da pessoa. Se os livros e textos parecerem muito complexos à primeira leitura, um caminho é procurar entrevistas e palestras feitas pela autora ou autor. Em geral, quando você fala, procura-se uma linguagem mais direta. No caso do exemplo de Bourdieu, você encontra esse material no livro *Questões de Sociologia*. Mas pode, sem problemas, achar vídeos do autor explicando sua obra – só lembrando, todo cuidado com a autenticidade do conteúdo na Internet e nas mídias digitais.

Finalmente, hora de se aventurar pelas obras principais.

Uma forma de começar é pelas mais citadas: depois de ler os trabalhos introdutórios e comentaristas, você pode notar que alguns livros são mais discutidos do que outros. Ao começar por esses, sua familiaridade com os temas pode tornar a experiência mais fácil.

Uma segunda abordagem é tentar ler a obra da pessoa em ordem cronológica. Esse caminho é bem mais demorado, e, geralmente, é recomendado quando você precisa fazer algum estudo muito mais detalhado – geralmente em graus mais avançados da vida acadêmica. A vantagem é o domínio da obra e dos temas.

Ler, olhar, perguntar

Para fechar, uma dica é olhar a bibliografia de qualquer obra: o que a pessoa leu para escrever seu livro?

Nas referências finais você descobre de onde veio o pensamento de alguém, e pode seguir esse fio na direção que precisar. O efeito pode ser uma bola de neve: nas referências de um livro você encontra outros três que te interessam; em cada um deles, outros títulos para se aprofundar e assim por diante, até ficar sem espaço em casa, no *tablet* ou no *reader*.

Porque, no olhar sociológico, sempre há lugar para mais um livro, uma ideia, uma pergunta.

Bibliografia

Observação: foram citadas, preferencialmente, as traduções em português dos livros mencionados, ainda que a consulta tenha sido feita em outras edições.

(1) Textos de base de cada capítulo

Introdução: o lugar da teoria sociológica

BARROS, José D'A. Uma teoria é um modo de ver. **Interfaces da educação**, no. 10, Vol. 23, 2019, pp. 28-57.

HOOKS, bell. **Ensinando a transgredir**. São Paulo: Martins Fontes, 2017.

01. O que é Sociologia

ALVES-MAZZOTI, Alda J.; GEWANDSZNEJDER, Fernando. **O método nas ciências naturais e sociais**. São Paulo: Pioneira, 2004.

LALLEMENT, Michel. **História das ideias sociológicas**. Petrópolis: Vozes, 2018.

02. A invenção da Sociologia

ARBUCKLE, Elisabeth S. **A Nineteenth-Century Woman's Engaging with her Times: Harriet Martineau (1802-1876)**. Hull: The Martineau Society, 2023. Disponível em < https://martineausociety.co.uk/publications/harriet-martineau-a-new-biography/>.

DAFLON, Verônica T.; SORJ, Bila. **Clássicas do pensamento social**. São Paulo: Rosa dos Tempos, 2021.

DURKHEIM, Émile. **A sociologia e as ciências sociais**. São Paulo: Martins Fontes, 2021.

SELL, Carlos H. **Sociologias clássicas**. Petrópolis: Vozes, 2016.

03. O que é uma explicação sociológica?

BECKER, Howard S. **Evidências**. Rio de Janeiro: Zahar, 2022.

OLIVEIRA, Adriana C.; MENEZES, Marilda A. (Orgs.) **O que é ser cientista social?**. São Bernardo: Ed. UFABC, 2019.

SMITH, Linda Tuhiwai. **Descolonizando metodologias**. Curitiba: UFPR, 2018.

04. O projeto social da Modernidade

FEDERICI, Silvia. **O ponto zero da revolução**. São Paulo: Elefante, 2019.

GIDDENS, Anthony. **As consequências da modernidade**. São Paulo: Ed. Unesp, 1991.

MARX, Karl; ENGELS, Friedrich. **Manifesto do Partido Comunista**. Petrópolis: Vozes, 2006.

05. O processo de civilização e a sociedade

BRANDÃO, Carlos A. **Norbert Elias**. Petrópolis: Vozes, 2005.

ELIAS, Norbert. **O processo Civilizador**. Rio de Janeiro: Jorge Zahar, 2010.

LEÃO, Andrea; LANDINI, Tatiana. **10 lições sobre Norbert Elias**. Petrópolis: Vozes, 2022.

06. Descolonizando o Moderno: críticas e alternativas

BHABHA, Homi. **O local da cultura**. Belo Horizonte: Autêntica, 2013.

FANON, Frantz. **Os condenados da terra**. Rio de Janeiro: Jorge Zahar, 2022.

KILOMBA, Grada. **Memórias da plantação**. São Paulo: Cobogó, 2020.

07. As interações simbólicas

MEAD, George H. **Mente, self e sociedade**. Petrópolis: Vozes, 2022.

NUNES, João H. **Interacionismo simbólico e dramaturgia**. São Paulo: FFLCH, 2007.

08. A realidade como construção social

BERGER, Peter; LUCKMANN, Thomas. **A construção social da realidade**. Petrópolis: Vozes, 2016.

COULDRY, Nick; HEPP, Andreas. **A construção mediada da realidade**. São Leopoldo: Unisinos, 2020.

9. Representações, Imagens e Estereótipos

AMOSSY, Ruth; PIERROT, Anne E. **Estereótipos e Clichês**. São Paulo: Contexto, 2022.

LIPPMANN, Walter. **A opinião pública**. Petrópolis: Vozes, 2009.

10. Campo, *habitus* e Poder Simbólico

BOURDIEU, Pierre. **Questões de Sociologia**. Petrópolis: Vozes, 2019.

MONTEIRO, José F. **10 lições sobre Bourdieu**. Petrópolis: Vozes, 2018.

11. Instituições, Grupos e Redes Sociais

BERGER, Brigitte; BERGER, Peter. O que são instituições sociais? In: FORACCHI, Maria A.; MARTINS, José S. **Sociologia e sociedade**. Rio de Janeiro: LTC, 1978.

LEWIN, Kurt. **Problemas de dinâmica de grupo**. São Paulo: Cultrix, 1979.

RECUERO, Raquel. **Redes sociais na internet**. Porto Alegre: Sulina, 2008.

12. A sociedade como sistema

LUHMANN, Niklas. **Introdução à teoria dos sistemas**. Petrópolis: Vozes, 2011.

SILVA, Arthur S. **10 lições sobre Niklas Luhmann**. Petrópolis: Vozes, 2015.

13. Identidade, Diferença e Desigualdade

ADICHIE, Chimamanda N. **O perigo de uma história única**. São Paulo: Companhia das Letras, 2014.

ARFURCH, Leonor. **O espaço biográfico**. Rio de Janeiro: Ed. UFRJ, 2019.

WOODWARD, Kathlyn. Identidade e diferença. In: SILVA, T. T. (Org.) **Identidade e diferença**. Petrópolis: Vozes, 2011.

14. As articulações da identidade

BUTLER, Judith. **Problemas de gênero**. Rio de Janeiro: Civilização Brasileira, 2015.

HOOKS, bell. **Cultura fora da lei**. São Paulo: Elefante, 2022.

15. Imitar, interpretar, transformar

CRANE, Diana. **A moda e seu papel social**. São Paulo: Ed. Senac, 2006.
TARDE, Gabriel. **As leis da imitação**. Lisboa: Rés, 1994.

16. Rituais e Performances: a sociedade como drama

LANGDON, Esther J.; PEREIRA, Éverton L. **Rituais e performances**. Florianópolis: Ed. UFSC, 2012.
GOFFMAN, Erving. **Ritual de Interação**. Petrópolis: Vozes, 2011.
VAN GENNEP, Arnold. **Os ritos de passagem**. Petrópolis: Vozes, 2011.

17. Os usos sociais da emoção

LORDON, Frederic. **A sociedade dos afetos**. Campinas: Papirus, 2018.
SODRÉ, Muniz. **As estratégias sensíveis**. Petrópolis: Vozes, 2006.

18. O valor social da crença: a dissonância cognitiva

FESTINGER, Leon. **Teoria da dissonância cognitiva**. Rio de Janeiro: Zahar, 1975.

(2) Bibliografia avançada por capítulo

Introdução: o lugar da teoria sociológica

BARROS, José D'A. Uma teoria é um modo de ver. *Interfaces da educação*, no. 10, Vol. 23, 2019, pp. 28-57.
COLLINS, Patrícia H. **Bem mais do que ideias**. São Paulo: Boitempo, 2022.
FABIANI, Jean-Luis. Faire son choix théoriques en Sciences Sociales. In: HUNSMANN, Moritz; KAPP, Sébastien (Orgs.) **Devenir chercheur**: écrire une thèse en sciences sociales. Paris: EHESS, 2013, pp. 47-61.
HOOKS, bell. **Ensinando a transgredir**. São Paulo: Martins Fontes, 2017.
LIEDKE, Élida R. Breves indicações para o ensino de sociologia hoje. **Sociologias**, vol. 9, no. 17, jan-jun. 2007, pp. 266-278.

01. O que é Sociologia

ALVES-MAZZOTI, Alda J.; GEWANDSZNEJDER, Fernando. **O método nas ciências naturais e sociais**. São Paulo: Pioneira, 2004.

LAHIRE, Bernard. **En defensa de la sociologia**. Buenos Aires: Siglo XXI, 2019.

LAHIRE, Bernard. **L'espirite sociologique**. Paris: La Découverte, 2007.

LALLEMENT, Michel. **História das ideias sociológicas**. Petrópolis: Vozes, 2018.

PAUGAM, Serge. **La pratique de la sociologie**. Paris: PUF, 2008.

02. A invenção da Sociologia

DAFLON, Verônica T.; SORJ, Bila. **Clássicas do pensamento social**. São Paulo: Rosa dos Tempos, 2021.

DURKHEIM, Émile. **A sociologia e as ciências sociais**. São Paulo: Martins Fontes, 2021.

DURKHEIM, Émile. **As regras do método sociológico**. São Paulo: Martins Fontes, 1995.

DURKHEIM, Émile. **Sociologia e filosofia**. São Paulo: Martins Fontes, 2021.

MARTINEAU, Harriet. **Como observar: moral e costumes**. São Paulo: Fernanda Alcântara, 2017.

SELL, Carlos H. **Sociologias clássicas**. Petrópolis: Vozes, 2016.

03. O que é uma explicação sociológica?

BECKER, Howard S. **Evidências**. Rio de Janeiro: Zahar, 2022.

BECKER, Howard S. **Métodos de pesquisa em ciências sociais**. São Paulo: Hucitec, 1982.

BOURDIEU, Pierre; CHAMBOREDON, Jean-Paul; PASSERON, Jean-Claude **O ofício de sociólogo**. Petrópolis, Vozes, 2014.

OLIVEIRA, Adriana C.; MENEZES, Marilda A. (Orgs.) **O que é ser cientista social?**. São Bernardo: Ed. UFABC, 2019.

SMITH, Linda Tuhiwai. **Descolonizando metodologias**. Curitiba: UFPR, 2018.

04. O projeto social da Modernidade

ADORNO, Theodor W.; HORKHEIMER, Max. **Dialética do Esclarecimento**. Rio de Janeiro: Zahar, 1997.

ENGELS, Friederich. **Resumo de "O capital"**. São Paulo: Boitempo, 2023.

FEDERICI, Silvia. **O ponto zero da revolução**. São Paulo: Elefante, 2019.

GIDDENS, Anthony. **As consequências da modernidade**. São Paulo: Ed. Unesp, 1991.

MARX, Karl; ENGELS, Friederich. **Manifesto do partido comunista**. Petrópolis: Vozes, 2009.

MARX, Karl. **O capital**, Vol. 1. Rio de Janeiro: Civilização Brasileira, 2012.

WEBER, Max. **A ética protestante e o espírito do capitalismo**. São Paulo: Pioneira, 1997.

WEBER, Max. **Economia e Sociedade**. Brasília: Ed. UnB, 1991.

WEBER, Max. **Metodologia das Ciências Sociais**. Campinas: Ed. Unicamp, 1998.

05. O processo de civilização e a sociedade

BRANDÃO, Carlos A. **Norbert Elias**. Petrópolis: Vozes, 2005.

ELIAS, Norbert. **A sociedade de corte**. Rio de Janeiro: Jorge Zahar, 2015.

ELIAS, Norbert. **A sociedade dos indivíduos**. Rio de Janeiro: Jorge Zahar, 2014.

ELIAS, Norbert. **Introdução à Sociologia**. Lisboa: Ed. 70, 2016.

ELIAS, Norbert. **O processo Civilizador**. Rio de Janeiro: Jorge Zahar, 2010.

HEINRICH, Natalie. **A sociologia de Norbert Elias**. Bauru: Edusc, 2003.

LEÃO, Andrea; LANDINI, Tatiana. **10 lições sobre Norbert Elias**. Petrópolis: Vozes, 2022.

06. Decolonizando o Moderno: críticas e alternativas

BHABHA, Homi. **O local da cultura**. Belo Horizonte: Autêntica, 2013.

FANON, Frantz. **Os condenados da terra**. Rio de Janeiro: Jorge Zahar, 2022.

FANON, Frantz. **Pele negra, máscaras brancas**. São Paulo: Ubu, 2020.

GAGO, Veronica. **A razão neoliberal**. São Paulo: Elefante, 2018.

KILOMBA, Grada. **Memórias da plantação**. São Paulo: Cobogó, 2020.

07. As interações simbólicas

MEAD, George H. **Mente, self e sociedade**. Petrópolis: Vozes, 2022.

NUNES, João H. **Interacionismo simbólico e dramaturgia**. São Paulo: FFLCH, 2007.

08. A realidade como construção social

BERGER, Peter; LUCKMANN, Thomas. **A construção social da realidade**. Petrópolis: Vozes, 2016.

COULDRY, Nick; HEPP, Andreas. **A construção mediada da realidade**. São Leopoldo: Unisinos, 2020.

9. Representações, Imagens e Estereótipos

AMOSSY, Ruth; PIERROT, Anne E. **Estereótipos e Clichês**. São Paulo: Contexto, 2022.

LIPPMANN, Walter. **A opinião pública**. Petrópolis: Vozes, 2009.

10. Campo, *habitus* e Poder Simbólico

BOURDIEU, Pierre. **O senso prático**. Petrópolis: Vozes, 2010.

BOURDIEU, Pierre. **Questões de Sociologia**. Petrópolis: Vozes, 2019.

BOURDIEU, Pierre. **Coisas Ditas**. São Paulo: Brasiliense, 1990.

MONTEIRO, José F. **10 lições sobre Bourdieu**. Petrópolis: Vozes, 2018.

11. Instituições, Grupos e Redes Sociais

BERGER, Brigitte; BERGER, Peter. O que são instituições sociais? In: FORACCHI, Maria A.; MARTINS, José S. **Sociologia e sociedade**. Rio de Janeiro: LTC, 1978.

LEWIN, Kurt. **Problemas de dinâmica de grupo**. São Paulo: Cultrix, 1979.

RECUERO, Raquel. **Redes sociais na internet**. Porto Alegre: Sulina, 2008.

12. A sociedade como sistema

BUCKLEY, Walter. **A sociologia e a moderna teoria dos sistemas**. São Paulo: Cultrix, 1967.

LUHMANN, Niklas. **Introdução à teoria dos sistemas**. Petrópolis: Vozes, 2011.

LUHMANN, Niklas. **Sistemas sociais**. Petrópolis: Vozes, 2016.

SILVA, Arthur S. **10 lições sobre Niklas Luhmann**. Petrópolis: Vozes, 2015.

13. Identidade, Diferença e Desigualdade

ADICHIE, Chimamanda N. **O perigo de uma história única**. São Paulo: Companhia das Letras, 2014.

ARFURCH, Leonor. **O espaço biográfico**. Rio de Janeiro: Ed. UFRJ, 2019.

HALL, Stuart. **A identidade cultural na pós-modernidade**. São Paulo: DP&A, 2004.

HALL, Stuart. Quem precisa de identidade? In: SILVA, T. T. (Org.) **Identidade e diferença**. Petrópolis: Vozes, 2011.

WOODWARD, Kathlyn. Identidade e diferença. In: SILVA, T. T. (Org.) **Identidade e diferença**. Petrópolis: Vozes, 2011.

14. As articulações da identidade

BUTLER, Judith. **Corpos que importam**. São Paulo: n-1, 2020.

BUTLER, Judith. **Desfazendo gênero**. São Paulo: Unesp, 2022.

BUTLER, Judith. **Problemas de gênero**. Rio de Janeiro: Civilização Brasileira, 2015.

HOOKS, bell. **Cultura fora da lei**. São Paulo: Elefante, 2022.

HOOKS, bell. **Ensinando comunidade**. São Paulo: Elefante, 2021.

15. Imitar, interpretar, transformar

CRANE, Diana. **A moda e seu papel social**. São Paulo: Ed. Senac, 2006.

GOTARD, Fréderic. **Sociologia da moda**. São Paulo: Ed. Senac, 2010.

TARDE, Gabriel. **As leis da imitação**. Lisboa: Rés, 1994.

TARDE, Gabriel. **Monadologia e sociologia**. São Paulo: Unesp, 2019.

16. Rituais e Performances: a sociedade como drama

LANGDON, Esther J.; PEREIRA, Éverton L. **Rituais e performances**. Florianópolis: Ed. UFSC, 2012.

MARTINO, Luís M. S. **10 lições sobre Goffman**. Petrópolis: Vozes, 2021.

VAN GENNEP, Arnold. **Os ritos de passagem**. Petrópolis: Vozes, 1978.

17. Os usos sociais da emoção

CORBIN, Alan *et alli*. **História das Emoções**. Petrópolis: Vozes, 2020.
LORDON, Frederic. **A sociedade dos afetos**. Campinas: Papirus, 2018.
SODRÉ, Muniz. **As estratégias sensíveis**. Petrópolis: Vozes, 2006.

18. O valor social da crença: a dissonância cognitiva

FESTINGER, Leon. **Teoria da dissonância cognitiva**. Rio de Janeiro: Zahar, 1975.

(3) Referências Literárias
ANDRADE, Paula V. **Universo de nós [2] dois**. São Paulo: Primata, 2019.
BALTAR, Anny. **De afetos a versos**. Natal: CJA Edições, 2021.
BELLESSI, Diana. **La pequeña voz del mundo**. Córdoba (Arg.): Caballo Negro Editora, 2023.
BLÉFARI, Rosario. **Diário de la dispersión**. Buenos Aires: Mansalva, 2023.
BOREAZ, Cali. **Outono de azul a sul**. Bragança Paulista: Urutau, 2018.
ELIOT, Thomas S. **Poemas**. São Paulo: Companhia das Letras, 2019.
GOMYDE, Monalisa. **Descaminhos**. São Paulo: Primata, 2021.
LANDÍVAR, Roxana. **Fratura Primária**. Santo André: Rua do Sabão, 2023.
LEITE, Sebastião Uchoa. **Poesia Completa**. São Paulo: Cosac & Naify, 2015.
LEMINSKI, Paulo. **Distraídos Venceremos**. 4ª Edição. São Paulo: Brasiliense, 1991.
MEIRA, Ana. **Gravidades**. São Paulo: Primata, 2019.
PAVON, Cecília. **Discoteca selvagem**. São Paulo: Jabuticaba, 2019.
PEDREIRA, Julia. **Fissura na Neblina**. São Paulo: Membrana, 2018.
PIRES, Andrea. **Rio Imenso**. Rio Grande/RS: Concha Editora, 2020.
RIMA, Marina. **Toda janela é um tipo de saída**. Guaratinguetá: Penalux, 20192.
ROMAGNOLLI, Luciana E. **O mistério de haver olhos**. Belo Horizonte: Quintal, 2021.
ROSSI, Mariana. **Líquida**. Sorocaba: Ed. da Autora, 2020.
RÜSCHE, Ana. **Sarabanda**. 2ª edição. São Paulo: Demônio Negro, 2009.
SCALAMBRINI, Isabelle. **A cor dos meus versos**. Belo Horizonte: Quixote-Do, 2018.
VALE, Dauana. **O silêncio de todo dia**. Belém: Folheando, 2022.

(4) Textos sobre filologia

GOBRY, I. **Le vocabulaire Grec de la Philosophie.** Paris: Elipses, 2010.

MAGNAVACCA, S. **Lexico** Técnico de Filosofia Medieval. Buenos Aires: Miño y Davila, 2005.

PETERS, F. R. **Léxico filosófico Grego.** Lisboa: Ed. 70, 1983.

(5) Bibliografia geral

ADAM, Phillipe; HERZLICH, Claudine. **Sociologie de la maladie et de la santé.** Paris: Armand Collin, 2017.

ADICHIE, Chimamanda N. **O perigo de uma história única.** São Paulo: Companhia das Letras, 2014.

ADORNO, T. W. **Dialética Negativa.** Rio de Janeiro: Jorge Zahar Editor, 2009.

ADORNO, Theodor W. **A personalidade autoritária.** São Paulo: Unesp, 2019.

ADORNO, Theodor W. **Ensaios sobre psicologia social e psicanálise.** São Paulo: Unesp, 2015.

ADORNO, Theodor W.; HORKHEIMER, Max. **Dialética do Esclarecimento.** Rio de Janeiro: Zahar, 1997.

ALVES-MAZZOTI, Alda J.; GEWANDSZNEJDER, Fernando. **O método nas ciências naturais e sociais.** São Paulo: Pioneira, 2004.

AMOSSY, Ruth; PIERROT, Anne E. **Estereótipos e Clichês.** São Paulo: Contexto, 2022.

ARENDT, Hannah. **A condição humana.** Rio de Janeiro: Forense, 2012.

ARFURCH, Leonor. **O espaço biográfico.** Rio de Janeiro: Ed. UFRJ, 2019.

BALSEY, Catherine. **Critical Practice.** Londres: Routledge, 2002.

BALSEY, Catherine. **Poststructuralism.** Oxford, Oxford University Press, 2007.

BARROS, José D'A. Uma teoria é um modo de ver. **Interfaces da educação**, no. 10, Vol. 23, 2019, pp. 28-57.

BATTHYÁNY, Karina. **Los desafios de las ciências sociales em la coyuntura latinoamericana.** Buenos Aires: Clacso, 2023.

BAUMAN, Zygmunt. **Amor líquido.** Rio de Janeiro: Jorge Zahar, 2005.

BAUMAN, Zygmunt. **Modernidade e ambivalência.** Rio de Janeiro: Jorge Zahar, 1999.

BAUMAN, Zygmunt. **Modernidade Líquida.** Rio de Janeiro: Jorge Zahar, 2001.

BECKER, Howard S. **Evidências.** Rio de Janeiro: Zahar, 2022.

BECKER, Howard S. **Métodos de pesquisa em ciências sociais.** São Paulo: Hucitec, 1982.

BENHABIB, Seyla. **Critique, Norm, and Utopia: a study of the foundations of critical theory.** New York: Columbia University Press, 1986, pp. 279-353.

BERGER, Brigitte; BERGER, Peter. O que são instituições sociais? In: FORACCHI, Maria A.; MARTINS, José S. **Sociologia e sociedade**. Rio de Janeiro: LTC, 1978.

BERGER, Peter; BERGER, Brigitte. O que são instituições sociais, In: Foracchi, Marialice & Martins, José S. (Orgs). **Sociologia e Sociedade**. Rio de Janeiro, Livros Técnicos e Científicos, 1979.

BERGER, Peter. & LUCKMANN, Thomas. **A construção social da realidade**. Petrópolis: Vozes, 2011.

BHABHA, Homi. **O local da cultura**. Belo Horizonte: Autêntica, 2013.

BIROLI, Flávia. Autonomia, opressão e identidades: a ressignificação da experiência na teoria política feminista. **Estudos Feministas**, v. 21, p. 81-105, 2013.

BLOCK de BEHAR, Lisa. **Medios, Pantallas y otros lugares comunes**. Montevideo: Katz Editores, 2009.

BOURDIEU, Pierre; CHAMBOREDON, Jean-Paul; PASSERON, Jean-Claude **O ofício de sociólogo**. Petrópolis, Vozes, 2014.

BOURDIEU, Pierre. **A distinção**. São Paulo: Zouk, 2010.

BOURDIEU, Pierre. **As Regras da Arte**. São Paulo: Cia. das Letras, 1996.

BOURDIEU, Pierre. **Coisas Ditas**. São Paulo: Brasiliense, 1990.

BOURDIEU, Pierre. Les rites comme actes d'instituition. **Actes de la recherche en sciences sociales**, no. 43, junho de 1982.

BOURDIEU, Pierre. **O senso prático**. Petrópolis: Vozes, 2010.

BOURDIEU, Pierre. **Questões de Sociologia**. Petrópolis: Vozes, 2019.

BOURDIEU, Pierre. **Razões Práticas**. Campinas: Papirus, 2010.

BOURDIEU, Pierre. Vous avez dit 'populaire'?. **Actes de la Recherche en Sciences Sociales**, n° 46. Mars 1983, p. 98-105

BRUNER, Jerome J. S. The narrative construction of reality. **Critical Inquiry**, n° 18, Vol. 1, 1991, p. 1-21.

BUCKLEY, Walter. **A sociologia e a moderna teoria dos sistemas**. São Paulo: Cultrix, 1967.

BUTLER, Christopher. **Postmodernism**. Oxford: OUP, 2002.

BUTLER, Judith. Adotando o ponto de vista do outro. In: HONNETH, Axel. **Reificação**. São Paulo: Unesp, 2018.

BUTLER, Judith. **Corpos que importam**. São Paulo: n-1, 2020.

BUTLER, Judith. **Desfazendo gênero**. São Paulo: Unesp, 2022.

BUTLER, Judith. **Problemas de gênero**. Rio de Janeiro: Civilização Brasileira, 2015.

BUTLER, Judith. **Quadros de guerra**. Rio de Janeiro: Civilização Brasileira, 2015.

BUTLER, Judith. **Vida Precária**. Belo Horizonte: Autêntica, 2016.

COLLIN, Francis. **Social Reality**. London: Routledge, 1997.

COLLINS, Patrícia H. **Bem mais do que ideias**. São Paulo: Boitempo, 2022.

CORAZZA, Sandra M. Labirintos da pesquisa, diante dos ferrolhos. In: COSTA, M. V. **Caminhos investigativos.** Porto Alegre: Ed. Mediação, 1996.

CORBIN, Alan *et alli*. **História das Emoções.** Petrópolis: Vozes, 2020.

CORRÊA, Laura G. **Mães cuidam, pais brincam.** Belo Horizonte: UFMG, 2011 (Tese de Doutorado).

COTTLE, Simon. Mediatized rituals: beyond manufacturing consent. *Media, Culture & Society* 2006; 28; 411

COULDRY, Nick; HEPP, Andreas. **A construção mediada da realidade.** São Leopoldo: Unisinos, 2020.

COULDRY, Nick. **Media rituals.** Londres: Routledge, 2005.

COULDRY, Nick. **Why voice matters.** Londres: Sage, 2014.

CRANE, Diana. **A moda e seu papel social.** São Paulo: Ed. Senac, 2006.

CULLER, Jonathan. **On deconstruction.** Ithaca: Cornell University Press, 1982.

CULLER, Jonathan. **Structuralist poetics.** Londres: Routledge, 1975.

CULLER, Jonathan. **The pursuit of signs** Londres: Routledge, 1981.

CULLER, Jonathan. **Literary theory.** Oxford: OUP, 2000.

DAFLON, Verônica T.; SORJ, Bila. **Clássicas do pensamento social.** São Paulo: Rosa dos Tempos, 2021.

DERRIDA, Jacques. **Margens da filosofia.** Campinas: Papirus, 2004.

DERRIDA, Jacques. **Posições.** Belo Horizonte: Autêntica, 2006.

DÉSCHAUX, Jean-Hugues. **Sociologie de la familie.** Paris: La Découverte, 2019.

DESFARGES, P. **La mondialisation.** Paris, PUF, 2006.

DURKHEIM, Émile **As regras do método sociológico.** São Paulo: Martins Fontes, 1995.

DURKHEIM, Émile. **A sociologia e as ciências sociais.** São Paulo: Martins Fontes, 2021.

DURKHEIM, Émile. **As Formas Elementares da Vida Religiosa.** São Paulo: Martins Fontes, 1996.

DURKHEIM, Émile. **Sociologia e filosofia.** São Paulo: Martins Fontes, 2021.

EAGLETON, Terry. **The significance of theory.** Londre: Blackwell, 1989.

EAGLETON, Terry. **After Theory.** Londres: Palgrave, 2007.

ELIAS, Norbert. **A sociedade de corte.** Rio de Janeiro: Jorge Zahar, 2015.

ELIAS, Norbert. **A sociedade dos indivíduos.** Rio de Janeiro: Jorge Zahar, 2014.

ELIAS, Norbert. **Introdução à Sociologia.** Lisboa: Ed. 70, 2016.

ELIAS, Norbert. **O processo civilizador.** Rio de Janeiro: Jorge Zahar, 1993.

ELIAS, Norbert. **Sobre o tempo.** Rio de Janeiro: Jorge Zahar Editor, 2011.

ENGELS, Friederich. **Resumo de "O capital".** São Paulo: Boitempo, 2023.

FABIANI, Jean-Luis. Faire son choix théoriques en Sciences Sociales. In:

HUNSMANN, Moritz; KAPP, Sébastien (Orgs.) **Devenir chercheur**: écrire une thèse en sciences sociales. Paris: EHESS, 2013, pp. 47-61.

FANON, Frantz. **Os condenados da terra**. Rio de Janeiro: Jorge Zahar, 2022.

FANON, Frantz. **Pele negra, máscaras brancas**. São Paulo: Ubu, 2020.

FEDERICI, Silvia. **Calibã e a bruxa**. São Paulo: Elefante, 2017.

FEDERICI, Silvia. **O patriarcado do salário**. São Paulo: Boitempo, 2021.

FEDERICI, Silvia. **O ponto zero da revolução**. São Paulo: Elefante, 2019.

FESTINGER, Leon. **Teoria da dissonância cognitiva**. Rio de Janeiro: Zahar, 1975.

FOUCAULT, M. **A ordem do discurso**. São Paulo: Loyola, 2009.

FOUCAULT, M. **Microfísica do Poder**, Rio de Janeiro, Graal, 1996.

FRASER, Nancy. Rethinking the Public Sphere: a contribution to the critique of actually existing democracy. **Social Text,** n. 25/26, 1990, pp. 56-80.

GAGO, Veronica. **A razão neoliberal**. São Paulo: Elefante, 2018.

GERBNER, George. The stories we tell. *Media Development*, v. 4, 1996.

GIDDENS, A. **As transformações da intimidade**. São Paulo: Unesp, 2010.

GIDDENS, Anthony. **As consequências da modernidade**. São Paulo: Ed. Unesp, 1991.

GOFFMAN, Erving. **Estigma**. Rio de Janeiro: Zahar, 1975.

GOFFMAN, Erving. **Manicômios, Prisões e Conventos,** São Paulo, Perspectiva, 1993.

GOFFMAN, Erving. **Os Quadros da Experiência Social.** Petrópolis: Vozes, 2014.

GOFFMAN, Erving. **Ritual de interação**. Petrópolis: Vozes, 2011.

GOTARD, Fréderic. **Sociologia da moda**. São Paulo: Ed. Senac, 2010.

GUTIERREZ, Alicia. **Las práticas sociales**. Córdoba (Arg.): Eduvim, 2012.

HALL, Stuart. **A identidade cultural na pós-modernidade**. São Paulo: DP&A, 2004.

HALL, Stuart. **Da diáspora**. Belo Horizonte: Ed. UFMG, 2017.

HALL, Stuart. Quem precisa de identidade? In: SILVA, T. T. (Org.) **Identidade e diferença**. Petrópolis: Vozes, 2011.

HALL, Stuart. The work of representation. In: HALL, S. **Representation**. Londres: Sage, 1997.

HAROCHE, Claudine. **A condição sensível**. Rio de Janeiro: Contracapa, 2008.

HARVEY, David. **A condição pós-moderna**. São Paulo: Loyola, 1997.

HEBDIGE, Dick. **Subculture:** the meaning of style. Londres: Routledge, 1997

HEPP, Andreas. **Cultures of Mediatization**. Londres: Polity, 2012.

HOFFMAN, Eva. **Time**. Londres: Picador, 2009.

HOOKS, bell. **Cultura fora da lei**. São Paulo: Elefante, 2022.

HOOKS, bell. **Ensinando a transgredir**. São Paulo: Martins Fontes, 2017.

HOOKS, bell. **Ensinando comunidade**. São Paulo: Elefante, 2021.

HOOKS, bell. **Tudo sobre o amor**. São Paulo: Elefante, 2020.

HORKHEIMER, Max. **Critical Theory**. Nova York, Continuum, 2002.

JENKINS, Keith. **Rethinking History**. Londres: Routledge, 2006.

KILOMBA, Grada. **Memórias da plantação**. São Paulo: Cobogó, 2020.

LAHIRE, Bernard. **En defensa de la sociologia**. Buenos Aires: Siglo XXI, 2019.

LAHIRE, Bernard. **L'espirite sociologique**. Paris: La Découverte, 2007.

LALLEMENT, Michel. **História das ideias sociológicas**. Petrópolis: Vozes, 2018.

LANGDON, Esther J.; PEREIRA, Éverton L. **Rituais e performances**. Florianópolis: Ed. UFSC, 2012.

LEÃO, Andrea; LANDINI, Tatiana. **10 lições sobre Norbert Elias**. Petrópolis: Vozes, 2022.

LEVIN, Kurt. **Princípios de Psicologia Topológica**. São Paulo: Cultrix, 1965.

LÉVINAS, Emmanuel. **Entre nós**. Petrópolis: Vozes, 2014.

LÉVINAS, Emmanuel. *Ética e infinito*. Lisboa: Edições 70, 2007, p. 69-75.

LEWIN, Kurt. **Problemas de dinâmica de grupo**. São Paulo: Cultrix, 1979.

LIEDKE, Élida R. Breves indicações para o ensino de sociologia hoje. **Sociologias**, vol. 9, no. 17, jan-jun. 2007, pp. 266-278.

LIEDKE, Élida R. Breves indicações para o ensino de sociologia hoje. **Sociologias**, vol. 9, no. 17, jan-jun. 2007, pp. 266-278.

LIPPMANN, Walter. **A opinião pública**. Petrópolis: Vozes, 2009.

LONGHURST, Brian. & ABERCROMBIE, Nicholas. Identity. **Dictionary of Media Studies**. Londres, Penguin, 2007, p. 177.

LORDON, Frederic. **A sociedade dos afetos**. Campinas: Papirus, 2018.

LUHMANN, Niklas. **A improbabilidade da comunicação**. Lisboa, Vega, 1998.

LUHMANN, Niklas. **A realidade dos meios de comunicação**. São Paulo: Paulus, 2007.

LUHMANN, Niklas. **Introdução à teoria dos sistemas**. Petrópolis: Vozes, 2011.

LUHMANN, Niklas. **Poder**. Brasília, Ed. UnB, 1985.

LUHMANN, Niklas. **Sistemas sociais**. Petrópolis: Vozes, 2016.

LYOTARD, Jean F. **A Condição pós-moderna**, Rio de Janeiro, José Olympio, 1998.

MARTINEAU, Harriet. **Como observar: moral e costumes**. São Paulo: Fernanda Alcântara, 2017.

MARTINO, Luis M. S. **Teoria da Comunicação**. Petrópolis: Vozes, 2009.

MARTINO, Luis M. S. **Teoria das Mídias Digitais**. Petrópolis: Vozes, 2014.

MARTINO, Luis M. S. **The Mediatization of Religion**. Londres: Routledge, 2016.

MARTINO, Luís M. S. **10 lições sobre Goffman**. Petrópolis: Vozes, 2021.

MARTINO, Luís M. S. **Sem tempo para nada**. Petrópolis: Vozes, 2022.

MARTINO, Luís M. S. **Métodos de Pesquisa em Comunicação**. Petrópolis: Vozes, 2018.

MARX, Karl; ENGELS, Friedrich. **A Ideologia Alemã**. São Paulo: Boitempo, 2009.

MARX, Karl; ENGELS, Friederich. **Manifesto do partido comunista**. Petrópolis: Vozes, 2009.

MARX, Karl. **Manuscritos Econômico-Filosóficos**. Lisboa: Edições 70, 1998.

MARX, Karl. **Grundrisse**. São Paulo: Boitempo, 2011.

MARX, Karl. **O capital**, Vol. 1. Rio de Janeiro: Civilização Brasileira, 2012.

MBEMBE, Achille. **Crítica da razão negra**. Lisboa: Antígona, 2014.

MEAD, George H. **Mente, self e sociedade**. Petrópolis: Vozes, 2022.

MERTON, Robert. **Sociologia**: teoria e estrutura. São Paulo: Mestre Jou, 1970.

MONTEIRO, José F. **10 lições sobre Bourdieu**. Petrópolis: Vozes, 2018.

NORRIS, Pipa. Global communication and cultural identities. **International Journal of Press/Politics**, Vol. 4, no. 1, 1999.

NUNES, João H. **Interacionismo simbólico e dramaturgia**. São Paulo: FFLCH, 2007.

OLIVEIRA, Adriana C.; MENEZES, Marilda A. (Orgs.) **O que é ser cientista social?**. São Bernardo: Ed. UFABC, 2019.

OLIVEIRA, Marcio. O ensino de teoria sociológica em cursos de ciências sociais em universidades brasileiras. **Política e Sociedade**, vol. 14, no. 31, set./dez. 2015, pp. 87-113.

PAUGAM, Serge. **La pratique de la sociologie**. Paris: PUF, 2008.

PEIRANO, Mariza. **A teoria vivida**. Rio de Janeiro: Jorge Zahar Editor, 2006.

PEIRANO, Mariza. Temas ou teorias? *Campos*, vol. 7, no. 2, 2006, pp. 9-16.

PORTA, Eva. Objeto de estudio, objeto empírico. In: ROSA MARTINEZ, Fabiana; SAUR, Daniel. **La cocina de la investigación**. Córdoba: Eduvim, 2017.

RECUERO, Raquel. **Redes sociais na internet**. Porto Alegre: Sulina, 2008.

RÉGNIER, Faustine; LHUISSIER, Anne; GOJARD, Séverine. **Sociologie de l'alimentation**. Paris: La Découverte, 2006.

RHEA, Bufford. **The future of the sociological classics**. Londres: George Allen, 1981.

RIVERA CUSICANQUI, Silvia. **Sociologia de la imagen**. Buenos Aires: Tinta Limón, 2018.

SAID, E. **Orientalismo**. São Paulo: Companhia das Letras, 1996.

SANCHEZ VILELA, Rose. **Como hablamos de democracia?** Montevideo:

Universidad Catolica de Uruguay, 2014.

SELL, Carlos H. **Sociologias clássicas**. Petrópolis: Vozes, 2016.

SILVA, Arthur S. **10 lições sobre Niklas Luhmann**. Petrópolis: Vozes, 2015.

SMART, Barry. **Postmodernity**. London, Routledge, 1997.

SMITH, Linda Tuhiwai. **Descolonizando metodologias**. Curitiba: UFPR, 2018.

SOARES, Dione. Síndrome de Zilda: propondo uma ferramenta para análise da representação de mulheres negras pela mídia brasileira. Trabalho apresentado no *Seminário Internacional Fazendo Gênero 8 - Corpo, Violência e Poder*. Florianópolis, UFSC, 25 a 28 de agosto de 2008.

SODRÉ, Muniz. **As estratégias sensíveis**. Petrópolis: Vozes, 2006.

SPIVAK, Gayatri C **Outside in the teaching machine**. Londres, Routledge, 2005.

SPIVAK, Gayatri C **Pode o subalterno falar?** Belo Horizonte: Ed. UFMG, 2015.

SPIVAK, Gayatri C. Acting Bits/Identity Talk. **Critical Inquiry**, Vol. 18, No. 4, 1992, pp. 770-803.

SPIVAK, Gayatri C. **In other worlds**. Londres, Routledge, 2000.

STEGER, M. **Globalization**. Oxford, Oxford University Press, 2007.

TARDE, Gabriel. **A opinião e as massas**. São Paulo: Martins Fontes, 1992.

TARDE, Gabriel. **As leis da imitação**. Lisboa: Rés, 1994.

TARDE, Gabriel. **Monadologia e sociologia**. São Paulo: Unesp, 2019.

TASKER, Yvonne e NEGRA, Diane. **Interrogating Postfeminism**. Durham, Duke University Press, 2007.

VAN GENNEP, Arnold. **Os ritos de passagem**. Petrópolis: Vozes, 1978.

WA THIONG'O, Ngugi. **Decolonising the mind**. Londres, Heinemann Educational, 1986.

WEBER, Max. **Ensaios de Sociologia**. Rio de Janeiro: Zahar Editores, 1979.

WEBER, Max. **Metodologia das Ciências Sociais**. São Paulo: Cortez, 1998.

WEBER, Max. **A ética protestante e o espírito do capitalismo**. São Paulo: Pioneira, 1997.

WEBER, Max. **Economia e Sociedade**. Brasília: Ed. UnB, 1991.

WEBER, Max. **Metodologia das Ciências Sociais**. Campinas: Ed. Unicamp, 1998.

WILLIAMS, Raymond. **Palavras-chave**. São Paluo: Unesp, 2014.

WOODWARD, Kath **Understanding Identity**. Londres: Sage, 1997.

WOODWARD, Kathlyn. Identidade e diferença. In: SILVA, T. T. (Org.) **Identidade e diferença**. Petrópolis: Vozes, 2011.